——平實導師 述——

ISBN：978-986-6431-00-5

所有修學佛法者，都有一種普遍存在的感想：「佛法浩瀚無邊，當從何處入門？三藏十二分教，隱晦難解，如何正確入理？」產生如是感受的原因，皆因不知佛法粗分五乘之理所致。**人乘**者謂五戒十善：受持五戒、不犯眾生。**天乘**者謂五戒之上加以孝順父母，慈濟眾生，行於十善，得生欲界天中；或進而增修四禪八定，得生色界天乃至無色界中。**小乘**者謂解脫道：斷除我見、我執及我所執，以四聖諦為主旨，四念處為觀行之法，八正道為實行之道，可得阿羅漢果而出三界生死。**中乘**者謂緣覺道：依佛之教而修學十因緣觀，然後及於十二因緣觀，成辟支佛；或於無佛之世自修此二種因緣觀，自成辟支佛而出三界生死苦。**大乘**者謂：參禪實證第八識，了知此識是名色之本，亦是涅槃之本際，故知法界實相而生般若智慧，成三賢位實義菩薩僧；若能進修一切種智而成就道種智，即成諸地聖位實義菩薩僧；若道種智修證圓滿時即是佛地一切種智，其第八識改名無垢識——佛地眞如。知乎此，則有最初抉擇分，能善選法門及眞正善知識，不被假名善知識之大名聲所惑，則於佛法之實修，知所進道矣！

——正智出版社——

大乘佛法之入門，號稱八萬四千法門，但門門所入者皆同一第八識如來藏之本有自在性、本有自性性、本來清淨性、本來涅槃性。凡已親證如來藏者即能現觀如是四性，因之而生實相般若，成第七住位不退菩薩，名為**實義菩薩**，已非單受菩薩戒而未證實相之**名義菩薩**。此時實相般若在胸，已能粗知般若諸經中的法義，不待人教。然而如此階段之智慧，實仍未足以了知諸地智慧，以未了知成佛之道次第及內涵故，以尚未通達實相般若故。若欲通達實相般若而速進初地者，悟後必須深入了知一念無明與無始無明之異同，以了知二者間之關聯，然後知所進道；如實而修，則欲入地者亦得速達。《勝鬘經》所說者，即是此二種無明也；凡欲釐清佛道與二乘道之異同所在者，皆應深入理解此經義理；於此已有實質上之理解者，不論對於選擇三乘菩提，或對於選擇大乘入道之善知識及道場，皆已胸有成竹，則有能力自己選擇**眞正善知識**及**眞能助己實證佛法之道場**。然後次第入道，終不久修佛法而一生唐捐其功也！由是可知此經之重要。然此《勝鬘經》義理深邃難知，古來少有能作深入淺出而完全正確之解釋者；今此講記中，確有如是功德，能令讀者深入理解而建立正知見；對於久修佛法而深覺茫無所趣之老參，誠屬難得一見之講述實記，允宜熟讀而助入道。

——正智出版社——

目次

第二輯：

第三輯：

第四輯：

第五輯：

第六輯：

自序

所謂原始佛法，必須函蓋前後三轉法輪的成佛之道全部佛法；因爲，只有這樣具足函蓋三乘菩提以後，才能顯示 釋迦佛已經圓滿化緣了——四阿含諸經並不曾說到成佛之道，只說到成就羅漢解脫於分段生死之道的法義；也因爲前後三轉法輪的法義全部都是 釋迦佛親口所說，才能具足了成佛之道，而非如同四阿含諸經一樣地嚴重欠缺成佛之道的原理與實行之法道。但印順法師不瞭解前後三轉法輪諸經的意涵，連聲聞羅漢們所結集出來的四阿含諸經的意涵，都嚴重地誤會了，當然更無法如實理解大乘諸經的意涵。印順又因爲信受部派佛教時期的聲聞凡夫論師們的六識論錯誤觀點，所以全面否定大乘法，認定大乘非佛說；並將大乘諸經的義理曲解爲同於二乘解脫道的法義，再以聲聞凡夫論師的六識論邪見，套用在原本爲八識論的二乘解脫道上面，於是連二乘解脫道本質的四阿含諸經中的義理，都嚴重地誤會了。立足於這種誤會解脫道及佛菩提道的前提下，只承認四阿含所說的解脫道爲原始佛法，認爲大乘諸經皆非佛說，故只將四阿含定義爲原始佛法，將第二、第三轉法輪諸大乘經排除於原始佛法之外，意謂大乘諸經都非 釋迦佛親口所說，這是嚴重扭曲佛教歷史之後所作的不正確定義。一開始學佛時若是信受了印順這樣偏差的觀點以後，將無可避免地落入六識論的邪見中，於是連斷我見都成爲奢談了，遑論實證大乘實相般若！

復次，大乘法之證悟，不許外於教門；若外於經典聖教開示，而言「所悟雖異於教門，然亦是宗門之悟」，當知即是錯悟，謂其所悟必定已經異於宗門之悟，經教所說法義正是說明宗門所悟內涵故；明得此理，始知宗門之悟，一向不得外於教門也。但若已經求證於大乘經典，印證自己確實證悟已，欲了知悟後進修之道，欲憑藉所悟如來藏而生起深妙般若智慧者，及欲快速進入初地者，皆應先行深入《勝鬘經》眞義，由此了知大乘道與二乘道之異同與關聯，然後對於自己應如何求得眞正之大乘般若開悟，以及悟後應如何含攝二乘道，進而快速進修般若別相正義而具備入地之資，即能自知而無所疑也！

二乘人所證智慧爲出離三界分段生死之智慧，只是聲聞法中的解脫道智慧，所斷者僅爲我所執、我見、我執，不曾及於法界實相之了知與親證，是故一切不迴心大乘之阿羅漢，不論爲慧解脫、俱解脫、三明六通大解脫，皆無法生起實相般若；此謂不迴心阿羅漢，雖知一切法界皆唯如來藏之所生，然唯是親聞 世尊如是聖教而未能實證，是故凡遇親證之菩薩時，皆無從開口共論般若。乃至諸菩薩與言無餘涅槃中之實際者，亦皆茫然無措而不能回應，唯有迴避不言一途。諸不迴心阿羅漢，之所以致此者，皆因未證名色本、名色因、名色習之如來藏心所致也！譬如阿含中佛語聖教分明：「解名色本，即得應眞。」謂名色之根本乃是如來藏心——十方三界一切有情之名色，皆從如來藏心中出生，並皆以如來藏爲本；是故，證或不證名色因、名色本之如來藏者，即成是否能入大乘別教而成實義菩薩之分野。惜乎今人能知此者極爲稀有，皆坐密宗應成派中觀六識論邪見所崇，致使當代諸大山頭大法師等，悉被釋印順六識論邪見所崇而盲目追隨，同聲否定大乘及阿含經教中所倡八識論正理，則彼諸大法師及其徒眾即失大乘見道因緣，兼亦成就謗菩薩藏之大惡業，成一闡提。

然而，已經實證如來藏之實義菩薩，雖已位階不退位之第七住已，是否即能了知成佛之道內涵？實猶未必！謂此時之第七住實義菩薩雖有般若實相智慧，亦唯有總相智爾，尚未具足別相智故。般若實相智慧之別相智者，其義廣繁，非如二乘解脫道之見惑、思惑意涵狹隘易知故；是故親證如來藏而發起實相般若智慧已，仍須親隨眞善知識修學，方能快速而深入理解三乘菩提之異同，方能快速現觀三乘菩提之關聯而了知二乘菩提之侷限，而能了知二乘菩提含攝在大乘菩提中之定位，然後深知無始無明含攝二乘菩提所斷一念無明之眞實義，則能了知三乘菩提之關聯與全貌，欲求通達實相般若之別相智，斯有期冀；則能將長劫入於短劫中，數世之中即得圓成三賢位第一大阿僧祇劫之實修，滅盡大乘見道應斷之廣闊異生性，樂意培植入地應有之大福德：爲人所不能爲，說人所不能說，行人所不願行，乃至喪身捨命亦在所不惜，要護正法、要救眾生及諸表相大師，乃至生起增上意樂而眞發十無盡願，入如來家、成眞佛子。凡此，皆要以親證如來藏爲先，確實理解無始無明爲次，實際救護廣被誤導之學人而進成大福德爲後，始有入地進修第二大阿僧祇劫道業之可能。一切求欲實證佛法者，於此皆應了知。

凡欲深入了知如是正理者，於《勝鬘經》皆必須深入研讀，並將其中法義實際現觀，實證勝鬘夫人所說法義，即能印證自己所悟是否確實契合法界實相，亦能藉此而建立三賢位所應通達之智慧，然後付諸實行而快速圓成第一大阿僧祇劫之道業。若屬尚未實證如來藏而未發起實相般若者，不論已斷、未斷三縛結，皆可依講記而了別三乘菩提之異同，則能自行抉擇而入道：或依《識蘊眞義、阿含正義》而深入理解、實際觀行，實證二乘菩提；或依《眞假開悟、心經密意、宗門正眼、宗門密意、眞實如來藏、楞伽經詳解、悟前與悟後、宗通與說通……》等書，依大乘正理多聞熏習乃至實修；若得實證如來藏已，即入菩薩數中，成眞菩薩，名菩薩僧，位階不退菩薩位中，庶免受生，世而唐修佛法也。《勝鬘經》雖然文義深邃難解，今余已將此經法義深入詳說，整理成文而爲講記，付梓流通以利大乘學人及諸方大師，若願反覆細讀此書而詳加思惟理解者，無不受益。今以出版之時將屆，合述緣起，即以爲序。

佛子 **平實** 謹序

公元二〇〇八年大暑 於竹桂山居

《勝鬘師子吼一乘大方便方廣經》

（上承第二輯〈一乘章〉未完部分：）

但是這個涅槃的一味、等味、解脫味，印順怎麼說呢？來看看他的說法：【從此三德的平等，顯得大般涅槃的常住究竟，所以《大般涅槃經》說：涅槃是三德祕藏。】我們再來看看楷書的第七點中，我怎麼評論他的說法：「只有從如來藏的本自解脫、本來涅槃、本自清淨，方可說是究竟涅槃，方可說大般涅槃是常住而且究竟的，方可說涅槃是三德秘藏；若是二乘將滅止生的方便涅槃，便不可說二乘涅槃是三德秘藏了。」

因爲如來藏是本來解脫、本來清淨、本來涅槃，而這個法於一切眾生、於十方法界一切國土中都是如此，不會有任何一個眾生的如來藏是後來才清淨、後來才解脫、後來才涅槃，都是本來就清淨涅槃的。可是印順所說的解脫道（成佛之道）以及所證的涅槃，是要在捨報之時把名色滅盡的，滅盡以後剩下的如來藏在哪裡呢？他並不知道。他又不知道如來藏本身即是涅槃，不懂涅槃是依如來藏而施設的，他現觀不到。所以印順既沒有般若德，也沒有解脫德，更沒有法身德。他那個涅槃將來必然是斷滅空，因爲他捨壽後已經不在了、斷滅了，而剩下他的如來藏在哪裡呢？他始終都沒有去碰觸到，又公開把第八識如來藏否定，所以他的涅槃見解落入斷滅空中；正是將滅止生，不是本來就不生，這在六祖《壇經》中早就斥責過了。

想要把名色滅盡，未來世中不再出生而叫作無生，是二乘法；未來世不再出生了，這樣說爲無生，也是沒有錯；但那個無生是將滅止生，是用滅掉自己來停止未來世再生，由於未來不再受生、出生，所以稱爲無生。問題是菩薩所證的涅槃，是本來不生，不是滅了以後才不生的，這與二乘法有著很大的不同。本來就不生所以未來就不會滅，而阿羅漢的法是把有生的名色滅除，滅除以後變成未來不生而叫作無生，那是以**滅**來停止**生**，是滅掉名色而不再有生。可是菩薩所證的是本來就無生，無始以來就沒有出生過，那就不會有滅，是名色仍然存在時就已經不生了，所以菩薩證的是本來不生。

本來不生這個法，阿羅漢看不見；可是菩薩從所有的有情身上——上自諸佛下至地獄的痛苦有情——都現前這樣看見，都是本來無生，這才叫作涅槃一味。菩薩也預見阿羅漢、辟支佛將來入了涅槃以後，他們都不在了，但他們的如來藏還是繼續無生；這樣的無生當然也無滅，無生無滅就是涅槃。在菩薩看來，三乘聖人的涅槃都是平等的、都是一味的，所有有情的涅槃都是如此。二乘人入了無餘涅槃以後無生了，但他們的涅槃還是依本來就涅槃的如來藏而施設的涅槃，不是因爲滅掉他們的五蘊才說有涅槃，所以菩薩看待一切聖者所證的涅槃時，都是平等的。不是從滅掉五蘊而說涅槃是平等的，因爲二乘聖人滅掉五蘊以後，總不能夠把滅掉五蘊後的斷滅空叫作涅槃吧！否則涅槃怎麼能被 佛稱爲常住不變？

可是如今印順自己說「涅槃是常住的」，卻又說阿羅漢五蘊名色滅盡以後是涅槃，而沒有留下第八識如來藏常住不壞，那他的涅槃顯然還是斷滅見的臆想，不是實證的。他爲了補救這個過失，所以又發明一個創見（眞是他的創見）；他說名色滅盡了以後，那個滅相不會再滅了，所以叫作眞如，所以涅槃是常住。如果這樣說得通，哪一天有因緣遇見他，我就把他身上的衣服都扒光燒掉了說：「你的衣服現在是常住涅槃，同意不同意？」我要問他同意或不同意。如果衣服是身外之物，不算數！「好，**那我把您印順的名色**

毀滅掉，再放一把火把您燒了，然後再用一陣強風把您的骨灰吹散，那您這個名色的滅相就永遠不會再被任何人消滅了，您就永住於眞如境界中了！」他一定不肯接受他自己講的這種眞如。

可惜的是，他已經無法跟我對話，因爲他已在中陰了，不久就會往生投胎或到別處去了。若是他的中陰身還在，我會對他的中陰身講：「您還有中陰在，所以您仍然沒有實證涅槃。」讓他無法以二乘涅槃來自處，教他無法回答，灰頭土臉！但是我會再告訴他：「您目前中陰現前時，當下也是涅槃的。請問您的涅槃在哪裡？您還沒有現觀，但是我卻現觀您在中陰境界也是涅槃，而您以前活著時也是涅槃；您若立刻去投胎了，入母胎去了，您已經不在了，還是一樣涅槃。」他仍然將是聽得一頭霧水、茫無頭緒。

地獄眾生受苦無量時一樣也是涅槃，與阿羅漢所不知的本來涅槃是完全一樣的；這樣的涅槃才是眞的一味、等味，因爲都是解脫味。本來就解脫的，當然是涅槃。所以印順所說的滅相不滅即是眞如，問題是滅相到底是眞實法還是虛妄法？其實滅相只是意識心中生起的一個概念而已，只是意識心中的一個觀念；當意識滅了以後，這個滅相的觀念還能存在嗎？已經不存在了，斷滅了。可是眞實的涅槃，當名色滅了以後，祂還是在，祂繼續涅槃，仍然是眞實法，這樣才能夠說涅槃是一味、是等味、是解脫味。所以二乘法的涅槃不能夠說是有三德祕藏的，因爲是將滅止生，不是實相法。將滅止生的變異法，絕對不是究竟涅槃，因爲連涅槃的實際都觀察不到。涅槃的實際若觀察不到，怎能知道三德的義理呢？

譬如法身德，既然沒有證得法身，怎能有法身德？般若德，是依如來藏爲諸法的法身、爲法界的實相，是依如來藏而有無量的中道義，這樣來稱說般若智慧。可是印順既然沒有證得如來藏，怎能有般若智慧？怎能說他有般若德？解脫德，說句不客氣的話，他完全沒有證解脫，連二乘解脫都無法稍稍證得，何況大乘解脫？因爲大乘法中的證解脫，是要現觀涅槃實際的；而二乘聖人是把自己滅掉以後，自己消滅而不存在了才叫作解脫，那其實是方便說解脫，不是正確的、究竟的解脫。因爲二乘聖人已經滅掉自己了，自己不在了，有什麼解脫可說呢？菩薩卻不是，菩薩是現前觀見自己仍在輪迴中，但是也看見自己住在如來藏中，而如來藏已經是解脫的，所以自己是住在解脫中、住在涅槃中的。

菩薩這樣看：我再怎麼輪迴，都是解脫的。因爲解脫是現前可以觀見的，現前可以體驗的，也可以在同樣證得解脫的人之間，互相可以溝通討論，而且永遠是法同一味，這樣才叫作大乘法中的眞解脫，眞正的解脫德是這樣實證與現觀的。而阿羅漢死前，沒有看見自己解脫在何處，他只知道自己滅了以後沒有生死痛苦而有解脫；可是他自己滅了以後，解脫又在哪裡？還是不知道。那這樣看來，他有沒有證解脫呢？說句老實話，他並沒有住在解脫境界中，所以從實際理地來看，阿羅漢仍然未證解脫。

請問：二乘涅槃的解脫，既沒有法身德，也沒有般若德，也沒有究竟的解脫德，請問他們的三德祕藏在哪裡？「在呀！就是他們的如來藏。」問題是他們都沒有證。所以你證得如來藏以後，聽我說這個法，心裡一定這樣想：眞過癮！可是阿羅漢、辟支佛聽了，可眞是苦惱無狀、煩惱萬端，那是因爲他們沒有三德祕藏。三德的秘密藏就是如來藏，只要證得如來藏了，三德的祕藏你就把握在手裡了。只有這樣，才能叫作常住的涅槃。二乘聖人將滅止生的涅槃法，從來都不知道解脫中的境界，怎麼能夠說他們有三德祕藏？因此印順以滅止生，將滅相眞如認作涅槃的說法是絕對錯誤。

【「世尊！若無明住地不斷不究竟者，不得一味、等味，謂明解脫味；何以故？無明住地不斷不究竟者，過恒沙等所應斷法不斷不究竟；過恒沙等所應斷法不斷故，過恒沙等法應得不得、應證不證，是故無明住地積聚，生一切修道斷煩惱、上煩惱；彼生心上煩惱、止上煩惱、觀上煩惱、禪上煩惱、正受上煩惱、方便上煩惱、智上煩惱、果上煩惱、得上煩惱、力上煩惱、無畏上煩惱。如是過恒沙等上煩惱，如來菩提智所斷，一切皆依無明住地之所建立。」】

講記：勝鬘夫人說得很快，我們卻講得很慢，因爲想要讓大家確實瞭解她所說的眞義。勝鬘夫人說得很深，而且講得很簡略。當年她講的時候是面對 佛前所說的，當然只說綱要，不必說到很微細；而且當時人的根性也很好，容易聽懂。但是今天佛法已經被藏密的應成派中觀亂七八糟的妄自解釋，已經變成烏煙瘴氣的時候，我們就必須要講得微細一點，讓大家確實瞭解勝鬘夫人的眞正意思。當我們把佛法明礬投入濁水裡面，想要把它澄清時，他們卻說是我們把佛教界搞得烏煙瘴氣。他們以前把佛法全面錯說的烏煙瘴氣卻都不說，而那些弄不懂是誰把佛法弄成烏煙瘴氣的初學者，也跟著那些人一起來誣責我們。所以說，人的明與無明之間的差別是非常大的。

勝鬘夫人在這裡講了**明解脫味**，我們來看勝鬘夫人是怎麼說的。她說：**「世尊！假使無明住地不斷除，或者是斷除而沒有究竟的話，就沒有辦法得到一味、等味，也就是明解脫味。」**我們先來談談這幾句。

無明住地講的是無始無明，而四住地煩惱叫作一念無明。爲什麼會叫作一念無明呢？因爲它是三界中的生死法——與三界生死有關的煩惱。可是明明是四種的住地無明，爲什麼要稱爲一念無明？我們舉個例來說，譬如斷我見以後的初果人還住在欲界中，他再度受生時仍然無法離開欲界境界；乃至他修斷五蓋而進修初禪，在還沒有發起初禪以前，縱使已經很努力在遠離五蓋了，最多也只能進入薄地，是薄貪瞋癡的二果人。

這時已經是斷我見以後的事了，但他的一念無明還是沒有完全消除掉；因爲四住地煩惱中的欲界愛、色界愛、無色界愛等三種住地都還存在；也就是說他的思惑還沒有斷除，所以當他在斷我見的基礎上修得了初禪，遠離欲界愛而成爲三果人了，他有可能是生般涅槃，或者有行般涅槃，或者是上流乃至處處般涅槃。當他生到色界天而不再來生於人間了，可是他生到色界天以後，假使是無行般涅槃，他在初禪天中一生無所事事，只要打坐就好了；每天靜坐之後，到了壽盡時還是會生起一念；一念生起了，覺知心又接觸到色界法了，那時捨報就斷盡思惑而取涅槃；但在捨報前仍然會再生起一念，這都是由於思惑尚未斷盡才會生起的一念，所以名爲一念無明。

但如果是一個普通人，當他修得四無色定，捨報後生到無色界天；假使不中夭，在空無邊處一萬大劫，或者在非非想處八萬大劫，於捨壽前都是一念不生的。可是非想非非想天人八萬大劫後，突然生起一念時就退回無所有處了，隨即下墮於人間或旁生道去了。就只是這麼一個念頭動了心，而這個念頭是什麼？連他自己都不知道呢！爲什麼會這樣？正是因爲他的我慢沒有斷，也就是由於對自我的存在而覺得有價值，喜樂於自我的存在，就是我慢；就因爲這個我慢的緣故，於是生起一念就下墮了。人間修得四空定的人如此，修得色界四禪的人也是如此；在得四禪八定以後，生到色界、無色界天的人們，也都是不離這一念的。由於這一念妄起，因此就下墮了！在下墮前及下墮後，都是仍然在四住地無明之中；這都是由於見惑與思惑尚未斷盡的緣故，所以見惑與思惑所攝的這四種住地無明，就簡稱爲一念無明。

可是無明住地講的是無始無明，這個無明是因為無始以來與眾生心都不相應；不像四住地無明，眾生心是每一世都不斷的在相應著。假使是我見未斷的凡夫，那是從來一直都在跟我見煩惱相應的，只是自己不知道而已。而這個無始無明，卻是從來不與眾生心相應的；一直到想要去探究法界的實相是什麼，那時才第一次相應到。因此，無明住地就依眾生的不同而有兩種：一種是不斷，另一種是斷而不究竟。不斷，講的就是二乘聖人以及一切凡夫、異生。有斷而不究竟，講的是菩薩們；是從七住位就打破無始無明了，已開始分分斷除中；但是因為無始無明的上煩惱是恆河沙數那麼多，有時說是超過恆河沙數；所以菩薩雖然能斷它，但是都仍然不究竟，要到佛地才究竟斷盡。因此說，如果是從來不斷無始無明的人，即使是二乘聖人，都沒有辦法獲得一味、等味，叫作明解脫味；可是菩薩有斷，只是不究竟而已，但是終究不能像 佛陀一樣地究竟一味、等味，叫作究竟明解脫味。然而菩薩已有少分、多分的斷，只是不究竟，所以仍不具足明解脫味，二乘聖人則是完全沒有明解脫味，所以他們的解脫味是不懂實相法界的。問題是，二乘聖人明明 佛授記說他們已經證得解脫果了，為什麼還說他們沒有明解脫味呢？難道他們仍有無明而解脫嗎？這得要讓大家思索一下，因爲我又要再賣個關子，且聽下一週分解。

上一週最後，勝鬘夫人說，假使無明住地不斷，或者斷而不究竟的人，是不可能得到一味、等味的，這個所謂的一味、等味就是明解脫味；也向諸位賣了一個關子：二乘無學聖人是不是明解脫？現在我們說：**二乘聖者是無明解脫**。爲什麼會是這樣？也許上一週有人聽經回去以後（當然是指已破參者）思索了一番，一天、二天或者比較遲鈍的人六天、七天，大概已經知道爲什麼二乘無學聖人的解脫生死是無明解脫了。這是說，凡是無明住地（無始以來對法界實相全然不知的無明境界）還沒有斷的人——還沒有證得實相法界的人，他即使已經得解脫了，仍是無明解脫，不是明解脫。

或者說菩薩已經證得如來藏，而能現觀本來自性清淨涅槃，也得少分、多分乃至如同七地滿心的滿分解脫，但是由於無明住地的**斷而不究竟**，所以仍然算是無明解脫，但是卻已經有一部分是明解脫了，只有少部分是無明解脫，因爲七地滿心菩薩的無明住地是斷而不究竟。這樣講解，應該就有許多人很清楚地明白了。可是仍然會有尚未破參的多數人還是不能明白，所以仍然要再更深入說明一下。

菩薩證得本來自性清淨涅槃，他對法界的實相已經有了部分的瞭解：從初明心的七住位有極少分的瞭解，到初地入地心有初分的道種智，那仍算是少分的瞭解；而到了七地滿心有了多分的瞭解，可是這仍然都還是不究竟。即使到了等覺地也仍然不是究竟，只是極多分的瞭解，還差一分不瞭解，還得要修到妙覺位，然後下生人間而作最後極少分的參究，才能成佛。所以只要有一點點不能瞭解，就不得成佛。因此菩薩明心後，他的明解脫只是多分與少分、極少分的差別，但已經有了明解脫，只是不究竟。既然不究竟，所以一味、等味的解脫，也就不具足圓滿；由於不斷、不究竟，就無法具足一味、等味，所以一味、等味才能叫作明解脫味。因爲勝鬘夫人所說的明解脫味，講的是佛地的境界；是具足一切明，沒有絲毫的無明。

這當然是指兩個部分：第一個部分是習氣種子究竟有多少，已經具足的了知無餘了，所以已經成爲明解脫，只是不究竟；而另一個部分是法界實相中總共有多少種子——有多少無漏有爲法上的功能差別，都能夠具足瞭解圓滿究竟了，就能具足運用所有的種子——也就是一切種智——一切種子的智慧已經圓滿究竟了，這時能於十方法界圓滿究竟的自在了（因爲沒有任何諸佛菩薩可以質問祂，假使諸佛菩薩會質問的話），因爲諸佛沒有高下，平等平等，所以也沒有人能質問祂。而諸菩薩都還沒有成佛，當然也無法質問祂；那就是已經到達佛地了，才是究竟的**明解脫**。

可是菩薩的明解脫並不究竟，因爲他的無明住地是斷而不究竟的，所以有一部分明解脫，另一部分仍然是無明解脫。不管菩薩在聲聞果上是初果、二果、三果乃至四果，都仍然是部分明解脫，部分是無明解脫。至於二乘聖人，那就完全是無明而得解脫了，因爲二乘聖人只在解脫道上面，也就是我見、我執以及我所執上面得明解脫，可是對於佛菩提道以及佛道中所應修、應斷，都沒有作到，他們對法界實相完全無所知，仍然具有無始無明的全部。既然對無始無明完全無所知，當然他們所證得的出三界生死的解脫，就叫作無明解脫。他們的無明住地是完全未斷除絲毫的，完全談不上菩薩的**斷而不究竟**；因爲都還沒有碰觸到無始無明，何況是上煩惱的斷除呢？所以無明住地不斷、不究竟時，就沒有辦法得到一味、等味的明解脫味。如果無明住地是完全不斷，那根本就是無明解脫，所以我們上週才會說二乘無學的解脫是無明解脫。這樣講清楚了，就不會有人抗議說：「二乘無學明明已經斷了無明而出三界了，怎麼還會是無明得解脫？」因爲這個無明講的是無明住地的無明，是說所知障所攝的無始無明，不是講煩惱障所攝的四種住地（見惑與思惑）的無明。

「爲什麼會這樣呢？」勝鬘夫人繼續說：「爲什麼要這樣講？是因爲無明住地假使不斷或者是斷而不究竟的人，對於超過恆河沙數等等所應斷的法，當然是沒有斷或者斷而不究竟，因此都仍然具足所有的無始無明，或者無始無明打破了、少分斷、多分斷等等，也都是還不究竟的。這些過恆河沙數等等所應斷的法沒有斷的緣故，所以過恆河沙數等法就應得而不得、應證而未證，由於這些無明住地的積聚，便出生了一切大乘法中修道位應斷的煩惱、上煩惱。」這些修道位中應斷的煩惱與上煩惱，是由無明積聚而來，可是無明住地既然不是種子，怎麼可能會積聚呢？你們早期已經跟我學過《成唯識論》的人，可能心中有一點懷疑：「勝鬘夫人是不是說錯了？」其實她沒有說錯，因爲這個牽涉到上煩惱與起煩惱之間的關係，而這個關係在下一段接著就會談到，所以這裡就不浪費諸位的時間，留到下一段經文再來說。

這個無明住地的積聚，會產生大乘法中一切修道位所應斷的煩惱以及上煩惱。進入初地而開始修道位的修行時，這階段的煩惱有兩個部分：修道所斷的「煩惱、上煩惱」。一切修道上所應斷的煩惱，那是指什麼煩惱？諸位已經都想到了，就是煩惱障的煩惱習氣種子，這是要透過三大阿僧祇劫（至少是初地開始的二大阿僧祇劫）修道過程中才能斷盡的。所以，如果三賢位的菩薩還會對惡人破口大罵，那也是正常的，因爲他在解脫道上一直保持在初果中，雖然般若實相智慧與日俱進，沒有停止過；可是屬於解脫道上的修行，他並**沒有在努力**進步。所以也許你翻起《傳燈錄》、《五燈會元》、《續傳燈錄》，讀過以後說：「**這位祖師開悟了，竟然還會破口罵人。**」這其實沒什麼奇怪的，因爲這是煩惱障上的習氣種子有沒有斷的問題；而且證悟祖師往往把罵人當作機鋒來使用，禪師也習慣於把眾生的煩惱拿來作機鋒使用，這是禪門中很常見的事。

這樣講，也許有人覺得枯燥，我們就講一點輕鬆的好了。譬如說，有一天德山宣鑑禪師病了，有徒弟們來看他。既然在禪門中，凡事都不離禪，師徒之間就百無禁忌（禮節歸禮節，但是在禪上面百無禁忌），所以徒弟上來問病：「和尚今日病體少差否？」「還好！還好！」「可是和尚病了，還有不病者否？」「有！」「阿哪個是不病者？」「哎喲！哎喲！」這在禪門中很平常。禪師這時往往把棒子拿起來就打人了，有時候就罵人，有時候甚至大喝一聲：「出去！」

這就是說，成佛之道中必定有兩個主要道：一個主要道是解脫道，另一個主要道是佛菩提道。佛菩提道是近代很少人提到的，即使有人（編案：例如教禪的各大山頭）提到，也是語焉不詳，就只有咱們正覺在提倡。我們現在且先不談佛菩提，只談解脫道。在解脫道的修行過程當中，究竟應該如何才算是解脫道的究竟圓證？那當然不只是包括煩惱的現行而已，也得包括習氣種子的斷除。阿羅漢雖然可以出離三界生死，可是他所斷的畢竟只是煩惱障的現行而已。怎麼叫作煩惱障現行的斷除？今天講一點諸位以前都沒聽過的，特別是你們已經明心的同修們，聽了要記住，可是不許去實行。

斷現行其實是很容易的，證四果也是很容易的，但是你們都不許跟我證四果，最多只能證三果，這是在解脫道上我對你們的要求。若是想證四果，你得要到七地滿心了，那時候感應到 佛來傳授「引發如來無量妙智三昧」，才不會入無餘涅槃，否則是一定會入涅槃的。所以先要求你們聽完之後，將來正覺寺蓋好了，教授你們修定（無相念佛功夫是動中的未到地定），再修除欲界愛而發起初禪證得三果了，可別再去證四果。假使讓我定中看見了，或者讓我夢中看見了，我一定上門去亂棍打你；因爲這樣一來，我度了你就變成沒有意義了。但是斷煩惱現行的道理以及入無餘涅槃的法，還是要告訴你們。

譬如說，阿羅漢他們斷煩惱障的現行是因爲我見已先斷，成爲初果以後，接著想要求證三果，就必須要遠離欲界法的貪愛；當他把欲界愛斷了，加上他有修學禪定，先已經有未到地定的功夫了，當他斷除欲界愛的當下，初禪就發起了。那個初禪可不是求來的，也不是打坐來的，而是證得未到地定以後下定決心遠離欲界愛而獲得的。有未到地定的人，只要斷除欲界愛以後，在打坐中就可能發起初禪，也許在走路中、吃飯時，或是正在上大號時，隨時都可能發起。當初禪發起時，繼續保持它，發覺到初禪不會退失了，那你就可以去檢查自己的五下分結斷了沒？你將會發覺五下分結確實已經斷了——欲界貪及瞋心的現行都已斷除了，成爲三果人了。

這是因爲在我見上面有深入而確實的斷除了，然後配合欲界愛的斷除，因此發起初禪，這樣的初禪才能使你進入三果。外道或者佛門中的凡夫大師們，乃至證得非非想定，也得不到初果的證量，更別說要到三果。如果在初禪尚未發起之前，你可以去檢查：那時你是一心想要進入三果的，一心想要遠離欲界愛的，你會發覺自己眞的是薄貪瞋癡了。貪瞋癡淡薄了，就是薄地，就是二果人了。所以初果到三果的修行其實是很容易的，並不困難。我們眞的不懂：爲什麼現在常常有人自稱是初果人，結果卻是還沒有斷我見；而且還說他有捷徑解脫之道，能傳給別人，我看一點都不捷徑。

三果取證完畢了，接著就是要斷五上分結了。可是五上分結很微細，五上分結中的其餘四個結就不談它，因爲那些諸位都很容易懂，可是其中一個最難斷的就是我慢，我慢就是**因我起慢**，不是與人比較而生的慢心。譬如說，小孩子出生後二十幾天、三十幾天，他的眼睛已經可以看得出父親、母親等等，當他可以了知父母時，他的我慢就差不多已經百分之百現起了，因爲他已經有你、我的分別了，有一個與別的有情相對的自己存在；喜樂有自己存在，就已經是我慢了。當他覺得自己的生存是很重要的，那就已經是我慢了，這個其實是最難斷的。如果這個我慢斷了，你去觀察自己的五上分結時，將會發覺其餘四個結已經都不在了，那就是四果人了，成爲慧解脫了。

三果是**心解脫**，如果自稱證了三果而沒有初禪的實證，那絕對不是眞的三果人；因爲三果人一定是**心解脫**，心解脫的人一定已得初禪——意識心已經**解脫**於欲界了。所以我說：**有證得初禪的凡夫，沒有不證初禪的三果人**。已證得心解脫以後再修有漏、無明漏的斷除，五上分結就斷了，就成爲四果人了。有漏主要是對色界法的執著，無明漏主要是對覺知心自我的執著。雖然這個四果人已是阿羅漢了，可是，不管這阿羅漢是男眾或是女眾，你抓了一隻昆蟲或者小蜈蚣，只要是很奇怪的生物，別讓他知道是什麼，你說：「**我送給你一樣東西，手伸出來！**」當你放到他手上時，他一看到小蜈蚣，直覺反應，馬上就丟了。爲什麼會這樣呢？他不是已經成爲阿羅漢了嗎？是！是阿羅漢沒錯，但是他的習氣種子還在，所以他會直覺反應、不假思索就丟棄。

你如果把牠放到等覺菩薩手上，祂一看，也許待一會兒還是會把牠丟掉，但不會當下就直接反應出來，因爲祂的習氣種子已經斷到只剩下最後一分了。這就是說，煩惱障上面的修斷，有斷現行的部分，也有斷習氣種子的部分，這兩個部分的修斷是相差很多的。所以說解脫道的究竟圓滿是要對於我執、我見的習氣種子，以及我所執的習氣種子，全部都要斷除究竟了，一絲一毫都不復存在了，這樣才能夠說他的解脫道是已經究竟圓滿了，這其實是佛地的境界。

可是剛剛的問題，諸位也一直在期待著答案：**那麼到底證了四果以後，捨報後是怎麼取涅槃？**其實不必四果，最利根的三果人就可以取涅槃了，他可以得中般涅槃或者生般涅槃，只是沒有現法智的般涅槃而已。四果人，當他五上分結全部斷盡時，他的意根已經沒有一絲一毫想要再讓自己存在了，捨報時中陰身就不會出生了。這樣聽起來，你說：「**那還不簡單？你講了等於沒講。**」可是我告訴你，那三果人就有不一樣了，三果人要取中般涅槃是很容易的，……這是強制性的中般涅槃。（編案：有關三果人自主性、強制性的中般涅槃內容，導師在次週講經時有交代：「這部分不許整理成文字出書。」所以省略不載）所以，煩惱障現行的斷除是很容易的，但是請大家不要起心動念想要去斷五上分結，否則我會上門打人的，我先把醜話講在前頭。阿羅漢們都是只斷這個現行，可是習氣種子是無量無邊的，那個部分，阿羅漢們都還沒有斷；他們雖然已經可以出離三界的分段生死了，可是從大乘法中所說的究竟涅槃來說，那畢竟都只是一個方便施設的涅槃，並不究竟。

以往諸佛度眾生時，有一轉法輪的，也有二轉法輪、三轉法輪的。一轉法輪，是把解脫道含攝在佛菩提道裡面說，不單獨另立解脫道，是純一佛乘的佛菩提道，而解脫道只是佛菩提道修行過程中的副產品。就像是我們書後「二主要道」的那張表，依照佛道修行的順序，到什麼地步該斷五下分結了，那時自然而然地斷除了五下分結；到什麼地步是該斷五上分結了，到那時就自然而然地斷除五上分結了。是把它依照佛菩提的次第來解說，並不是不修解脫道，而是不把解脫道拿來專修；二乘的解脫果只是成佛之道的過程中，必定會自然出現的副產品，主要的修行內容是成佛之道——佛菩提道，這就是一轉法輪。

如果是三轉法輪，那一定是像我們這樣的五濁世界，眾生的善根不足、慧力不足，信力也不足，如何能直接就告訴他們成佛之道？如果 釋迦世尊一開始就講佛菩提道，一定有人會問：「請問佛陀，修行成佛要多久？」「三大阿僧祇劫。」「那你一定是在騙我！三大阿僧祇劫以後，我根本找不到你，到時候誰能找你檢驗你所說的法門對或不對？你不是在騙我們嗎？」大部分五濁惡世的眾生往往會這麼想。所以只好把解脫道抽出來，先讓眾生實證以後，可以自我檢查：確實可以出三界生死。然後才會有人跟著已證的阿羅漢的腳跟開始修學，一一成爲阿羅漢以後，證明果然可以得現法智般涅槃。這是由於有現法智可以觀察：自己確實可以般涅槃，確實可以入涅槃而脫離生死苦。

因爲這樣方便施設的緣故，有人實證了，所以眾生就有信心了：**佛告訴我們出三界生死的事，並沒有騙我們，我們確實已經親證的。佛陀説法是如實語、不誑語，全部都是説誠實語。**因爲有了信心的緣故，才可能信入大乘法中。但這樣就具足信心了嗎？也不見得！還得要轉入大乘，透過隨佛修學的過程中，提出種種修行上的疑問而獲得圓滿的解答，才能夠對 佛陀有具足的信心。你們看，這種五濁世界的眾生是這麼難以攝受，怎有可能一開始就宣講佛菩提道呢？那是很困難的！因爲佛菩提，眾生都無法想像；光是一個明心見道所獲得的般若總相智，不迴心的大阿羅漢們就百思不解了，凡夫們要如何能相信呢？

再進一步，明心過後的眼見佛性，説可以在山河大地上看得見自己的佛性。「笑死人了！你又不是遍散在山河大地上，怎麼能在山河大地上看得見你的佛性？」但就是可以看見啊！那要教眾生怎麼相信？你不得不再把它說得更清楚一點：「你的佛性可以在山河大地上被你看見，可是你的佛性其實不在山河大地上。」眾生聽了卻更加茫然。可是實證的時候，確實就是這樣，卻是根本無法思惟、想像。那你說，眾生要怎麼信受呢？確實不可能嘛！那要怎麼辦？只好把解脫果與佛菩提果分開來，先講聲聞解脫道，等大家實證了：確實有初果、二果、三果、四果，然後由四果人、三果人，來為二果與初果人說明涅槃確實可得、三界生死確實可離，因此大家就會相信了。

所以解脫道其實是有兩個部分：一個是斷現行，另一個是斷習氣種子隨眠。因為現行很容易斷，怕的就是不瞭解四果所證的內涵；從初果到四果的內涵是什麼，怕的是不瞭解或者誤會了。你們別說：「那怎麼可能誤會，解脫道的現行斷除，那是很簡單、很粗略的東西。」但你不能這麼講，因為你破參後跟我修學十年了，對你來講當然是很簡單的東西，可是你去看看那些大法師們，乃至所謂的導師——印順，看看他所講的解脫道：他把解脫道當作成佛之道。可是他的成佛之道——解脫道，到底有沒有教人如何斷五上分結、五下分結？如何發起初禪？這些道理他都沒講，老實說，他連我見都還分明存在。即使是簡單的解脫道的見、思惑煩惱現行的斷除，連印順那樣的大師都誤會了，那你說其他的大法師及一般人，又哪能不誤會呢！他們光是一個斷我見就作不到了，所以都同樣主張意識心是不生滅心，同樣落入離念靈知意識心中。還有人主張意識細心不生滅，有的人則主張意識極細心不生滅，如今許多禪宗所謂開悟者，乾脆說離念靈知就是眞如心、是常住不壞心。你們看這些人連「我見」都斷不了，連初果都無法取證，又怎能期望眾生隨他們修學以後可以成爲初果人、三果人乃至四果人，那不是緣木求魚嗎？所以即使是很粗淺的解脫道，也是全軍覆沒了，都沒有一位大法師是曾經弄清楚的，所以我們才不得不寫作《阿含正義》，目的就是在這裡。

佛菩提道，你得要先從十信位開始——從初信到滿足十信。十信位的修習圓滿，各人的時程並不一定：或者一劫，或者十劫、百劫，乃至一萬大劫，才能具足十信位的信心。單只十信位的信心圓滿，就得如此之久，你想，這佛菩提智有這麼容易學的嗎？光是具足對三寶的信心，特別是對大乘法的信心，得要一劫乃至一萬大劫。想想看，那是多少次的生死？你們回家以後自己算算看，可能算盤還撥不過來，可能要用超大容量的電腦去算吧！但是，經過一劫或一萬劫修行而使信心圓滿了，就能見道而悟出來嗎？還不行，還得要從初住位開始，專修布施，要修捨心。捨心能修得出來才算布施行滿足了，可是這個滿足只是外門修布施行。這是說哪一些人呢？就是台灣後山那些我們所讚歎的勤修善行的人們，他們正是在修這個布施行。其實他們的那些會員、贊助者，大部分都還在十信位中，都還不圓滿十信位，他們只是存著修善行得善報的心情在作。他們之中如果有十分之一能夠進入初住位，能在外門廣修六度萬行中勤修布施行，那就非常值得我們稱讚了。

可是初住位的圓滿，這個布施行要修多久？這可不是一世、二世的事，不是像證嚴法師講的：我們只要一生都很快樂的、精進的去布施，布施到很多年以後，仍然是每天都很快樂，一直到死的時候一樣都很快樂，都不後悔，那就是歡喜地。依她這個說法，歡喜地還眞的容易證呢！可是那個歡喜地三字上面，得要加一個字：「空」。因為那種境界，連三賢位中的初住位都不能圓滿了，怎麼能叫作十地中的歡喜地呢？只是**空歡喜**罷了！所以修學佛法時，得要小心去弄清楚。想想看：從初住位修到十迴向位是一大阿僧祇劫，是一大無量數劫；單單只是從初住位到十住位滿心，則是第一大無量數劫的三分之一；而初住位的修習圓滿，則是這三分之一的十分之一，那究竟是多久的時間？換句話說，必須經過一大無量數劫的三十分之一的時間，才能圓滿初住位的布施行，絕對不是一世的布施就能圓滿了布施行。布施的目的要修捨心，能夠把捨心發起，世世都不退失，才算是圓滿了。可是這個捨心的發起很不容易。

這個布施行終於修完了，接下來修持戒。這個外門廣修持戒波羅蜜，仍然是一大無量數劫的三十分之一的時間。接著進修的忍辱、精進、禪定、般若，都同樣是一大阿僧祇劫的三十分之一的時間。這樣總共要修六度，到了第六度修般若，就是從經文法義的表相上來精修般若。這個表相般若，包括凡夫位的觀照般若在裡面，那就要從文字般若、言說般若去學；學到一大阿僧祇劫的三十分之六圓滿了，才有可能證悟如來藏而明心，進入第七住位中常住不退。所以後山那些人們，眞的還需要繼續搞環保菩提、清涼菩提、關愛菩提，醫療菩提……等；而我們也支持她們繼續做下去，這是因爲她們的外門六度萬行還沒有圓滿的緣故，暫時還不會與明心見道相應——不會想要開悟明心。

所以外門六度萬行，你想想：到六住位圓滿才終於斷了我見，還無法明心的。你想，這個通教初果易不易得？還眞難得！所以證嚴法師到現在，連我見都沒有斷，可見她的六住位還沒有圓滿。如果她的我見確實已經斷了，雖然還沒有明心，我們已可以說她六住位修習圓滿了，外門廣修六度萬行已經是完成了。可是她在書中公然寫著：**意識卻是不滅的**。這能算是斷我見的人嗎？絕對不可能！那你想：光是修到六住位，學習文字般若、表相般若、觀照般若，還沒有悟得如來藏，還不能進入第七住位，就必須要先斷我見；而這個我見的斷除，對她而言已經是這麼困難了，想想看：佛菩提道那麼容易修嗎？

終於有一天踏進正覺而證得如來藏以後，想要再到達十住位滿心而眼見佛性，那還要多久的時間？始從初住位，到達十住位圓滿，要整整一大阿僧祇劫的三分之一，所以你們之中已經見性的人，都應該要慶幸才是。那你想：眾生光聽到這裡，腳底已經涼了，怎麼可能讓他們相信說：行菩薩道是眞實可證的、是最究竟圓滿的。他們不可能相信，一定會想：「佛陀你在騙我啦！

反正一大阿僧祇劫過完；不要說過完三分之一啦，三十分之一過完以後，我就找不到你了，什麼時候能向你求證？」要債也要不到了，對不對？眾生往往會這樣想，所以不得不在五濁惡世三轉法輪。因此，佛菩提道是最難的，才要施設解脫道讓眾生可以在一世之中實證，才能生起信心。

可是佛菩提道一旦通了，假使你肯任事，就是不怕辛勞，肯為佛教、為眾生勇於任事，把它承擔起來，那其實佛菩提道修起來也是很快的。因為當你已經在承擔如來家業的時候，如來家庭的家長當然要幫助你圓滿那個能夠承擔家業的能力。由於你已經承擔起如來的家業了，而你作的事情卻是超過你的能力、超過你的智慧所能負擔的，佛就必須要幫助你，讓你具有那個能力、那個智慧。這樣看來，你的付出到底是損失還是獲得？（大眾答：獲得！）你們都很有智慧，知道其實是獲得。這個也是我的經驗之談，我正是這樣走過來的。往世我作的事情其實常常是超過我的能力，但是沒有人願意作，我又沒有那個能力時該怎麼辦？祂老人家就得幫忙你，不然這個任務怎麼完成？同樣的道理，這個佛菩提道的修行是非常困難的，要歷經久遠劫的修行；因為它的層面很廣泛，其中的法義又都很微細，不是短短的一世到四生就能完成的。阿羅漢的果位求證，如果真的非常努力精進去修證，而且知見也正確，善知識教導的也完全沒有錯誤，你很精進努力去修，利根的人一世就能取證阿羅漢，遲鈍的人最多也不過四生：很精進去修，在法義正確的前提下最遲四生就能證阿羅漢果。

可是佛菩提道，光是一個明心，就要歷經如此之久才能證得，顯然是很困難的事。也許你覺得說：「哪有？我來到同修會才兩年半，禪三回來時我就已經明心了。」可是，那是因爲我需要你做事，我喜歡你。眞的是這樣呀！如果不是因爲看你看得順眼，然後需要你來爲佛法付出，我才懶得那麼辛苦呢！辦禪三，那比寫書要辛苦很多倍。寫書是很快樂的事，坐在電腦桌前幾個小時下來，屁股痛了還是很快樂；一寫下去，三個鐘頭、四個鐘頭都沒有起身，因爲法樂無窮。可是禪三那些開示、引導、勘驗，對我們來講都是極粗淺的法；雖然你們未破參前覺得很困難，可是我覺得那麼粗淺的東西，每年都要辦兩次，每次都辦兩個梯次，眞的很煩！體力負荷也很重。

所以對我來說，對你們之中已經破參的人來說，實在是太簡單了！可是你們想想：進來同修會以後雖然很容易得，但是當你觀察大乘佛法這一百年來，曾經出現過幾個眞的善知識？你們可以算算看，檯面上你可以數得出來的大師們，數數看，就只有廣老一個人！你說大乘見道明心有那麼容易嗎？至於檯面下的也不多（其實從民初以來，檯面下還是有十幾個人是開悟的，只是因爲都沒有出來弘法而籍籍無名，上一世的我正是如此度眾），所以要開悟還眞的是很困難。那你說，這樣經過三大阿僧祇劫才能成就佛道，五濁惡世的眾生聽了，不但腳底涼了，而且根本就不信。

因爲有胎昧，所以三大阿僧祇劫是無法求證的事；十信圓滿就要一大劫乃至一萬大劫，你說成佛之道如何能容易讓人家信受？所以在這個世界弘法，得要把解脫道抽出來單獨先講。十幾年過去以後，已經有一堆阿羅漢了，消息傳出去了眾生就會相信：「這沙門瞿曇的弟子，以前都是諸方所信奉的大修行人、大善知識，但是都成爲祂的弟子，而祂只有三十幾歲。」這時眾生就相信了。你們也許不知道，有人第一次見到 世尊跟大迦葉尊者在一起的時候，大部分人都以爲大迦葉尊者是師父，以爲 世尊是他的徒弟，沒想到大迦葉尊者向大眾說：「這位是釋迦如來，祂是我的師父。」因此大家就信得不得了：連這種名聞四方的大修行人都是這位年輕人的徒弟，他的證量也就可想而知。光只是個解脫道，就必須如此了，那麼佛菩提道就更難了，所以它不是很容易的事情。

因此，成佛之道一定要兼具二道，如果缺了其中之一，就不可能成佛。因此，十方諸佛一定都已經在解脫道上面斷盡現行，也斷盡了習氣種子；並且在佛菩提道上面，也把無明住地的一切上煩惱，全部斷除究竟，才能成佛。成爲阿羅漢只是斷見惑與思惑，這四種住地煩惱還是可以計算的，主要是惡見——五利使，不過是五個見道所斷的煩惱。二果人就不像三果人說是眞正的聖人了，因爲他是爲了要離欲界愛，所以斷我見以後努力修行，想要遠離欲界愛，因此而薄貪瞋癡，那還不算是聖人；因爲還在欲界境界的繫縛中，怎麼能叫作聖人呢？所以，解脫道中認爲初果、二果不算聖人。二果是算少分聖人，因爲畢竟他的欲界愛及瞋癡已經淡薄了，算是他有在修道，勉勉強強把他算上去；其實根本不是，只有三果到四果才眞是聖人。

修到這裡已經是那麼難了，而佛菩提又更難。可是也許諸位想：「哪有？我看佛菩提比解脫道容易，因爲現在都還找不到一個阿羅漢，可是你看我們會中明心的人竟有這麼多。」說的也有道理。可是如果不是因爲佛法傳到今天很需要諸位的話，我告訴你：一個也不會有。我也許還像上一輩子，不過度十幾個在家人開悟而已。那時是很輕鬆的，沒事就來論論法，亂世之時無法考慮到佛法存亡的問題，什麼事都做不了；然而，那樣的日子過得可眞寫意。因爲我上輩子沒結婚，但是有一個小女兒，是不得不把她領養的；養大了，把她嫁了，我就沒事了；剩下的日子就只是度幾個人，有時論論法，日子很好過；可是證量就只有那麼高而已，就無法再快速往上提升了。

沒想到，這一世很累人，可是累得很快樂，因爲法樂無窮，反而比過去世加起來進步還要快，所以我常常說：佛決不辜負人。這是眞話，絕對沒有假話。因此，由於我們今天不得不出來護教、救眾生，而作出這樣的一個成績出來，才會有諸位這麼多人證悟；否則的話，佛菩提要實證，是沒那麼容易的。所以諸位應該心裡面暗地高興說：原來我還是眞有福德，才能遇到這個時節因緣。不然，歷史上別的宗派更少人悟，也就甭談；禪宗的證悟者是最多的，可是禪宗有哪一位祖師座下有超過我們今天明心的人數？而且品質如此高？保證沒有！而我們還會繼續再邁進，有一天也許達到四位數，但是我們手頭必須抓得越來越緊，因爲現在都是求質而不求量。

所以佛菩提道的實證確實很困難，證佛菩提道的困難處是在哪裡？就是過恆河沙等所應斷法不斷，或者已斷而不能究竟斷。什麼是所應斷法？一個部分就是煩惱障習氣種子隨眠，其數無量無邊；這必須要歷緣對境之中才能現起，否則不會現起的。你如果一直都在順境之中，它不會現起；得要在逆境之中，它才容易現起；當它現起了，就是給你一個機會，讓你把它除掉。所以你如果想要斷習氣種子，最好就是悟後出來弘法，並且不要出家，保持在家相，讓人家瞧不起你、踐踏你、辱罵你、毀謗你；而你後來漸漸的習以為常，你會發覺眾生本來就是這樣的，你根本無所罣礙，這時你的習氣種子就斷掉很多了。

你得要習慣它，習慣於被人辱罵；好心還要被人當作驢肝肺，這樣你就成功了，這是斷習氣種子最容易的方法。假使今天我穿起僧衣，我座下將會有很多往世跟隨我的聲聞弟子全又回來了。可是我想要擺脫他們，因為那些人中多數都是聲聞，十個有九個是聲聞人，我度那麼多聲聞人要幹什麼呢！我們這可是菩薩大法呢！所以，當我這一世也穿起僧衣來，往世那些聲聞弟子都會再度回來，那時大家看到了就會說：「你看，好多的法師都在他座下修學。」很有名氣的法師們也會來參訪、修學，那時還有誰會毀謗我？都沒有人會罵我了！那我的習氣種子就無法現行了，道業就沒辦法打磨了。總是要靠眾生來磨，習氣種子才會快速的現行及斷除。當人家辱罵你，你可以習慣了以後，就表示你的習氣種子已經消掉很多了。這就是要在跟眾生同事之中去利行，當你利益眾生時反而被眾生羞辱，被眾生忘恩負義、恩將仇報，而你都不起瞋、不記恨、不退轉，你就成功了。可是即使這樣成功了，也只是解脫道上的究竟修證而已，只是解脫道的修證超過二乘無學聖人，只是習氣種子隨眠斷盡，只是煩惱障的斷盡罷了；這只是成佛之道所應斷法完成了一半，同時仍然有所知障所攝的上煩惱等著你斷除，才能成佛。

印順等人只知道成佛之道必須修證二乘人的解脫道，可是他們都不知道二乘聖人的解脫道只斷現行而不斷習氣種子，更不知道還要修斷所知障以後才能成佛。所以他們就把二乘聖人所證的解脫道取代菩薩所修的成佛之道，是只取菩薩所修成佛之道中的一小部分：斷除解脫道所斷的見、思惑煩惱現行。卻捨棄了絕大部分：解脫道中的習氣種子隨眠的斷除、所知障所攝明心開悟的無始無明打破與通達，以及入地後修道位中所應斷除的上煩惱。這些都完成了，才能成佛。所以並不是單單二乘解脫道的修證完成就能成佛，還有二乘解脫道中所無的菩薩所斷習氣種子的大乘解脫道，還有二乘法所無的所知障所攝的無始無明及上煩惱的斷盡，才能成就究竟佛果。因此說，印順以極粗淺的二乘解脫道，來取代大乘法中本有的佛菩提道，說二乘聖人所證的解脫道就是成佛之道，是極不負責任的說法。

在佛菩提智裡面，勝鬘夫人說：「**由於過恆沙等所應斷法不斷故，過恆沙等法應得不得、應證不證。**」這意思顯然是說，無明住地中的上煩惱是會跟眾生有一點關聯的，不是單純在無生法忍上用功就能完成諸地的無生法忍智。在十地修道過程中所完成的無生法忍智，其實是會與眾生的習氣種子相應而引生諸地菩薩的無生法忍實證因緣，再由該地位中的無生法忍的實證完成而增益在習氣種子斷除上的能力與速度。所以，諸地的修道中，習氣種子的斷除與上煩惱的斷除而引發無生法忍智，二者之間是息息相關的。所以單單修除習氣種子是不能地地增上的，單單修證無生法忍智也是不能地地增上的，二者是互有關聯的。

確實也是互相關聯的，因為當你斷了某一個法，而你在某一個因緣當中發覺「**眾生爲什麼連這個都斷不了？**」可能其中的某一個因緣使你去體驗到背後的原因，而那個原因正好是那一地所應修證的無生法忍智，那你又因此而證得另一個法了，就完成那一地的最後現觀了。這個無生法忍智雖然是屬於上煩惱所攝，卻是與眾生的煩惱障有著互相影響、互相關聯的。如果你所應修斷的某一個部分沒有修斷，所應證的某一個法還沒有證，縱使眾生有那個現象示現給你，你也無法相應而修證完成那一地應有的現觀，所應證的法也就不證，所應得的法也就不得。由於這個緣故，勝鬘夫人才會說：**無明住地的積聚，會生一切修道位所應斷的煩惱。**

所以菩薩單單是一個見道，要歷經七住位到十迴向滿心位，才能通達。七住位是**眞見道**，得根本無分別智，是總相智，還沒有通達見道位的智慧；八住位開始直到十迴向位都是**相見道**，得後得無分別智，是別相智；悟後要進修到無分別智圓滿了，才能轉入初地的入地心中，這時才是見道的**通達位**。想想看，那是多久的時間？從**眞見道**出發，到達**相見道**的**通達位**，要耗用掉多少臭皮囊，才能圓滿十迴向心而到達初地的入地心中？從今天明心開始，到未來十迴向滿心，你用掉的臭皮囊堆積起來，比須彌山還高！那你想是多久的時間？到那時你才終於算是進入初地了。

可是進入初地時才算是修道位，才剛剛要開始修道。我想你們有些人聽到這裡，腳底已經涼了。（大眾笑…）有沒有涼？（無人回應…）一定有啦！只是不好意思說啦！這時才算是開始成佛之道的修道，才算是與當年的勝鬘夫人一樣而已。修道位的過程中，是任何一件事情都算是修道，從這時開始，不會在心裡面想著說：為自己去策劃或謀算什麼事物。此時所想的全部都是眾生以及佛教，心中沒有設想別的事。其他的事情他都不牽掛，所以到這個時候才算是已經開始出生修道位中所斷的一切煩惱。這個修道所斷的一切煩惱，是因為無明住地的積聚而來的，而這個無明住地其實不是積聚，但勝鬘夫人為什麼會把它叫作積聚？就留到下一段經文中再來說（案：詳 137 頁解說）。

可是修道所斷的煩惱，精研佛菩提道的大師們所知道的，畢竟只是煩惱障的習氣種子而已；但是對於眞悟的菩薩，悟後通達相見道位的別相智（也就是已經通達後得無分別智）以後，修入初地時，都知道同時還有上煩惱應斷，上煩惱也是修道位中所應斷的煩惱。由此可知，入地而進入修道位以後所應斷的煩惱有二種：一是修道位應斷的習氣種子及故意保留的思惑，二是為了獲得諸地現觀而應斷除的無量無數的上煩惱。古來一般禪宗眞悟祖師所知道的，只是第一個部分——習氣種子隨眠的斷除；另一個部分是法界實相中總共有多少種子——有多少無漏有爲法上的功能差別？除了極少數的禪宗祖師以外，都是不知道的。

但是法界實相——如來藏心，究竟含藏了多少的種子？（種子就是功能差別，又名爲界）這些種子都能夠具足瞭解而圓滿究竟了，就能具足運用所有的種子，這時就是一切種智——一切種子的智慧——已經圓滿究竟了，這時能於十方法界圓滿究竟的自在了（因爲沒有任何佛菩薩可以質問祂，假使諸佛菩薩會質問祂），因爲諸佛沒有高下，平等、平等，所以沒有人能質問祂。而諸菩薩都還沒有成佛，當然也無法質問祂；那就是說祂已經到達佛地了，這才是究竟的**明解脫**。所以，成佛之道並不是只有印順所說的聲聞解脫道而已，還有菩薩所修的斷除習氣種子隨眠，以及斷除過恆沙數上煩惱。這兩個煩惱，都是進入初地開始的修道位中所應斷的煩惱，但都屬於無始無明（無明住地）所攝的煩惱，所以勝鬘夫人說：「**是故無明住地積聚，生一切修道斷煩惱、上煩惱。**」

至於上煩惱的內容，那可就多了！上煩惱是超過恆河沙數的。因爲這兩個煩惱，也就是說一切修道位所應斷的煩惱以及上煩惱，這兩種煩惱相應而集合起來時，就會產生大乘修道位中所應斷的心上煩惱、止上煩惱、觀上煩惱、禪上煩惱、正受上煩惱、方便上煩惱、智上煩惱、果上煩惱、得上煩惱、力上煩惱、無畏上煩惱。

這一些煩惱，爲什麼要叫作上煩惱？這是因爲相對於二乘解脫道所應斷的下煩惱，所以稱爲上煩惱，以示區別。因此，你可以把眾生常常會生起的煩惱，或者說聲聞緣覺解脫道中修道所應斷的煩惱，都叫作下煩惱；也可以叫作起煩惱，因爲這些煩惱都是與眾生心刹那、刹那相應的，所以是與覺知心及意根一直在相應著的，是一直在眾生的意根與意識心中生起的煩惱，所以就稱爲起煩惱。凡是在覺知心中生起以後，已經成爲覺知心可以覺察的煩惱了，就叫作起煩惱。但是上煩惱雖然一直存在著，如果還沒有生起——尚未與覺知心相應以前，也都不能叫作起煩惱，一直要到跟覺知心相應了才算是起煩惱。但是，凡夫有種種起煩惱，都是與見惑、思惑、我所煩惱相應的，不與上煩惱引生的起煩惱相應。二乘無學聖人已無見惑、思惑、我所煩惱，他們相應的起煩惱，只有冷熱痛癢渴餓等身上的覺受，也是不與上煩惱引生的起煩惱相應。但是菩薩就有上煩惱引生的起煩惱了，也會與習氣種子引生的起煩惱相應了。這是菩薩與二乘無學聖人特別不同的地方，卻是古今絕大多數的證悟禪師們所不知道的，更是當代所有大法師、大居士們都不知道的。因爲當代這些大法師們連斷我見都無法做到，何況是明心眞見道位的功德？又怎能了知入地時才會知道的這些極深妙法義呢？

所以勝鬘夫人在這裡所略講的上煩惱，我們就得要一一來說明。由於上煩惱與修道位所斷的起煩惱，出生了第一個**心上煩惱**，這個心是指第八識。在二乘法中，過去名心，未來名意，現在名識。當然也有人講過去名意，未來名心，現在名識，但這個說法比較不好，因爲是根源於錯誤的說法而來的，我們這裡且不談它，留在《阿含正義》裡面再說。（編案：共七輯，都已出版）但是心、意、識這三個法，在二乘法中只是指三世的意識心而已；可是在大乘法中說的心、意、識是不一樣的，**心**是指第八識，**意**是講末那識，就是二乘法中的意根，**識**則是指識陰等六識。所以，這個**心**上煩惱，講的就是對於如來藏（也就是阿含道中所講的入胎識）的了知，是不是已經到了究竟的地步了。如果對於這個心的了知已經究竟了，這個**心上煩惱**就滅盡了，而這個上煩惱的內容也是其數無邊。

第二個上煩惱是**止上煩惱**，講的是與第三個**觀上煩惱**息息相關的禪定的境界。也許你想：「**禪定最多不過就是四禪八定，為何會有難以計數的上煩惱？**」其實不然！禪定的修證也是非常多的，因為從四禪八定中還會衍生出無量處定（四無量定—四無量心），還會引生一切處觀；並且單從四禪八定就會引生觀禪、練禪、熏禪、修禪的不同；而且每一個禪定的境界裡面，都有許多種境界。因此這個止與觀，從凡夫地來講，就已經有這麼多的不同了，如果再從菩薩的無生法忍智慧配合來現觀，那又會產生了許多的變化，都與無生法忍互相關聯，當然也會有**止上煩惱**與**觀上煩惱**。這就是諸地菩薩所證的增上心學，與凡夫所證禪定止觀不同，也與三明六通俱解脫大阿羅漢的禪定止觀不同。所以三地滿心完成了四禪八定、五神通、四無量心以後，到了五地中，還要對這一些禪定再作深入的止觀修證，轉為細相觀，因此這也是諸地菩薩應修、應斷的上煩惱。

下一個是**禪上煩惱**，禪上煩惱主要是在講靜慮。靜慮並不是指禪定的修證，禪定是修定，靜慮則是在法上的禪思；譬如中國禪宗的禪，也是屬於靜慮而不是禪定。所以，禪，是在極安靜不受打擾的狀況下，在大乘的證悟及無生法忍的現觀上面來深思實相的內涵，所以禪的意涵是非常廣泛的。也就是說，對於佛菩提道乃至解脫道中的種種內涵，都必須透過靜慮去完成。但是聲聞解脫道等禪思所攝的煩惱，都不是上煩惱；只有悟後想要通達相見道位的般若——後得無分別智，才屬於上煩惱。至於通達般若以後進入初地，包括諸地滿心所有現觀境界的過程中所產生的煩惱，更屬於禪上煩惱。這些佛菩提道的禪思所引生的煩惱，都是禪上煩惱，全部都要靠靜慮來完成，都要在絕對不受打擾的狀況下去作深入的觀行，而且是要配合應有的禪定等持的功德，不斷地進出定境而反覆加以觀行與檢查，與二乘禪思大不相同，所以叫作禪上煩惱。這個上煩惱，特別是指與無生法忍上的靜慮有關的部分。

再來是**正受上煩惱**。關於正受，幾年前我們聽到過一個笑話。有一位法師在解釋正受說：「正受就是正確的領受、正確的覺受。」好啦！這意思是在指什麼呢？譬如說：我如果正在吃飯夾菜，這個好好吃，我就正確的、完全的領受它。這樣就應該是有正受了。那這樣一來，世間人也都有正受了，而且他們的正受應該比修行人更好。譬如說：聽說福隆、蘇澳海產眞的很好吃，大家聞風而去。二十幾年前只有麥帥路的時候，很多人就開著車去，到了週末就在南港、汐止堵車慢慢開。只是爲了吃海產，只是想要去吃眾生肉而已。可是他們去吃的時候，都很專心品嚐、享受，並且大家討論：「這個味道好，爲什麼它的味道好……」等等。大家一面討論，一面品嚐。那不就是有正受了嗎？那麼凡夫也應該都有更好的正受了。所以我說那個開示叫作笑話，其實正受不是這個意思。

正受二字，講的是當你在解脫道上有修證了，或者你在佛菩提道上有修證了，並且在修證之後如實安住其心而無錯誤。那就是：你如何起作意？你的作意是不是正確的？如果你依正確的佛菩提智或者依正確的解脫智的作意而安住，那才能叫作正受。所以，作意就是正受的內涵，而這個作意的意涵是非常深的。

有很多人知道《瑜伽師地論》的法義很妙，就去讀。可是他們讀到作意的部分時，看到妙覺菩薩在論中講了很多的作意，心裡起了一個念頭：「講那麼多的作意！幹嘛呢？」就輕易的翻過去，不讀了。他們都不知道那是很重要的法義。所以很多人把經、論裡面重要的東西丟在一邊，卻把較不重要、次要的法義抱得緊緊地；身上揹了一大堆，腦袋裡記了一卡車，到處向人說：「我會經，我會論。」其實眞的會嗎？根本不會！大多是這樣的人。所以，正受，對他們來講，不但是不懂，根本就完全沒有正受，只有邪受。

什麼是邪受呢？「張三啊！師父說明天有很多工作要做，你要不要去當義工？」「好啊！去啊！每次去都做得法喜充滿。」明天做到一身髒兮兮地，累翻了，可是師父出來說幾句話安慰一下，啊！好高興！回家了，說這樣叫作法喜充滿。可是他有法喜的正受嗎？全都沒有。法喜講的是什麼？是因爲法的修證而產生了喜樂，因爲實證才產生了歡喜，那才叫作法喜。

譬如說，解脫道中說要斷我見，學習並且作了觀行以後，可以自我檢查我見斷了沒有？然後再用聖教檢查（理證上檢查以後還不算數，還要經過聖教檢查），檢查過了，確實斷了我見，知道確實是證得初果了，因此得到這個解脫法了，所以非常歡喜，那才能夠叫作法喜充滿。因爲他心裡面想：「我還眞的是初果了！」心裡面暗喜。他不知道其實沒有得初果，得初果是沒有得；當他暗喜的時候，已經落在我所而沒有得果了，所以那個法喜還是假的。

證初果時沒有任何世間法上的喜樂，那才是眞的證初果，因爲三縛結確實斷了，這樣才能說法喜充滿，是對解脫道的法義有所實證而能了知。法喜是不會顯現在外的，法喜都是很深沉的；有了這樣的法喜，才能叫作正受。因爲從此已經斷了三縛結，五陰都不再認爲眞實有，在把自己完全否定的狀態下，在這種作意中安住，才能叫作有正受。

可是正受的本質就是作意。在某一種智慧中安住，在某一種解脫證境中安住，才叫作正受。換句話說，到究竟成佛時，心中有無量無數的作意，也就是有無量無數的世間、出世間、世出世間作意；而且究竟清淨，一切種子都可以憑著這些作意而運作自如，這樣才算正受圓滿。所以正受並不是指有染污的世間法上的領受、覺知，而是依解脫、解脫知見、戒身、定身、慧身的實證以後，隨時隨地有著正確的作意，才是佛法中所講的正受。

可是入地而進入修道位以後，關於**正受上煩惱**，不會突然間全部都跑出來，而是要修到某一個地步以後，有出現某一個因緣時才會出現一個正受上煩惱；而那個因緣，有可能一等就等上十年，才會遇到一個因緣出現。這樣子，你想，成佛有那麼容易嗎？那些凡夫們動不動就出來大聲高唱說：「我已經成佛了。」甚至還有法師大膽的自稱是成就報身佛，我看其實都是雙身法中的抱身佛，正是地獄種性人。所以凡是有人說他成佛了，我向你保證：他一定連我見都還沒有斷。我絕對可以為你打包票。

還有一個居士好大膽，他也自己認為成佛了，並且還寫經典，然後封他座下的某一個人是什麼菩薩，另一個又是什麼菩薩，好像是封神榜一樣，就這樣自己寫在經典裡面。我向你們保證，他一定仍是未斷我見的凡夫，從他寫的「經典」中也可很清楚地斷定出來。可是他們膽子好大，有一天竟然跑到我們講堂門前來發傳單（大眾暴笑……）這不是來拈我的鬍鬚嗎？膽子好大！可是我保證，世間永遠都不會缺乏這種人。你們有些人已經正在弘法度人，或者未來正式出來弘法度人時，我打包票：你們遲早都會遇到這種人。這種人，只有在天界的佛教中才不會有，也只有在十方淨土世界中才不會有；若是在這一種五濁惡世的人間，永遠不會缺少這種人的。你看！這正受那麼容易得嗎？並不容易得！

光是一個斷我見的正受，當代那些大法師們，都沒有一個人得到。至於我們會中，明心的正受，你們就無法具足得了。也許你禪三回來時說：「我明心的時候，得到好多的智慧；這一次禪三下來，有了這麼多的智慧，所以我已經有很多的正受了，因爲這些作意我都存在。」可是我告訴你：即使有那麼二三十個世出世間法的實相作意存在，其實還是少之又少的。所以正受上煩惱，要在你悟後繼續進修以後，去一步一步證得；你每深入一部分法義，就得到一個智慧。不管你悟後是來聽經，或者悟後是自己讀我的書、讀經典、讀論典，每深入一部分就生起一個智慧，你就多了一個作意；多了那一個作意，你就多了一個正受。這就是悟後去圓滿你的見道功德，漸次圓成相見道位的般若正受，乃至入地以後進入修道位去圓滿成佛所需要的一切正受。這一些正受將會陪著你同時存在，永遠不會消失；只是你不會感覺到它的存在，可是當你需要用的時候，它就會出來，讓你可以用來利樂眾生，並且用之不盡，這就是正受。而諸佛都是正受圓滿具足了，所以已經沒有正受上煩惱；諸地菩薩則是由於這個正受的不具足，所以才會繼續存在許多的正受上煩惱。

接下來說**方便上煩惱**。這個方便上煩惱，主要是指斷涅槃貪，以及七地滿心的念念滅盡定；假使在這上面修不好，就成爲**方便上煩惱**。但是，其實這兩個法的函蓋面是非常廣的，因爲這是要經過很多劫去修學，把種種的方便波羅蜜修集滿足以後才能獲得的。一般人修學佛法，當他發覺自己確實有能力取無餘涅槃，心中就會生起涅槃貪；這主要是講三果人與四果人，他們都會生起涅槃貪。本來以爲自己永遠不會起心動念想要取涅槃的，沒想到在三果跟四果的階段，有一天突然起了一念想要取無餘涅槃，那個念頭非常強烈。假使無法生起種種方便來修除這個涅槃貪，又想要成佛，就會成爲方便上煩惱。

你不要以爲自己絕對不會有這個涅槃貪，那可不一定！你現在或許認爲：「入了無餘涅槃，一切無所能爲，既不能成佛，也不能利益眾生，我進去那個裡面，那不是一個呆子嗎？」你現在很堅定的這樣認知，可是當你到了三果的時候，特別是已經有能力取中般涅槃時，將會與聲聞四果的想法一樣：有時候會突然起了一個念，想要入無餘涅槃，而且那個念頭（作意）將會很強烈。而你怎麼也想不到自己爲什麼會貪取無餘涅槃。所以這個涅槃貪，要靠菩薩的無生法忍及十無盡願的增上意樂去斷除它。五地菩薩已能斷除涅槃貪，不入涅槃而繼續進修；終於到達七地，在第七地爲了滿足方便波羅蜜多，必須要修種種方便門，終於可以取證念念入滅盡定，不再像阿羅漢或六地菩薩要有加行才能進入滅盡定中。可是因爲七地滿心的心境太寂靜了，是阿羅漢所無法想像的寂滅境界，一定會導致萬事棄捨而取無餘涅槃。

七地菩薩必須在證得念念滅盡定之前，先修得無量無數的方便波羅蜜，才有能力證得念念入滅盡定。可是當他證得念念滅盡定以後，突然又會產生了涅槃貪；往往自以爲在第五地時已經斷盡了涅槃貪，怎麼現在又跑出來？這也是上煩惱，稱爲方便上煩惱。所以，想要圓滿念念滅盡定，是煩惱；可是念念滅盡定證得了以後，起了涅槃貪而無法斷除，這也是個上煩惱，同樣都是方便上煩惱。所以這時候 佛就來了，一定要來教導**引發如來無量妙智三昧**，七地滿心菩薩才不會取涅槃。

七地滿心證得念念入滅盡定時，是隨時隨地可以在很短的時間內取涅槃的，不是像阿羅漢要從初禪、二禪……次第轉進去取無餘涅槃的，是隨時隨地可以在很短時間內就取涅槃的。所以 佛陀必須時時注意七地菩薩對於念念入滅盡定的實證，不能疏忽而被七地菩薩入了無餘涅槃。那你想想看：佛好不好當？當然不好當！必須隨時注意有哪一個弟子是到了七地了，祂就要時時管照著，不能讓他入了無餘涅槃。千萬不要以爲說：成佛最好了，就只是坐在上面等人家供養。事實上，佛是最忙的聖者，比我們所有人都更忙。以上所說的就是**方便上煩惱**，諸地菩薩遲早都要面對這個上煩惱。

接下來就是**智上煩惱**。智上煩惱，主要就是講智波羅蜜，那就是法雲地的事情了。你說：「**法雲地的事情，你也講給我聽？幹嘛？那離我還遠著呢！**」但我告訴你：「**不但離你還很遠，離我也還是很遠！**」可是這個種子要先種入你的心田中去。因爲這個智上煩惱你也得知道，知道這些法義了，你才有進入初地所需的一部分資格。這個智上煩惱，講的就是法雲智。也就是說，法雲地的菩薩，有智波羅蜜多；因爲有智波羅蜜多，所以能夠爲人說法猶如流水一般永不中斷，說法時猶如行雲流轉而沒有窮盡。除非世間沒有有緣人了，否則就像連綿不斷的厚雲一樣一直不斷的講出勝妙法來，這就是法雲地的智慧。想要到達這樣的境界，當然就必須要去面對智上煩惱了，這是第十地的入地心所需面對的上煩惱。

接下來就是**果上煩惱**。果上煩惱講的是十二地的取證。初地滿心有初地滿心的現觀，這個現觀若是沒有證得，你不能滿足初地心；二地有二地滿心的現觀，你若沒有完成，就不能滿二地心；三地乃至等覺地都各有滿心時應有的現觀，必須滿足這些現觀以後才能進入上一地；所以等覺地若沒圓滿最後位的現觀，就無法成爲妙覺菩薩。始從初地乃至妙覺地，總共十二個階位，稱爲大乘十二聖者；到了妙覺位時，就是當來下生成佛的最後身菩薩了。如果這些現觀，你還沒有完成，就無法成爲那一地的滿地心菩薩。

所以我說，那些人膽子好大，動不動就自稱是幾地菩薩、法王菩薩；哪一天如果他們有人上門來挑戰，我就問他：「請問你是第幾地呀？」不管他說幾地，我就問他：「請問你啊！你這一地滿心的現觀，你得到沒有？」他說：「我還沒有滿心，你怎麼問我這個？」「那我問你前一地好了，前一地的滿心現觀，你有沒有？」事實上他們根本不知道諸地滿心的現觀是什麼。假使他說是八地，那我就問他七地滿心好了：「七地滿心的現觀，你有沒有？」他說：「什麼叫作滿心的現觀？」那就可以給他一巴掌了！都是胡說八道嘛！那些人隨隨便便說大話，卻反過來罵我「說大話」。

可是我沒有說大話，我只是如實講，但他們從來沒有聽聞過深妙法，就以爲我在說大話。所以，**果上煩惱**講的是十二地的上煩惱，每一地各有每一地所應斷的餘惑，以及所應得的智慧。所以最後身菩薩的妙覺位，下生人間時，還有最後一分的現觀等著他完成，才能圓滿成所作智等四智，否則根本就無法成佛。也就是說，諸地菩薩應證的無生法忍完成了以後，都必須要通過一個現觀，才能進入上一地。若是沒有那個現觀，他就進不了上一地，這個就是諸地的果上煩惱。就如同聲聞道的四個聖果一樣，初果要有初果的見地，二果要有二果的薄地，三果要有三果的離地，四果要有四果的畢地。如果這些現觀都沒有，無法通過理證與教證上的檢驗，那就表示所要證的這一個果，還沒有完成。但聲聞果所應斷的煩惱不叫作上煩惱，叫作起煩惱；只要那一果位的起煩惱還在，就無法進入更高的果位。所以，諸地有諸地的果上煩惱，這個上煩惱要到了因緣成熟時才會出現。

不過你不必這樣想：「這個因緣也許是什麼特別殊勝的因緣吧？」事實上不一定是你覺得很殊勝的因緣！它們都是在你跟眾生相處的過程當中，藉由某一個眾生的行爲讓你起疑而探究完成的；你根本不會知道那個因緣、那個疑，是跟某一個現觀有關，從表面上看來總像是兩碼子事。所以，你如果特地要設定說：「我去觀察哪個眾生，他有什麼奇怪的事情讓我起疑，這個

也許可以讓我成爲某一地的滿地心。」但其實是「沒得施設」，你施設這個心態是沒有用的；因爲表面上看起來，它好像根本就是不相干的一件事；縱使有人告訴你，但是你自己的因緣還沒有成熟，也無法完成那個現觀，所以應該實事求是而不該擅自妄想。你如果急著作三級跳而這樣去找尋因緣，有可能會變成精神病患。那些現觀都是自然而然引生出來的，遇到了同一個因緣，假使自己的基礎還不夠——智慧還沒有到那個階段，現觀還是不可能成就；若是自己的基礎足夠——完成那個現觀的智慧已經有了，才有可能在遇到那個因緣時完成現觀。但是，我要說的是：諸地現觀的完成，都在三界有情眾生身上。一定要和光同塵而與眾生相處，自己要清白，卻必須能容忍眾生的不清白，與眾生同事而攝受他們，眾生回報給你的就是種種不同的現觀因緣。這就是諸地菩薩的**果上煩惱**。

得上煩惱就是所應證法仍然未證而存在著的上煩惱。凡是上煩惱，都與三界生死煩惱無關，不會障礙出三界，只是會遮障成佛。所應證法就是每一地中都有所應修證的法，你必須要去修證，不能逃避；而且沒有速成道，你必須要腳踏實地而且不能躐等，得要按部就班去作，一定要依照那個次第來；而那些次第也都是要有不同因緣的，這就是得上煩惱。這個得上煩惱並不是單純的一個法，是與許多法相關的；在許多的法完成時，這個得上煩惱就滅掉一分。諸地的現觀也是一樣，譬如說二地滿心菩薩，他的現觀完成後就可以轉變內相分，這就是得；還沒有完成這個修證，就稱爲這一地的**得上煩惱**。

滿地心的現觀，是因爲你已經證得了某一個法以後，也就是那個現觀已經完成，應滿足的智慧圓滿了就是這個法證得了。證得這個法以後你就獲得一個與這個智慧相應的功能，就能修除該地最後一分的愚癡，那就是得上煩惱所應該斷除的部分。那個現觀會產生一個功德，使你達成轉進上一地的目標。又譬如三地滿心（其實不必滿心），有能力可以轉變別人的內相分，可是不許作，若是擅自作了就得下地獄。別以爲三地就很了不起，三地菩薩若是違犯了佛的告誡，也是照樣下去；因爲佛語不可違，因爲諸佛出口成戒，千萬要小心遵守。三地滿心還有別的現觀，譬如說猶如谷響；這個現觀的完成，將會產生一個功德，使他得到度化眾生的殊勝功能。他將得到什麼呢？得到可以去十方世界度眾生的功能，不必老是待在這個地球與五濁眾生接觸。如果這個功德還沒有得到，就表示他還有三地中的**得上煩惱**；這個煩惱是屬於三地的得上煩惱，無關三界生死，只遮障他停在此地而無法繼續邁向佛地。但是必須完成三地各項應修的法以後，譬如三地無生法忍、四禪八定、四無量心、五神通以後，猶如谷響的現觀因緣才能成就，並不是單作猶如谷響的現觀就能成功的，所以它是牽涉到其他的部分，互有牽涉而不是單獨的一法。而這個得上煩惱，是函蓋諸地的，地地都各有得上煩惱。

再來是**力上煩惱**。力上煩惱，是說八地菩薩未滿心以前，無法於相自在、於土自在的上煩惱。於土自在、於相自在是非常困難的，這必須要先有七地滿心的方便波羅蜜圓滿具足，轉入八地時獲得佛所傳授的引發如來無量妙智三昧，憑藉這個三昧而進修八地所應修的無生法忍，才能具足八地應有的大威德力。當他能夠於相於土而得自在了，就成爲大力菩薩，這就是大力菩薩之所以被用來稱呼八地菩薩的原因。當八地菩薩滿心時，這個力上煩惱就斷除了，八地的道業就完成了，就是要進入九地了。

到了九地，又有**無畏上煩惱**等著你。這個無畏上煩惱中，也像八地一樣，你要修許多許多的法——九地應修的無生法忍。從八地的初心到十地的滿心，是第三大無量數劫。八地初心到十地滿心，只有少少的三地，卻要修一大無量數劫，想想看，那裡面有多少法要斷除、要修證？成佛之道眞像印順說的那麼容易嗎？隨隨便便寫一本書就可以成佛嗎？單修聲聞解脫道就能成佛嗎？那麼簡單？如果眞要講成佛之道，釋迦世尊在人間講的還不夠，所以祂老人家還要到色究竟天繼續再講，以莊嚴報身繼續講給諸地菩薩修學。印順所說的成佛之道，那麼小小的一本就可以講盡成佛之道？莫說成佛之道，單單是聲聞解脫道，我都得要好幾本書才能勉強說完呢！（編案：《阿含正義》即是專講聲聞解脫道，總共七輯都已出版了）

九地應斷的**無畏上煩惱**，等於是一大阿僧祇劫的三分之一時間要修完的，它的主要內容歸納起來是四個法——四種無礙。這四種無礙的根源，其實是從四無礙辯來。有的人不太瞭解，心想：「**初地滿心、二地滿心、三地滿心，不都有四無礙辯嗎？世間根本沒有人能辯贏他。**」其實不然，那只是說在人間沒有人能辯贏他，可是你去到天界佛教去看看，隨便幾位菩薩都可以把他摺倒。因為佛法中有無量的勝妙法，三地滿心菩薩都仍然未得，仍有無量應斷的法還未斷，所以他還不能稱為具足四無畏。而九地具足了四種無礙，所謂法無礙、義無礙、詞無礙、樂說無礙，去到十方世界中都可以如此，這樣才能叫作無畏上煩惱已經究竟斷盡了。無畏上煩惱斷盡了，就進入第十地而成爲法雲地菩薩了。

這樣函蓋了十地所斷的煩惱，這些超過恆河沙數的上煩惱，都只有如來菩提智才能斷；換句話說，你若沒有證得佛菩提智，絕對無法斷除它。所以，阿羅漢、辟支佛是絕對不可能斷這些上煩惱的，因爲他們沒有佛菩提智。只有菩薩明心以後，才有佛菩提智；但是菩薩即使能斷，也是斷而不究竟，因爲佛菩提智的修證尚未圓滿。斷而不究竟，所以就叫作明解脫不究竟，就不屬於佛地的**明解脫**。由此緣故，二乘聖人都不能稱爲明解脫，只能稱爲無明解脫，因爲他們的無始無明具足存在，尚未打破，何況能斷。

但是，這一些過恆河沙數的上煩惱，都是依無明住地而建立，它絕對不是依一念無明住地來建立的。因爲一念無明只是三界分段生死所攝的煩惱，無關成佛；而上煩惱都是對於實相不具足知、對於佛地不能了知而有的煩惱，屬於上煩惱。這些煩惱都與一念無明所攝的四住地煩惱不同，所以上煩惱並不是依一念無明四住地煩惱來建立的，完全是依無明住地（無始無明）

來建立的。也因爲上煩惱的層次是在四住地無明之上，不在四住地無明所函蓋之內，二乘無學聖人雖能出三界生死，卻都無法與這些上煩惱相應，所以不是二乘無學聖人所修證的四諦智、緣起智所能斷。所以說這些過恆河沙數的上煩惱，只有佛菩提智才能斷，都是依無明住地而建立，不依四住地煩惱而建立。

這一段經文說完了，接著要增益大家的智慧，使大家智慧更深妙，當然要繼續作法義辨正，請大家看補充資料，印順說：【本來，涅槃是不二而備三德的，所以或簡說解脫；或說般若（明）解脫；或詳說般若、解脫、法身，意義並無不同。「無明住地」如「不斷不究竟」，因為它是煩惱根本，所以「過恆」河「沙等」的煩惱——「所應斷法」，也就「不斷」了。如「過恆沙等所應斷」的煩惱「法，不」能究竟「斷」的話，那「過恆」河「沙」數的一切功德「法，應」該「得」的也就「不」能「得，應」該「證」的也就「不」能「證」。】（正聞出版社．印順法師著《勝鬘經講記》p.174 ～ p.175）

在這一段文字中，印順說：【本來，涅槃是不二而備三德的，所以或簡說解脫；或說般若（明）解脫；或詳說般若、解脫、法身，意義並無不同。】

我們來看他這一段註解的問題何在，請看楷書的第一點，我這麼辨正：「二乘無學愚人所證涅槃，並無般若及法身二德，解脫德亦只是極少分，故印順說『涅槃是不二而備三德的』，所說虛妄。又如前說，三德各有其義，不可如印順之解為同一義。」我的意思說得很清楚了：二乘無學愚人所證的涅槃，並沒有般若德與法身德，而且他們的解脫德也只是極少分，仍然欠缺了大部分的解脫德——只斷生死煩惱的現行而未斷習氣種子隨眠。所以印順說「涅槃是不二而備三德的」，而他所說的涅槃又是單指阿羅漢「所證」的有餘、無餘涅槃，所以他的說法是絕對虛妄的。而且我們在上一週也講過解脫德、法身德與般若德，這三德各有不同的智慧境界與義理，法身德與般若德是一切未迴心大乘的阿羅漢們所無的，而印順把三法當作同一個法，這是嚴重的錯誤，顯示他根本不懂大乘法，完全不懂成佛之道的內容與實質。由此證明，印順是完全讀不懂此經的，他註解此經的目的，只是想要曲解成他所設定的「聲聞解脫道即是成佛之道」。關於三德的內容，我們上週已經有解析過了，這裡就不再重複說明。所以印順主張般若、解脫、法身三者的意義並無不同，這是與佛菩提及解脫道的法義都完全不相符合的。

印順接著說：【「無明住地」如「不斷不究竟」，因爲它是煩惱根本，所以「過恆」河「沙等」的煩惱——「所應斷法」，也就「不斷」了。如「過恆沙等所應斷」的煩惱「法，不」能究竟「斷」的話，那「過恆」河「沙」數的一切功德「法，應」該「得」的也就「不」能「得，應」該「證」的也就「不」能「證」。】極爲勝妙的《勝鬘經》，我們以極多的語言文字加以解說，都還恐怕無法解說清楚，唯恐大家聽了仍然無法眞的懂得其中的眞義，而印順的註解，從經文的第一段開始直到現在，竟然都可以簡單到如此地步，絲毫發揮演繹都沒有。這已經證明他是完全不懂大乘法的，當然也就無法理解這一部深妙的經典了！

我們來看楷書的第二點，我這麼評斷：「勝鬘菩薩原文說『不斷、不究竟』，是說不斷者如二乘愚人，不究竟者如七住至等覺之菩薩摩訶薩。印順解爲：『二乘愚人所修法道與菩薩無異，同屬解脫道而無佛菩提道：若依解脫道修行而加上斷盡習氣種子隨眠，即是佛菩提道；但因菩薩尚未斷盡習氣種子隨眠，故菩薩的證境同於二乘聖人。』印順由是而說三德同屬一義，亦由是而只說習氣種子即是無明住地，故說只有不能斷盡的一種，而將勝鬘菩薩的『不斷、不究竟』合爲一種，說二乘及菩薩同是斷而不究竟的一種人，並無二乘愚人的『不斷』與菩薩的『斷而不究竟』二種。作此安說的原因，都是因爲初始即將佛菩提道與解脫道的不同法義與行門等視同觀所致。」

勝鬘菩薩的經中原文說「不斷、不究竟」，是說有二種人，第一種人爲不斷，另一種人爲斷而不究竟。不斷的人譬如二乘無學的聖人，他們是愚人，因爲不懂般若，不證法身；至於說不究竟三字，這是已經有斷，但是仍未究竟斷盡，講的是七住位到妙覺位的菩薩摩訶薩。所以不斷、不究竟是兩種，印順不該合爲一種。不究竟與不斷，這兩個被他混同爲一個法，所以印順的看法是：二乘愚人所修的法道與菩薩所修並沒有差異，同樣是屬於解脫道而沒有佛菩提道。如果依解脫道而修行到最究竟，譬如阿羅漢不入涅槃而繼續修行，終於歷經三大阿僧祇劫而把習氣種子的隨眠全部斷盡了，那就等同於佛菩提道。菩薩就是這樣子修行的，但是因爲還沒有斷盡習氣種子隨眠，所以菩薩的證境是與二乘無學聖人一樣的，都是仍未成佛的聖者。

這就是他的看法，這就是印順成佛之道的根本理路。只要摸清了他這個理路，就可以全面弄懂印順的思想所在與邪謬處了。他正是基於這樣的前提，所以主張說法身德、般若德與解脫德，是同樣一個道理，印順因此而說三者並無差別，他的唯一佛乘並不是以大乘法來統合三乘菩提，而是以聲聞解脫道來統合三乘菩提的。假使印順的看法正確，意思就成爲這樣了：佛陀何必建立般若德及解脫德、法身德？何必要把它們分開建立呢？既然是同一個法，佛陀把十來年就可以講完的解脫道，強分爲三乘菩提，消磨了四十九年的時間來辛苦講解，就完全沒有意義了。所以印順才會把般若判定爲性空唯名，認爲：佛陀講過解脫道就夠了，就可以入涅槃了；後來再繼續講般若等經，當然是性空而唯有名相，純屬戲論；後來又講唯識諸經十幾年，也是完全沒必要的，所以判爲虛妄唯識。

這就是印順的思想主軸，只要弄清楚他的思想主軸，他的四十一冊著作就可以全部讀通而沒有障礙了。那時就會發覺印順的思想是極粗淺而錯誤百出的，也是處處自相矛盾而無法自圓其說的，除非是讀不懂他的思想理路者才會崇拜他。然而，佛陀不是閒著無聊而把粗淺的解脫道故意拆爲很複雜的三乘菩提，然後再特地以種種戲論來轉第二、第三法輪；而所有佛弟子們（特別是菩薩們）都很有智慧，豈會無法看穿印順施設中的「佛」在拖時間的手腳？所有佛弟子們也都不是閒著無聊、需要打發時間，故意配合施設三種菩提及三德，來說同一個法，而其意義完全相同。那根本就沒道理！所以，只有像印順生來閒著無聊，需要打發多餘的時間，才需要這樣註解經典吧！

印順一開始就把解脫道認定爲佛菩提，所以阿羅漢就是菩薩，菩薩就是阿羅漢；菩薩與阿羅漢的差別，只在於是不是斷盡思惑以後就取涅槃，或是斷盡思惑以後迴小向大繼續利樂眾生而斷除習氣種子。他以這種極簡單而錯誤的看法，區分了菩薩與阿羅漢；因此就把所知障所含攝的法界萬法根源的如來藏妙義，全部一腳踢開，全面否定爲外道的神我、梵我；認爲修學佛道的人都不必修行如來藏妙義，更不需要實證如來藏。這就是他對成佛之道的看法，也就是他對佛菩提道與解脫道的認知。所以在他心中，阿羅漢就是佛，佛就是阿羅漢，佛與阿羅漢的最大差別只有一樣，就是習氣種子的隨眠有沒有斷盡。至於如來藏的親證、法空觀的親證，完全沒有必要，因爲法空觀也只是在講解脫道而已，這就是他的看法。印順也是基於這樣的同一個前提，而只說習氣種子就是無明住地，所以他才會這樣主張：無明住地，只有不能斷盡的一種人，而沒有勝鬘夫人在經中所說的斷而不究竟的菩薩。因此他認爲：沒有所謂的二乘愚人不斷無明住地，也沒有菩薩的斷無明住地而不究竟，菩薩與二乘愚人都同樣是不斷無明住地的愚人。印順的心態，從這一些地方都可以很清楚的看得出來，除非是沒有智慧而無法分辨的人。

印順會這樣主張，背後的原因，都是因爲從他剛開始學佛就出家，出家不久就接觸到西藏密宗的應成派中觀，而把應成派中觀所認知的六識論當作是究竟法。而應成派中觀既然主張六識論，既然主張中道觀應該要與雙身法配合，當然他們的看法一定是：沒有如來藏可證，也沒有意根，總共只有六個識。解脫道就是佛菩提，佛菩提就是解脫道，而解脫道所說的意識生滅是錯誤的思想；至於意識相應的最快樂、最究竟境界就是雙身法中的第四喜境界；所以眞正想要成佛，就只有修密宗的法。只有修密宗道才能使人成爲究竟佛，所以沒有其他的佛菩提可說，眞正的佛菩提就是密宗道，就是雙身法。這就是密宗應成派中觀的看法。

印順明著排斥雙身法，暗地裡卻用意識心常住的觀念來建立雙身法，使得純以意識爲中心的雙身法取得合理的名義而得以擴大弘揚起來——應成派中觀使雙身法成爲合理化的所謂佛法。意識如果被否定了，應成派中觀就不能成立了；應成派中觀如果不能成立，因為密宗道都建立在應成派中觀所建立的意識常住的基礎上面。如果意識被否定了，應成派中觀也就被推翻了。然而 佛在前後三轉法輪的諸經中，都演說了八識心王的道理，那是很清楚在對治意識心的。

佛陀不但是在初轉法輪時期處處解說意識的緣起性空，四阿含諸經具在，仍然可以提出來證明；並且又在二轉法輪諸經中講了非心心、無念心、無住心、無心相心，那明明是講第八識，因為意識無法時時刻刻、永遠如此、本來如此。但是印順對般若經中這一些聖教完全視而不見，從來都不提起，專講般若經裡面所說的蘊處界緣起性空的部分，所以他是取其中一部分而排除他不想要的另一部分。他對阿含諸經中的法義並不是全盤接受的，對般若經的法義也是有許多保留的。從印順的書中可以看見一個現象，對於阿含諸經中的法義，只取其中他所要的；凡是與他的觀點有衝突的阿含法義，就變相的否定掉，所以他對阿含的法義並不是很認同。

在這樣的思想主軸下，他又另外建立一個名詞——**根本佛法**，而把阿含定義為**原始佛法**。他在書中說：**原始佛法並不是全部正確，因為那是阿羅漢**

們結集出來的；完全正確的佛法只有一種，叫作根本佛法，因為根本佛法是佛親口所說的。換句話說：現在已經沒有眞正的佛法了，只有 佛在世的那幾十年中才有眞的佛法；必須是親自從 佛的嘴巴聽來的才是正確的佛法，除此以外，沒有眞的佛法了。印順想要表達的意思就是這樣。但是事實是這樣嗎？絕對不然！等十月底《阿含正義》第一輯出版以後（編案：總共七輯，已經全部出版了），你們慢慢去讀，讀完了就會知道：原來印順所謂的原始佛法四阿含中，已經把 佛陀的本懷很清楚地顯示出來，只是他一直都用斷章取義的方式來說原始佛法罷了。印順不肯全面接受四阿含諸經中的正確佛法，原因是因爲他用藏密的應成派中觀的觀念，將「原始佛法」中與他的說法符合的部分拿來用，與他的思想不同的部分就全部摒棄。但是這樣做會有一個大問題，就是「原始佛法」四阿含中所說的最重要的法義，他將不得不全盤否定掉。

「原始佛法」四阿含諸經中，最重要的是什麼法義呢？就是五蘊、十八界緣起性空。（編案：印順將四阿含定義爲原始佛法，第二、第三轉法輪的所有大乘諸經都說不是原始佛法。此定義錯誤，詳見《阿含正義》中的辨正）五蘊中的最重要的部分就是識蘊，而識蘊中最重要的是意識心。可是 佛在四阿含中處處都說：「**意識以意根、法塵爲緣而出生，是生滅法。**」由於 世尊明說意識是生滅法，印順因此就另外建立一個新學說：意識細心說。他主張：**意識是粗心，死後會壞滅，可是意識的細心可以不滅，可以執持一切業種而輪轉三世。**問題是，佛還有一句話說：「**諸所有意識，彼一切皆意、法因緣生故。**」這是四阿含中最重要的聖教，印順卻故意加以忽略而從來無視於它的存在。

十八界中的所有法也是一樣，十八界裡面最重要的也是在講意識；因爲眾生都落在意識上，所以我見斷不了，因此 佛特別指出來：**十八界都是可以滅壞的，也都應該全部滅除了才能成爲無餘涅槃。**顯然十八界的每一界都是生滅法，而十八界中的一個最重要的法，在眾生來講就是意識覺知心，佛則開示說：意識是生滅法。印順說意識是不生滅的，目的就是把阿含中最重要的法義全盤推翻。只要承認意識是不生滅的，那麼他迴避大乘經中所說如來藏的實證，迴避如實理解如來藏妙理的行爲，就合理化了，他就不必以自己無法實證的如來藏，作爲修證的對象；只要稍微理解經典中的緣起性空道理，就可以自認爲是證聖成佛了。他對般若、唯識的看法如此，對阿含諸經的看法也是如此。

印順認爲般若部諸經都不是 佛說的，但他肯承認般若經是正法，原因是他誤以爲般若諸經講的法義都與四阿含一樣，都是在說緣起性空而不說第八識常住。他對四阿含則是承認部分爲佛說，部分非佛說——凡是說到第八識出生名色、說到意識是因緣生的生滅法——就不是佛說，是原始佛法而非根本佛法，所以並不正確。由他的說法中，也可以看出他對大乘方廣諸經的看法；說一句坦白的話，他就是要把第三轉法輪的經典全盤推翻，認爲全部都不是佛說的。

爲什麼他要這樣作？爲什麼他對第三轉法輪的經典抱持這樣的立場呢？因爲他想要建立**意識是不滅的**。前後共三轉法輪的經典中，都說到有一個第八識是常住的，祂也是名色之所由來。特別是在阿含的十因緣中，佛特別爲大家提問：**名色是依什麼而有？名色從什麼處而出生？**然後就告訴我們：**名色是從入胎識而有、而出生的。**但這個部分的法義是印順絕對無法認同的，所以他要全面把這部分的法義推翻掉，而他推翻的根據則是應成派中觀的六識論思想。換句話說，印順繼承了宗喀巴的中觀思想，所以把意根否定掉，把入胎識也否定掉，認爲總共只要有六個識就好了。

可是正因爲這個緣故，如果有因緣遇到他，我會罵他忘恩負義，因爲他的所有一切，都是他的如來藏在幫他打點，幫他照顧得無微不至，他卻把幫助他的如來藏否定掉；好在他的如來藏離見聞覺知的，不然眞的要苦死了。正因爲他的如來藏離見聞覺知，否則一定會跟他抗議的。他是基於應成派中觀的六識論立場，把解脫道的一部分（不是全部，因爲四阿含中沒有佛菩提道）建立作成佛之道，所以他弘揚的阿含期解脫道也是殘缺不全的。但他自己對解脫道也都沒有創見（註），只是根據宗喀巴的說法來弘傳的，主要是從宗喀巴的《菩提道次第廣論》前半部擷取出來弘傳。（註：提出當代大師們都尚未讀懂的解脫道正確內容，方便名爲創見。在佛法中不應有創見，都必須符合佛陀的本旨。）

然而宗喀巴本身就是個文抄公，他本身就沒有創見了，只是把密宗祖師們的著作東抄西錄，集合起來編輯一下，成爲一部名爲佛菩提道的論著，就命名爲《菩提道次第廣論》。其實他根本沒有廣論，只是狹論，因爲他所說的法義範圍非常的狹窄，並且都侷限在六識相應的範圍中。爲什麼說宗喀巴是文抄公？舉一個很簡單的例子：譬如他連搭衣時應該距離幾寸、幾分等等，自己都無法決定，都還要去請問那個黑文殊，你說他能有什麼主見呢？所以他是個鬼神信奉者，也是標準的文抄公。這位文抄公寫論出書經過了幾百年以後，又有一個文抄公徒弟，把他的《菩提道次第廣論》前半部抄一抄、寫一寫，就編成了一本《成佛之道》。所以三乘菩提到了印順手裡，就變成唯一聲聞乘而不是唯一佛乘了，他所認同的唯一佛乘就只是聲聞乘解脫道的局部法義；而他所說的解脫道又是落入常見之中，認定意識中的微細心是常住心，又成了錯誤的解脫道，是永遠無法取證涅槃的非解脫道，所以他的解脫道應該命名爲非解脫道！因爲他想要保持意識細心常住，那都是生滅法，同於常見外道。這樣一一舉證及分析下來，結論就是：由於他從一開始就把佛菩提道與聲聞解脫道的不同法義及行門，認爲是同一個解脫道的觀行法門與內涵，導致他的《成佛之道》滿書胡言亂語，數十年來嚴重誤導海峽兩岸的大法師、大居士們。

再來看補充資料，印順說：【「無明住地」含攝一切微細的所知障種，煩惱習氣，故稱為「積聚」。經論說阿賴耶無始來為一切過患所積集；說阿賴耶為過失聚，也與此意相同。……簡單的說，生起一切隨煩惱；這一切隨煩惱，為修道所斷的（唐譯缺修道斷煩惱句）。此中說的修道斷，並非與見道所斷相對的修道所斷，是泛指**道諦應修的修道**。修道與隨煩惱相違，有隨煩惱，即障修道；**修道即能斷此隨煩惱**。約別義說，今不論一般凡夫所有的煩惱；然二乘聖者，得無漏道，而有根障，定障，不能得佛一樣的深定，大智。聲聞學者稱此為不染污無知，今即說為**從無明住地所起的隨煩惱**。使二乘及菩薩的修道，不得究竟圓滿，不得無餘清淨。**這種障於修道而為大乘不共修道斷的，即所知障**。「彼生心上煩惱」下，共有十一句。彼，即無明住地，**上煩惱是隨煩惱**。】（正聞出版社．印順法師著《勝鬘經講記》p.176~177）

印順說：【「無明住地」含攝一切微細的所知障「種」，煩惱習氣。】先看這一句。沒有智慧的人隨便講個一句、兩句都會有毛病，這不是我們故意雞蛋裡挑骨頭——沒有骨頭硬說有骨頭。而是因為他的雞蛋裡面眞的有很多骨頭，我們不得不挑出來，否則是無法吃——無法消化的。印順這一句，請看楷書文字中的第一點辨正，看我怎麼評論：「所知障是現非種，現行時無三界生死貪瞋等作用故，只障成佛故。」無明住地是指所知障，不屬於煩惱障。在《成唯識論》中說「所知障是現非種」，因為所知障現行時，並沒有三界生死、貪瞋等作用的緣故；所知障只會障礙成佛，不障礙三界生死，也不障礙學人求證解脫果，所以印順不該說「所知障種」；煩惱習氣才可以說是種子，種子即是界，即是功能差別，才有作用。

凡是種子就有功能，譬如一個樹的種子，以尼拘律樹來說好了，尼拘律樹高可以七、八丈，可是它的種子非常地小；這個種子有什麼功能？有長成大樹的功能。所以凡是種子，就表示它有功能，所以種子又叫作功能差別。為什麼功能會有差別？譬如香瓜的種子只能長香瓜，不能長出絲瓜；尼拘律樹的種子只能長成尼拘律樹，不可能長成香椿樹；所以種子的功能都是有差別的，所以種子又叫作功能差別。既然有功能差別，表示它有界限——功能有侷限。所以，香瓜的種子，它的功能沒有辦法函蓋西瓜的功能，只能長出香瓜；榕樹的種子也一樣有功能侷限，不能長成尼拘律樹。既然都有界限，所以種子又名為界，當然是有功能的，這個就是種子的道理。可是所知障只有現行而沒有種子，因為所知障並沒有什麼功能，不會導致生死輪迴或起貪瞋等惡行，不能說所知障（無明住地）是種子。至於所知障什麼時候會現行？這個稍後一、二分鐘再來說。

先來談談種子，為什麼煩惱障可以說是種子？煩惱障，譬如我見，譬如思惑貪瞋癡慢疑，這些都是種子，因為都有功能差別。譬如我見，會導致不斷地錯認三界諸我為眞實法，特別是對於五陰十八界假我，有最強烈的認同功能性，會導致我執及我所執隨後產生。我見不斷就無法斷我執及我所執，所以說我見有功能，它的功能就是使凡夫眾生到了中陰身階段時一定會去投胎。如果在第一個中陰身壞了還不會去投胎，到了第二個中陰身要壞之前大多數人都會去投胎，這個就是我見的功能，當然可以稱為種子。所以我見有它的功能——恐怕自己會斷滅；因此或者受生於天界，或者受生於人間乃至惡道之中。

思惑有沒有功能呢？也有！譬如說貪，貪使人不斷地輪迴在欲界之中。假使有人一心想要離開欲界，但是這個貪的種子會把他拉著，使他不斷地停留在欲界中而無法出離；因為他覺得五欲太殊勝了，眞誘惑人。什麼人覺得五欲最殊勝呢？當然是密宗的法王、喇嘛們！他們一致認為三界中（而且有時也說是三界外）最殊勝的境界就是雙身法中「報」身佛的五欲境界。這其實是外道五現見涅槃中的第一種：**我現前領受五欲，我受樂而恆存常住，這**

個就是眞實涅槃，這就是眞實不生滅。但是這在四阿含中，佛早就破斥過了！所以西藏密宗絕對不會跟你談阿含，如果談阿含，他們的密宗道就都搞不起來了，大家都要以阿含聖教來指斥他們的密宗道了。貪，有使人淪墜於欲界中不斷受生的功能，才能說是種子。有人想要修學初禪，到達色界，可是因爲貪無法斷除，覺得人間五欲眞是可樂可喜，所以就永遠無法發起初禪。這就是貪的種子——貪有遮障眾生離開欲界的功能，有繫縛眾生沈淪於欲界中的功能。

如果是瞋，瞋也是種子，也有功能。看不順眼，起瞋了；或者一句話聽了不愉快，起瞋了；當時無法控制，於是白刀進，紅刀出，殺人了。如果是在佛法中，譬如我講經兩個鐘頭，正好講到半個鐘頭、一個鐘頭時，初來者也許幾句話聽不順耳，就離開了！新學菩薩還不曾多聞熏習，想到自己迷信的大法師都說不出勝妙法，這蕭平實憑什麼敢這樣子講？於是就聽不進去了。(不過，講到最後面提前五分鐘、十分鐘離開的人，是因爲遠路趕搭火車，他們每次聽經都必須如此，別誤會他們。因爲火車又不等候他們，當然得提早幾分鐘離開)。所以說瞋是種子，因爲有功能差別；只要聽得不順耳，起瞋心了就會當場走人了。所以凡是有功能的法就叫作種子，那個種子現行了就有作用出現運作。

這類瞋、癡等種子，在佛教經典中也很容易見到。譬如有許多人請求　佛講法華，初請、二請時，佛陀都不同意講，因爲考慮到當場有許多聲聞凡夫，一定不信。但是三請之後，佛陀就不能再拒絕而答應了，正當要開講時就有五千個聲聞凡夫當場退席抗議了。他們有些人曾經私下聽　佛講過法華的大約內涵，是諸佛永不入涅槃，釋迦牟尼成佛已經十劫。聲聞凡夫信力還沒有具足，心想：「**我明明看見你這一世才成佛的。**」所以就當場退席以示抗議。身爲佛弟子，身爲出家比丘，卻不信　佛而當場表現出來，你說這個瞋、癡是不是種子？當然是種子！由於它會導致眾生採取某一種作爲，是有作用的，所以它是種子。

煩惱障所攝的煩惱都是種子，從煩惱障的現行到煩惱障的習氣種子也都屬於種子，因爲都會有作用。如果是現行，可能當場站起來就罵：「**你這個蕭平實亂講！**」罵了以後再走人，這就是現行。如果是沒有現行，他聽了不順耳，仍然會繼續聽，看你繼續會講什麼；但是他下回一定不再來聽法了，這就是習氣種子現行。那個種子現行很微細，雖然跟思惑的現行不一樣，是比較微細的，但是仍然有功能。

可是所知障沒有功能，只有現行，不是種子。因爲所知障只會障礙成佛，它是消極性的存在，不會影響學人作出任何動作，只是由於對法界實相的所知不足而無法成佛。無始無明的存在並不會障礙出生死，只要把煩惱障的現行斷斷了就能出離生死，煩惱障中的習氣種子不用斷除，仍然可以出三界生死。可是成爲已能隨時出離三界生死的三明六通大阿羅漢，他的所知障——無明住地——仍然沒有打破，更別說是斷盡；而這樣的狀況已表示所知障不會障礙學佛人出離生死，不曾生起作用來障礙菩薩成佛，所以它沒有功能。也許有人心裡想：「它明明在遮障我不能成佛，怎會沒有功能？」其實它沒有在遮障誰成佛，而是你自己對成佛應有的內容不如實知、尚未實證，但無始無明卻不會來影響你，而是你自己沒有弄清楚而遮障了自己。這與思惑、見惑會促使解脫道行者滋生三界愛而輪轉生死，狀況是不同的，因爲它只是消極的存在而不會對生死輪迴有作用。

因此說，無始無明（所知障）雖然具足存在，籠罩著三明六通的大解脫阿羅漢，可是大阿羅漢們從來沒有感覺到所知障的存在，他們也不會被所知障影響而去造作任何的惡事，不管是大或小的惡事，所以無始無明沒有功能。但是它有現行，什麼時候現行呢？譬如阿羅漢聽到 佛陀開示：「你的名色由識生，這個識就是無餘涅槃的本際，叫作入胎識。你想不想要現前去觀察及證實名與色是如何從如來藏中出生的？」阿羅漢說：「我想呀！」佛說：「你如果想親證，那就迴心大乘法中來參禪。」這一下，阿羅漢可就傻眼了：「那我要跟誰學禪？」「去跟迦葉菩薩學！」等他問到迦葉菩薩時，迦葉菩薩也許就像對阿難一樣（因爲他不隨便放手的），他就大叫：「某某阿羅漢！」「有！」「去幫我拿一張椅子過來！」等到他拿了椅子過來，還沒接過手，迦葉菩薩一棒就打過去了。

阿羅漢也許就說：「你爲什麼打我？我只是幫你送椅子來。」迦葉也許會這樣喝斥：「去！你不懂我的意思！」阿羅漢想：「這到底是怎麼回事？」然後也許一直想要弄懂，不想再入涅槃了，想要實證這個勝妙法了。這時他就跟所知障（無始無明）相應了，也就是無始無明現行了；可是無始無明卻不會對他作什麼遮障，只是這樣相應罷了！阿羅漢挨上這麼一棒才能與無始無明相應，但是，會不會繼續相應呢？可就不一定了。也許他想一想：「這大乘法太難了！修學解脫道而成爲阿羅漢，我只需聽佛開示以後，自己就可以思惟觀行，可以自知不受後有；但是這個迦葉菩薩指導了以後，我還是沒個入手處，這太難了！我不要學大乘法了！我只要能滅盡自己，清涼、止息、寂靜，我可以入無餘涅槃就好了，管他入胎識在哪裡，管他入胎識怎麼出生名色。」他又丟開而不想去參禪了，那表示說他跟無始無明又不相應了。

可是所知障跟他相應或不相應時，有沒有遮障他繼續出離生死呢？都沒有！所以無始無明所知障只有現行，沒有功能差別，當然不能說無始無明是種子。因此，印順說「所知障的種子」是不對的。只要有道種智，從他的每一段話中都可以挑出毛病，而且都不是小毛病。所以，你說：親證種智是不是很勝妙？是！是很勝妙，那就要悟後努力進修，別混日子。

再看印順的說法：【「無明住地」含攝一切微細的所知障種，煩惱習氣，故稱爲「積聚」】他說的是兩個法：所知障種、煩惱習氣，把這二種稱爲積聚所成的法。現在又有問題了，你看他幾乎每一句話都會出問題。請大家來看我對他的辨正——楷書的第二點：「煩惱習氣方是積聚法，令阿羅漢生微細煩惱習氣故。」煩惱習氣才是積聚法，它會使得阿羅漢的微細煩惱習氣種子流注，所以會影響阿羅漢們聞聲起舞、先顧女眾、貪看女眾……等。然而所知障**是現非種**，所以不是積聚法，但是印順把所知障列爲種子，然後說所知障的種子跟煩惱習氣都是積聚法。那就不對了，因爲所知障所攝的所有煩惱從來都沒有積聚，只有現行而且又都不是種子，怎可能有積聚呢？煩惱障的習氣種子才能夠說有積聚，所知障既然是現非種——所有的上煩惱都沒有任何功能，就不可能有積聚，所以他兩句話都錯。這是在印順否定了佛菩提道以後，不得不將無始無明與習氣種子混合爲一而產生的錯誤。

接著印順又說：「**經論說阿賴耶無始來爲一切過患所積集；說阿賴耶爲過失聚，也與此意相同。**」印順這個說法也是居心叵測。請看楷書的第三點：**經論中說「阿賴耶識無始來爲一切過患所積集」，講的只是煩惱障的種子積集等內容，並不牽涉到所知障的隨眠，所以所知障的隨眠不會障礙解脫生死，只會障礙成佛。大乘經典中從來都是這樣說的，但印順說所知障無始無明也是種子，才會變成有所積集的了。**

印順故意這樣說：阿賴耶識是無始劫來，被一切過患所積集，所以說阿賴耶識是過失聚。這就是你們以前在外面遇到了印順派的學人時，一定會聽到的一種說法，現在已經比較少了。在我們弘法早期，當你提到開悟實證阿賴耶識時，他們的學人就會告訴你：「**找到了阿賴耶識都還要滅掉，你爲什麼想要證祂？祂是虛妄識，不要理會祂，直接修學解脫道就行了。**」當然這兩年是比較少了（編案：這是二〇〇六年四月時所講），因爲他們現在已經知道阿賴耶識最後將成爲無垢識，是佛地眞如，所以這兩年不敢再這樣講了。可是以前印順不斷地誤導大法師、大居士們，所以曾經有許多大法師、大居士也在書裡面寫著：「**阿賴耶識是應該要滅掉的，阿賴耶識是可以滅掉的，所以祂是生滅法。**」以前香港的月溪法師這麼講，台灣的聖嚴法師也曾在書中這麼講，當然也有一些大居士們這麼講，都是被印順所誤導了。

經中說：阿賴耶識聚集了一切過患，聚集了一切惡業種子。那是在煩惱障上說的，但是那一些過患、那一些種子，是誰聚集來給祂受持的？都是七轉識，不是祂自己有惡心去造業而積集起來的，都是祂所生的名色去造作惡業而積集了送給祂；而祂的心性是從來不分別善惡的，不論名色造了什麼惡業、善業種子，祂全部都收存，就像是個垃圾桶，才會說祂積集了許多生死種子及善惡業種。可是這個阿賴耶識，你卻可以經由七識心（或者說是經由名色）的修行，把惡業種子清除掉，把一切的煩惱障種子都改變，增長善法種子，使祂含藏的種子都成爲清淨性，當這名色的一切種子都成爲清淨性以後，阿賴耶識就不再收集這一些惡業種子，也不收集種種的無明邪見了，那時候祂就只剩下異熟性而不再叫作阿賴耶識了；但心體仍然是同一個，只是改名爲異熟識，就說阿賴耶識已經滅掉了，這樣叫作**滅阿賴耶**——只滅其名，不改其體。

可是他們讀不懂，乾脆就用滅阿賴耶等經論文字，拿來斷章取義說：「你看！**阿賴耶識是可滅的，所以要把祂滅掉。經論中說阿賴耶識是虛妄的，那就丟開祂、別理會祂，只管修證解脫道就行了，你爲什麼還要求證祂？**」可是，實際上滅阿賴耶的意思，卻是被他們所曲解的。滅阿賴耶，是把第八識心的阿賴耶性滅除掉；因爲祂有阿賴耶性時就會積聚生死輪迴的種子，所以叫作阿賴耶識。阿賴耶性是什麼？就是祂能夠收藏一切分段生死的種子，有那個能夠執藏生死種子的體性，而且祂本身自無始劫以來也已經執藏了，所以說祂有這種能藏、所藏的體性，而能藏、所藏是積藏分段生死的種子；由於祂有這個功能，所以祂就被叫作阿賴耶。

祂的能藏與所藏是藏什麼呢？主要是執藏我愛的種子，所以祂叫作阿賴耶識。而這個阿賴耶的體性被消除了，就說阿賴耶識是被滅失了！可是阿賴耶識心體還在，只是改名為異熟識而已，所以經論中所講的**阿賴耶識是過失聚**，並沒有錯呀！但是不要把它的眞正意思誤會了。現代講法者誤會了，聽及讀的人就跟著誤會，卻是講者的過失。而且是講者誤會而違背經論中的說法，但經論中的說法並沒有過失。所以，經論中固然曾說阿賴耶識是過失聚，但經論中也曾說祂是功德聚。可是這部分，印順卻不講，專講祂的過失聚。如果印順是負責任的，他應該加個括弧：「**阿賴耶識同時也是功德聚，但是這裡暫時不談。**」可是印順一向的行爲總是只砍一段來告訴你，另一段有關的內容卻不說明；這表示印順不老實，想要誤導你。等你去質問時，印順可能會這樣說：「**有呀！經論中有這句話，說祂也是功德聚，可是我沒有時間來講它，我現在並不是要講它。**」你如果不問，印順也就不告訴你，讓你去誤會，這樣不是負責任的說法者。

接下來，再看印順怎麼說：【**簡單的說，生起一切隨煩惱；這一切隨煩惱，爲修道所斷的。此中說的修道斷，並非與見道所斷相對的修道所斷，是泛指道諦應修的修道。修道與隨煩惱相違，有隨煩惱，即障修道；修道即能斷此隨煩惱。約別義說，今不論一般凡夫所有的煩惱；然二乘聖者，得無漏道，而有根障，定障，不能得佛一樣的深定，大智。聲聞學者稱此爲不染污無知，今即說爲從無明住地所起的隨煩惱。使二乘及菩薩的修道，不得究竟圓滿，不得無餘清淨。這種障於修道而爲大乘不共修道斷的，即所知障。「彼生心上煩惱」下，共有十一句。彼，即無明住地，上煩惱是隨煩惱。】

你們看：印順就是故意要混爲同一個，把三乘菩提混爲一乘，而那一乘在印順書中說是唯一佛乘，卻不是以佛菩提作爲唯一佛乘，而是以聲聞解脫道來作爲唯一佛乘。隨煩惱，明明是思惑所斷的，是解脫道中見道後所應修斷的煩惱，屬於思惑所攝；但是印順卻把它拿來等同無明住地——等同所知障中的修道斷煩惱，把聲聞人見道後所應斷的起煩惱，拿來取代大乘初地以後菩薩所應斷的修道**上煩惱**，你看相差有多遠呢！

我們再來看看楷書的第四點，我對印順的說法是如此評論的：「印順於此指稱：修道所斷的隨煩惱即是所知障含攝的「修道」所應「斷」的「煩惱」，說隨煩惱是「從無明住地所起的」，如是將**上煩惱**解釋爲二乘聖人解脫道所應斷的**隨煩惱**，是淺化佛菩提的明確證據之一。然而二乘無學聖人都已斷盡隨煩惱，方得取證有餘涅槃，死時方得取證無餘涅槃，則應說爲已斷盡煩惱而成佛了，印順焉得再依此經文意，說二乘聖人不斷「修道所斷的**上煩惱**」——隨煩惱？」

印順在這裡指稱：修道所斷的隨煩惱就是所知障含攝的「修道」所應「斷」的「煩惱」，說隨煩惱是「從無明住地所起的」。像這樣子，將大乘入地菩薩修道所斷上煩惱解釋爲二乘人解脫道所應斷的隨煩惱，把聲聞菩提內容套在大乘菩提上面而統合爲唯一佛乘，這也是他淺化佛菩提的明確證據之一。然而二乘無學聖人都已斷盡煩惱，才能取證有餘涅槃，死後才能取證無餘涅槃；當印順這樣建立時，大家若接受了，就應該說二乘無學聖人已經是斷盡煩惱而成佛了，印順認爲阿羅漢們已經斷盡上煩惱了，當然是成佛了。這樣一來，印順的學說就可以成立了！可惜的是，他的建立卻是錯誤而無效的。

上煩惱是佛菩提道中修道所斷煩惱，在明心後直到十迴向滿心位爲止，都還不曾與修道位的上煩惱相應，都只能與見道位的上煩惱相應，何況是尚未明心、尚未進入第七住明心位的二乘聖人，怎能與大乘修道位的上煩惱相應？過恆河沙數的上煩惱斷盡以後就是成佛了，可是問題來了，二乘修道所斷的隨煩惱共有幾個？這是可以數目計算的呀！總共只有二十個。可是勝鬘夫人說的佛菩提修道位中所斷的上煩惱是過恆河沙數的，二十與過恆河沙數，是沒辦法確實計數的比例，而且性質也完全不同，印順竟然可以混同為一類而且相等。如果依照印順的說法，諸地所斷過恆河沙數的煩惱障習氣種子煩惱，以及無始無明住地上煩惱，都可以等同於聲聞聖人所斷的二十個隨煩惱，那麼印順怎麼還可以再依照這一段經文而依文解義的說**二乘聖人沒有斷修道所斷的上煩惱**？這不是自相矛盾嗎？

因為他說的修道所斷的上煩惱就是隨煩惱，而隨煩惱只有二十個，是所有的阿羅漢都已經在聲聞修道位中全部斷盡的，他又如何依據經文來講呢？經文中明明講這個修道位所斷的上煩惱，連八地的大力菩薩都還沒有斷盡，更別說是阿羅漢了；阿羅漢連第七住位菩薩的明心智慧都還沒有呢！而這些過恆河沙數的上煩惱，既然就是隨煩惱，那就該是只有二十個，阿羅漢們都已經斷盡了；可是這段經文中明明說阿羅漢全都沒有斷除，何況斷盡？依印順的說法，就該說阿羅漢們都沒有斷盡隨煩惱而不是阿羅漢了，那麼印順將如何依據經文來說**阿羅漢們沒有斷盡隨煩惱**呢？

只是這樣短短的一段經文的解釋，印順已經是漏洞百出了，只有愚癡無智的人讀不懂印順的思想，才會看不出印順的無量問題。都因爲印順讀不懂經典而又亂註解以後，追隨者讀他的亂註解時又讀不懂他的思想，才會繼續拱著印順的錯謬著作而不捨棄。當眞正證悟者出世弘法時，印順這些問題就不可避免地會一一出現了。大家想一想，印順到底是在弘法？還是在破壞佛法呢？可是當代的大法師們都不知道。到底印順一生寫書是行善還是造惡？眾生也都不明白。這就像《優婆塞戒經》中，佛這麼說：**善與惡之間很難確實分別，眾生們無法了知**。世俗眾生固然不能了知，但是學佛人學了二、三十年，乃至大法師弘法四、五十年下來，也不能了知印順的一生究竟是善行或是惡行，所以到現在還在極力的推崇他。其實印順一生所作的事都是在破法，可是表面上看來是個大善人：戒行清淨不貪供養，一生都在努力弘法。可是他作的事情實質上卻是專門在破法的，這又有誰知道呢！

所以凡事不能光看表面，只看表面的人一定會被矇騙。一般世俗人看到有一個人正在責罵另一個人，往往就說：「你這個人一定是壞人，你看人家被你罵得慘兮兮的，都不敢回嘴，他才是好人。」可是卻不知道那個被罵得慘兮兮的，每天都去他家裡偷了他的錢財，每次被好友責罵卻都不改過。如今又被好友看見了，幫著出來糾正，那個每天被偷錢財的愚癡人，還反過來支持那個被罵的偷他錢財的人。現在佛教界不都是這樣嗎？那些印順派的學人們，法財不斷的流失，都是因爲印順法師的緣故。現在蕭平實出來說：**印順法師這裡害人流失法財，他在那裡也害人不斷地流失法財**。那些不斷流失法財的人們反而出來罵蕭平實，去支持那個把他的法財不斷流失的印順法師。你說那些大法師們是有智慧？無智慧？可是我這麼一講，又得罪人了！菩薩眞的難當。

再來看補充資料，這也是與這一段經文的法義有關聯的。印順說：【心上煩惱，是障心的煩惱。或可說，**心本性淨**，修道時，障於自性心而不得究竟淨的煩惱。心上煩惱，為總說，因為一切隨煩惱，都是隨逐心而為煩動惱亂的。】（正聞出版社．印順法師著《勝鬘經講記》p.177）現在問題又來了！你們看，印順對這一段經文的註解，眞是過失無量無邊；假使眞的要細說，可以講上很久。這證明印順眞的是不懂裝懂，是將經文曲解到面目全非的地步了。現在單單針對比較簡單明顯的部分來辨正。

請看我對他這一段註解的評論：「印順既否定第八識如來藏，只承認有意識等六識；然而意識**心本不淨**，云何可說**心本性淨**？《大集大虛空藏菩薩所問經》卷三：『以何因緣而名清淨？謂彼諸法本來不生，無所起滅，故名清淨。』（《大正藏》第13冊）但印順說的清淨心卻是二乘聖人必滅而後不生的緣起法：是此世入胎後初生，捨報入無餘涅槃後永滅的生滅法，不是經說本來不生、無所起滅的法，當然不可名爲清淨。包含意識在內的諸法，唯有依附於本來不生的第八識如來藏心體，才可說是本來不生、無所起滅，才是清淨心。不可如印順以有生有滅的意識心清淨之後而說爲清淨。」

印順既然否定第八識如來藏，只承認有意識等六識，然而意識心卻是本性不淨，怎麼可以說「心本性淨」呢？大家有沒有想到這一點？《勝鬘經》中所說的心明明「**心本性淨**」，可是印順主張的這個心性本淨的心卻是本性不淨的意識心。這是因爲印順沒有別的選擇，當他不承認意根與入胎識的存在時，就只有將祂指稱爲本來不淨的意識心了，否則要如何自圓其說？印順既然不承認入胎識如來藏，那麼現前可以觀察到的，每一個人都可以現前觀察的最終心當然是意識心；然而意識常常是不清淨的，清淨的時候並不多，從來都不是本來就已經清淨的心。

假使有人路上撿到一個袋子，打開一看，是美鈔一百萬元。會有多少人心中不會生起妄念說：「這要是可以偷偷把它存到自己的銀行戶頭裡面去，那該多好！」有多少人不會這樣想？我看一百個人中倒是有九十九人會這樣想。假使旁邊都沒有別人看見，或者別人看見了，也不知道裡面是什麼，那麼拾起來走一段路以後，也許看到都沒人注意他，乾脆就提回家慢慢享受了。這就是意識心，是多數時候不清淨的，當然不可能是本來就清淨的。可是如來藏跟意識心同在一起，如來藏從來不會對那一百萬美元起任何的念頭；因爲祂離見聞覺知，祂根本沒有苦樂受，祂從來都不貪也不厭，這才能叫作**心性本淨**。

可是意識心，就算是一百人中唯一的一個清淨者，當他拎著一百萬美元前往警察局，路上還是偶爾會起個念頭：「這是應該還給人家的，可是如果能夠據爲己有，那不是很好嗎？」但是又想：「這個不符合道德規範啦！法律有規定，如果送去警察局，我可以向他要三分之一。」那不是起貪了嗎？他心裡面想：「這是合法的。」因爲法律是這樣規定，他又剛好懂法律。這樣一來，他也許就坐在那邊等，看有誰來尋找，因爲他想：「我就算等上十天也划得來。」也許他眞的就在那邊等候。你說這個意識心清淨、不清淨？當然不清淨！即使他沒有在那邊等，但是留下電話、姓名、地址，人家找回錢財了就會感激他，到時候送給他二十萬元美金，他說：「你送得太少了！法律規定是三分之一。」你說意識清淨不清淨？眞的不清淨。即使是都不嫌少，也是還有貪呀！所以意識是常常起善心，也會常常起惡心的，絕對不是心性本淨。

眞的心性本淨，是人家捅了一刀，祂也不會生氣的，那絕對不是意識心的境界，只有如來藏才作得到。可是意識心，別說被捅一刀，單單是突然間從背後狠力打一掌，他轉過來整個臉面顏色都改變了，準備破口罵人了；回頭一看原來是老爸，終於沒有罵出口。那你說，這個意識是清淨心嗎？絕對不清淨！因爲常常會動心，所以不清淨。印順既然以意識作爲最終心、最後心，認爲意識再過去就沒有任何心存在了，而意識卻是不淨的，那印順就不可以主張說意識「**心本性淨**」，因爲意識的心性並不是本來清淨的。

我們再舉一個例子說明，譬如《大集大虛空藏菩薩所問經》卷三中說：「**以何因緣而名清淨？謂彼諸法本來不生，無所起滅，故名清淨。**」這才叫作清淨心，因爲祂是本來不生，無所起滅的，所以從祂出生的諸法轉依於祂，就成爲諸法本來不生的了，這樣子，才能說祂是清淨心。問題是**意識並不是本來不生**，祂是有生的；既然是有生的法，就不符合清淨心的定義了。而且意識心有所起滅，在祂自己有所起滅當中，祂的心所法也是時時都有所起滅的，這是大家都可以現前觀察而自己可以證明的。

意識心每天早晨生起以前（在醒來之前）祂是不在的，所以祂有起；中午吃飽飯，睡個午覺而眠熟了，於是祂又滅了。老闆突然有急事：「**趕快！趕快！起來、起來！別睡了！起來、起來！**」於是意識被喚起了，又生了。下班回家很累，晚上很早就睡著了，又滅了！還是有所起滅。不但意識心體自身有所起滅，而且祂的心所法也是不斷起滅的。當他中午吃飽飯，飯後半個鐘頭本來是該他休息的時間，沒想到老闆把他叫起來，只是要他去買一包香菸；於是心中氣起來了，瞋心所又起來了。一路上心裡嘀嘀咕咕，一直到買回來交給老闆，臉色都還不太好看，心所法是不斷在起滅的。可是老闆這樣子想：「這傢伙還使喚得動，還算乖。」所以呢：「下個月開始為你加薪，每個月加兩千塊錢。」於是意識心中又高興起來了！心所法又變動了。

所以說，意識自身以及意識的內我所，都是常常在變化的，是有起有滅的，是時淨時染的，那怎麼可以叫作**心本性淨**？這跟《虛空藏菩薩所問經》所講的心本性淨的清淨心，是全然不一樣的。但是印順說的清淨心又不一樣了，他說的是二乘聖人一定會滅除的意識心（因為入無餘涅槃就要滅除了，是不會再出生的緣生法的意識），而這個意識是這一世入胎以後，第一次出生的，捨報入無餘涅槃以後永遠斷滅的生滅法，這絕對不是經中所說的本來不生、無所起滅的法，那當然不可以說是本性清淨的心。

包括意識在內的種種法，都是只有依附於本來不生的第八識如來藏心體，轉依於如來藏心體，以如來藏心體為主，才可以說是本來不生、無所起滅的；而這個清淨心顯然是說如來藏，不可以像印順一樣把有生有滅、時染時淨的意識心修行清淨以後來說是本性清淨的心。眞正的清淨心是本來就清淨的，本來就清淨的心就是涅槃心；而涅槃心是本來就涅槃，不是修行以後才涅槃。涅槃心才是無住心，而無住心是本來就無所住，本來就無住的心才是眞正的清淨心，而清淨心是本來就清淨的。清淨心就是中道心，而中道是心本來就中道，不是學佛以後才中道；想要證中道、想要證實相的是你，而祂是你所證的對象，祂是本來就住於中道，祂本來就是實相，不是你修行清淨以後把自己變成實相。

而你修行清淨以後，你要證的是祂，祂才是實相，你什麼都不是。等你徹底否定自己，知道**自己什麼都不是而第八識什麼都是**的時候，你才會生起實相智慧，才可以說你開悟了，否則你就不能夠說你開悟了。所以阿羅漢在這一點上透不過去，就永遠只能當阿羅漢，當不了菩薩。因爲這裡所講的都是本來清淨、本來涅槃、本來具有無量無邊的自性、本來就不生不滅、本來就是中道、本來就是實相的第八識心，不是去修行以後才轉變成如此的。祂是從來沒有起滅的，不是滅了以後不生，而是本來就不生。本來無生，所以未來永遠不滅，這樣才是眞正的佛法。可是印順講的都是要把虛妄的、有生滅的、有起滅的、有染污的意識心轉變爲清淨的，然後妄說祂就是實相，這就好像他曲解了阿羅漢的說法一樣。

譬如說，前面印順自己講出來的：「阿羅漢也知道有不染污的無知。」（不染污的無知就是所知障，染污的無知是四住地煩惱，就是見惑與思惑，是染污性的，會導致眾生在三界中流轉生死，會使眾生在三界中起貪瞋癡，所以見惑與思惑是染污的無知）但是，如來藏（也就是阿賴耶識）是菩薩證悟之標的；不迴心阿羅漢沒有辦法證悟這個如來藏心，因此對於一切諸法如何從這個識中出生的道理都無法了知，也無法現觀，因此他們仍有無明（無明即是無知）；可是這個無明不是染污性的，不會導致阿羅漢再去輪轉生死、再生起貪瞋癡。這個無明並不障礙眾生出離生死，只會障礙成佛，所以這個無明本身不像見惑與思惑是染污性的，所以稱為不染污無明。可是印順從來無法解釋這個不染污無明的義理，因為他完全不懂。就算他稍微懂了，也會故意曲解。所以，印順把不染污無明視同隨煩惱，就這樣東拼西湊。就像我們在上週說他的手法是冬瓜去接茄子，茄子再接絲瓜，絲瓜再接桃子，桃子再接李子，最後再把李子繞回來接冬瓜，看起來似乎是同一個植物，卻什麼都不是。就這樣亂接一場，接到最後印順自己也迷糊了，信以為眞了，認為唯一佛乘就是聲聞解脫道了。然後大家讀印順的書，跟著迷糊了以後，佛法就完全混亂了。

所以，你要說印順有什麼思想嗎？沒有！如果要勉強說他有思想，那叫作應成派中觀六識論邪見。可是應成派中觀有什麼思想呢？沒有！把種種法亂接亂湊，弄出一個拼裝車，結果卻是開不動；蠻力強推的結果，就只能衝下深谷中去了，這就是應成派中觀。也許你們深入理解以後覺得應成派中觀的法義眞可笑，可是我卻覺得應成派中觀眞可悲，因爲它誤導了很多人，浪費了多少眾生寶貴的生命！大家學應成派中觀所浪費的錢財就不說它，因爲那是身外之物；可是它浪費了眾生多少的生命，那不是很嚴重的事嗎？然而那些支持應成派中觀的眾生們知道事實嗎？並不知道！

我們爲了印順這樣一個凡夫，卻需要用很多明心的人共同來作很多的事，來剷除應成派中觀的遺毒；這保證要作上幾十年，是個大工程。所以諸位看不到的，是我們很多人幕後在做的工作——在做《正覺藏》的校對、審閱、編輯……等工作。現在還只是初步工作，已經作了一年多，大家累得要死，還必須再增加許多已經明心的人來合作。這是個大工程，爲了一個凡夫而要這樣去作，你說他夠不夠偉大？眞的可以說他是世間最偉大的凡夫。因爲想要導正這些嚴重錯誤的知見，是開悟了好幾年的人才能作的事，你說他夠不夠偉大呢？這都是希望眾生不要再被印順的邪見誤導，希望聖教可以因此而導回正道來，然後繼續向前推進，希望能把末法時期推回像法時期來。我們這麼辛苦，目的也就只有這樣而已，並沒有別的企圖。

關於印順解釋「心本性淨」的一段話，就可以證明他的錯誤是多麼嚴重；這都只因爲印順把七、八識否定掉，認定所有人類的心總共只有六個識，而認定意識是常住的，就只能把意識認定爲經中所說的本自清淨的心。正只因爲這個緣故，短短幾句話就會引生出許多的問題出來。這樣，光是一小冊印順所註解的《勝鬘經》，問題就已經無量無邊了。如果是《妙雲集》等四十一冊，你想要把它全部詳細辨正出來，要有多少的人力？而沒有證得如來藏的人還是沒有能力來做這個工作的。又因爲應成派中觀影響太深遠了，所以我們的目標是要在這一世就把應成派中觀終結掉；爲了佛教的長遠未來，我們必須要當終結者，把它終結掉。

順便在這裡預告一本書，叫作《中觀金鑑》，主要的內容是在探討應成派中觀。我們孫老師已經寫了將近一年了，現在還沒辦法出版，因爲一定要追溯到它的源頭，把禍首元兇抓出來，然後再來顯示他們一代又一代是怎麼演變的，要從根本去解決它。我們必須把害人不淺的應成派中觀追根究柢全面掀出來給大家看，讓佛教界都能瞭解它的錯誤所在，以後才不會有人繼續被害而破壞正法，卻還以爲自己正在護法、弘法呢！

目前的事情就是要大家共同來做，針對印順法師的密宗應成派中觀，還要追溯到它的源頭，以後佛門所有的中觀都應該要依據這一部書爲主，所以取名爲《金鑑》。有一天悟圓理事長說：「**老師！您這個《中觀金鑑》命名命得很好，我知道有一本書叫《醫宗金鑑》。**」我回說：「**我就是從《醫宗金鑑》借鏡而命名的。**」《醫宗金鑑》是中國人的一套醫學書藉，古時中國人的醫學很發達，包括白內障怎麼醫治，《醫宗金鑑》裡面都有教導，說要用針去挑。當時那一套書就叫作《醫宗金鑑》，意思是說當時所有醫學的宗旨都要依據這一部書爲主。在當時它確實有這個資格，因爲以當時來講，那《醫宗金鑑》是中國當時最權威的醫學著作。同樣的，等到《中觀金鑑》連載完畢後出版了，未來佛門凡是談到中觀，都要依據《中觀金鑑》所講的作標準，不許違背。爲什麼我們要這麼辛苦的做？又不是有利可圖，只是爲了救護眾生。這是很辛苦的工作，一直要追溯到源頭去，一般人想像不到的辛苦。

這意思就是說，其實佛法的宗旨，我們這一代是有能力把它再度建立的。把 佛陀的宗旨正確地建立起來，讓後人無法再去胡作非為；我們有這個能力作，但就是人數不夠，所以我們還得要每年舉辦兩次禪三，每次禪三都要辦兩個梯次，多弄出一些有緣人共同完成這些劃時代的大業。我們這個年代要成為將來佛教史上所說的佛教復興期，這些都要在諸位身上完成，所以諸位是任重道遠啊！但是這個工作絕對是很辛苦的，而且不是短時間能完成的；而且這也不能求名得名，因為你作這個事情，當代的佛學家們都不會認同你。這就像名畫家，等他死了以後，畫作就有價值了，因為絕版了。但他活著時，畫作永遠都賣不了什麼錢。同理，未來當我們這一代人走了，後代的佛教史學家就開始寫，五十年前、一百年前正覺同修會如何、如何……。但是咱們在當代一定是很寂寞的，因為我們提出了 佛陀的宗旨，而誤會 佛陀宗旨的人都會與我們為敵，我們卻不得不去得罪他們。

雖然你很老婆心切想要救他們，但是他們會覺得很沒面子——被你救了也是很沒面子。即使你已經把他們救了，他們都覺得沒面子，這就是眾生。如果是菩薩呢？如果菩薩被你救了，他會慶幸的說：「哎呀！還好遇到了你。」

這就是菩薩與眾生的不同。因此，自古以來破邪顯正的事都不是人幹的，都是菩薩才幹得了的傻事。如果不是這樣，勝鬘夫人也不用出來獅子吼了。如果是像鸚鵡、八哥、黃鶯出來唱唱歌，大家都會欣賞你；如果是當獅子出來大吼，所有人都跑光了，你只好永遠當寡人，這就是菩薩。所以這部經才會叫作《師子吼經》。你們看，勝鬘夫人這部經講出來，那些不迴心阿羅漢們哪個會高興她說的法？她似乎是專門在破斥阿羅漢們呢！

所以，佛菩提道才是佛法，聲聞解脫道則是羅漢法，必須含攝在大乘法中才能算是佛法，而且只是佛法中的極小部分。佛菩提道的法是甚深、甚高、甚廣、極微妙，不是一般人所能理解的，只有證悟了如來藏以後，才能夠少分理解它。所以佛菩提道非常的深妙，不是二乘聖人所能知道，何況是一個還在凡夫位、還沒有斷除我見的印順法師，又怎能知道呢？因此佛法的復興還是要靠諸位共同來做，我一個人作不了多少事；每天忙、忙、忙，可是時間越來越不夠。本來預計十幾天前應該完成的《阿含正義》，到現在還沒有辦法完成，好像還得要再一個月；已經寫到第六輯了，可是想要寫的內容卻還沒有寫完，看來還要增加一輯。寫完後還要重新閱讀一遍去尋找語病及潤色，所以將來諸位還要超過一年才能讀得到。（編案：七輯都已經出版了）你說，這樣沒日沒夜一直作下去，又不是有錢可賺，又不是求好名聲，反而會招來應成派中觀及未證言證的大法師及信徒們破口大罵，不是來讚歎。吃力又不討好，眞是何苦來哉！

可是你如果眞的想要成佛，眞的想要救護眾生，就必須要走這一條路。如果一直都是附和眾生，那就跟眾生一樣了！就只能繼續當眾生，不能跳脫於六道之外，永遠入不了四聖的行列中。如果想成佛，一定要進入菩薩僧數中；但菩薩僧數中，沒有一個人會與眾生和稀泥。諸位對這一點一定要有認知，所以你證悟了以後，將會發覺身旁好像沒有什麼朋友；因爲在以前別的道場的好多同修們，當你開悟了以後，每講一句話他們都聽不懂，後來乾脆就不跟你講話、聯絡了，所以你就只好當寡人了，那是很寂寞的。

可是你一定要懂得享受這個寂寞，因爲寂寞很微妙，寂寞很殊勝。所以當你有這個法樂時，你根本就不想出門，也不想夤緣親朋好友。所以坐上電腦桌前一直寫個不停，越寫越高興；寫到後來覺得臀部一直痛起來了，原來坐太久都沒有下來走動，才不得不下座走一走。往往寫到後來覺得還有好多法義等著寫上去，卻又不得不下座去洗手了，這個身體眞的很麻煩。但是你這樣辛苦地工作，有沒有意義呢？絕對有！能夠這樣去作，成佛之道就會非常快。講到這裡就想起一件事情：以前有個人出家很多年了，來到同修會以後破參了，於是就有人建議說某一本書可以交給他寫。可是他卻害怕而不想寫，隨即就走人了。他喪失了快速修集大福德的機會，這樣並不是有智慧的人。有智慧的人，再怎麼沒有時間，都要想辦法去寫；只要對佛法的振興有用，對眾生有奉獻，能使眾生斷我見、能使眾生破參而打破所知障，這功德是無量無邊廣大的。

爲什麼古來禪宗祖師手頭都會抓得很緊？從天竺到中國都一樣，自古以來像我這樣子弄出這麼多人明心的祖師，眞的很少。證悟弟子人數最多的是雪峰，他捨報前，座下只不過一百五十幾個人明心，而且明心的品質都遠不如我們，卻已經是禪門中破記錄的了。可是我們現在三百多人明心，更是破記錄了，卻還在繼續審愼地增加之中。這是因爲我需要你們來共同完成佛教復興的大業，來救度更多被誤導的人，因爲佛法今天已經衰頹到很嚴重了。可是古時候的祖師，他們不是這種看法；他們認爲：**我只要度到一個人明心**

成爲眞正的菩薩，就勝過度一萬個人成爲阿羅漢。所以有許多祖師都是單傳，只度一個人；因爲認爲功德很大，不需要那麼辛苦度很多人。

如果能夠像那樣輕鬆當禪師，我何嘗不要？我只要度一個人明心就夠了，也不必幫他眼見佛性，只要明心就夠了，因爲已經勝過度一萬個人成阿羅漢，所以他們手頭都抓得很緊。但是你們看看那一些禪師們，將來你成佛的時候，他們還在菩薩位中混呢！因爲功德差太多了，我們是在建立正法於未來數千年不敗的事業上努力，不是只度一個人而已。所以船子德誠禪師，寧可弄一條船在河上擺渡，後來遇見了道吾禪師，就請託他度來一個弟子。因爲道吾問他說：「你爲什麼不度人？」他說：「好啊！如果你看見伶俐底，幫我找一個來。」他只要一個。我們現在有三百多人明心，他卻只要一個人。所以道吾特地去找一個很有名的講經座主，叫作夾山善會。他講經時，道吾禪師就在座下聽經，聽到後來，看出夾山善會是不懂裝懂，於是就故意當眾大聲笑了起來；這夾山善會覺得很尷尬，知道遇見高人了，趕快講完就把道吾禪師留下來請問，道吾禪師就叫他去找船子德誠。

夾山善會並不是穿著僧服去，怕被人認出了就不好意思。因爲船子德誠是在江邊擺渡，要跟這樣一個人學法，而夾山是大法師、大經師、大座主，所以就換了俗衣、還戴了帽子，免得讓人家看見他燙了戒疤；他去見船子德誠時，沒想到在船上被船子禪師一竹篙捅下水，終於悟了！船子德誠度了夾山，連船也不要了，不擺渡了，隨即走人，讓夾山繼續弘法。後來船子德誠到哪裡去了？也沒有人知道。度一個人成為證悟底菩薩，功德就是那麼大；但是如果我們能把佛教振興起來，那功德是更大的；大家這樣子做，佛一定加持，使你能夠把長劫化入短劫：人家是一個大劫、一個大劫都無法超越的，但是諸位可以把一年當作一個大劫，來過完三大無量數劫；甚至於把一天相當於一個大劫來度過三大無量數劫，兩者之間相差，可不是用公里、華里來計算的。

至於能不能做到？就要看心量了。心量大了就做得到，心量不夠大的人就做不到。光是一個明心開悟，心裡就想：「我哪有可能！我算什麼？」要不然就說：「我是可能開悟的，可是你蕭平實眞的悟了嗎？」這些都是當代佛教界中很普遍存在的現象：對自己沒有信心，或者對善知識沒有信心。可是如果能夠看看勝鬘夫人怎麼作，就會想：「一個女流之輩都可以這樣，我堂堂超過五尺高的男子漢，還不如一個女人嗎？」你們就拚拚看吧！也許拚出來了，超越好多劫了，當勝鬘夫人成佛時，你可能就是她座下的重要弟子。像勝鬘夫人這樣的修行，絕對是長劫入短劫的，因爲這一定是 佛所加持的；大家何妨試試看，能提早成佛不是更好嗎？爲什麼一定要在因地一劫拖過一劫呢？諸位！你們明心之後，上煩惱到底與你相應了沒有？如果上煩惱還沒有跟你相應，那就表示你明心以後還是很懈怠，那就得要一劫又一劫慢慢地經過，無法把長劫化入短劫。當你下定決心了，可是上煩惱要怎麼與你相應，我們就來看接下來勝鬘夫人怎麼說：

【「一切上煩惱起，皆因無明住地，緣無明住地；世尊！於此起煩惱，剎那心剎那相應。世尊！心不相應無始無明住地，世尊！若復過於恒沙如來菩提智所應斷法，一切皆是無明住地所持、所建立。譬如一切種子，皆依地生、建立、增長；若地壞者，彼亦隨壞。如是，過恒沙等如來菩提智所應斷法，一切皆依無明住地生、建立、增長；若無明住地斷者，過恒沙等如來菩提智所應斷法皆亦隨斷。如是，一切煩惱、上煩惱斷，過恒沙等如來所得一切諸法通達無礙，一切智見離一切過惡，得一切功德，法王、法主而得自在，登一切法自在之地，如來應等正覺正師子吼：『我生已盡，梵行已立，所作已辦，不受後有。』是故，世尊以師子吼，依於了義，一向記說。」】

講記：勝鬘夫人又說：「一切上煩惱的生起，都是因爲無明住地，也都是緣於無明住地而生起的。世尊！由於這個上煩惱而出生了起煩惱，然後就剎那剎那都會與覺知心相應了。世尊！眾生心不相應的是無始無明住地；世尊！若是超過恆河沙如來菩提智所應斷的法，這一些應斷的法全部都是無明住地所執持、所建立的。譬如一切種子都依土地而生，依土地而建立，依土地而增長；如果土地壞了——當大地毀壞的時候，所有的種子以及種子所增長的一切植物，也都將會隨著大地而毀壞。就像是這樣子，超過恆河沙數等如來菩提智所應斷的諸法，一切都是依無明住地而出生、而建立、而增長。如果無明住地已經斷盡了，超過恆河沙等如來菩提智所應斷的法，也就都隨著斷盡了。就像是這樣子，一切煩惱、一切上煩惱都斷除了，超過恆河沙數等如來所得一切諸法也就全部通達無礙了，這時一切智的見地已經遠離一切過失與惡法，獲得了一切的功德，成爲法王、法主而於一切法中得到了自在，登上一切法自在的境界了，這時候就稱爲如來、應供、等正覺，這時已經可以眞正的師子吼：『我對三界有的一切出生已經斷盡了，究竟的清淨行已經建立了，於佛道中所應當作的一切事已經完成了，永遠不會再領受任何的後有了。』由於這個緣故，世尊以師子吼，依於了義法，一向如此的記說。」

再回來第一句：「一切的上煩惱都是因於無明住地，緣於無明住地而有。」上煩惱還是要再說明一下。上煩惱是不與覺知心相應的，起煩惱才會與覺知心相應。眾生的心能夠相應的起煩惱，都是在四住地無明之中，都與無明住地（無始無明）無關；不論是修道的人或者世俗法中的凡夫俗子，都是如此。即使修道中人已經成爲大阿羅漢了，無明住地及上煩惱也都與他無關，仍然與他不相應。這是因爲上煩惱是屬於無始無明的無明住地，而修道人即使成爲阿羅漢了，他所相應的煩惱也只是世間法中的煩惱，不會涉及上煩惱與無明住地。

譬如中午快到了，阿羅漢得要提早去托缽；托缽時第一家剛好不方便，他要再找第二家托缽。如果第二家剛好也沒有人在，得要再找第三家。當他找到第六家還沒有獲得飯食的時候，他不會放棄就直接回來的，還會繼續去找第七家。因爲每天就只有吃一餐，如果今天中午沒吃，就要挨餓到明天中午去了。從昨天中午一齋到今天現在早上去托鉢，已經二十個鐘頭了，如果今天沒有托鉢到食物，就等於要隔四十八個小時以後才再有食物了；所以來到第六家如果還沒有飯菜，一定還會再找第七家，這也是阿羅漢的煩惱。

雖然這個煩惱對他而言，不是大煩惱，但畢竟還是煩惱。這個煩惱會與他的覺知心相應，是他的起煩惱，所以阿羅漢得要每天去托鉢。可是無始無明與上煩惱是從來都不與他相應的，阿羅漢不會一天到晚想：「**我這個名色到底是怎麼出生的？佛說是由識出生，到底是哪一個識？那個識難道是意識嗎？不可能是。難道是意根嗎？也不可能是。那到底是哪個識？**」他不會一天到晚在想這個事情，就算他一天到晚想這個事情而轉入菩薩道中，成爲六住滿心位的菩薩了，他還是不會與上煩惱相應的，他只是跟無始無明相應，還輪不到與上煩惱相應。

爲什麼這樣呢？因爲上煩惱是屬於見道後，已經轉進相見道位，或是已經進入修道位時產生的煩惱。也許有人聽了會這樣想：「**我應該與修道上煩惱相應了吧？**」心裡面有一點暗喜：「**我比阿羅漢超勝。**」但我告訴你：還沒有。因爲菩薩的見道是從七住位開始，要到達十迴向滿心才算滿足的。那是多久的時間？你想想看。從初住位開始到十迴向滿心，總共三十心，是一大無量數劫。如果很懈怠，那就是整整一大無量數劫；如果很精進，化長劫入短劫，那就看你怎麼修，也許在這一個大劫裡面就過完一大無量數劫了。也許你過去世就已經修過一大無量數劫了，這一世因爲還有胎昧，重新再來正覺同修會溫習、溫習，重新再撿回來，那麼這一世你通達了之後，正式進入初地入地心而開始修道了，這時才會跟修道上煩惱相應。所以說，若是已經完成第七住位，也就是已經堅住而不可能退失了，開始進入相見道位的修行過程了，最多就只是與相見道位中的上煩惱相應罷了，還無法與修道上煩惱相應的。因此說，修道上煩惱沒有這麼簡單就可以相應的，何況是阿羅漢剛剛迴心入大乘，才剛剛與無始無明相應而已，都還沒有明心見道呢。

現在回頭來看，上煩惱究竟是指什麼？就是指眞見道後進入相見道位或修道位中，想要弄清楚如何成佛。當你找到如來藏以後，開始進入般若諸經中，把般若的別相智整個弄清楚，弄清楚之後才能滿足十迴向位；這時還沒有修道上煩惱，因爲還在通達位以內，還是見道位。修道上煩惱講的就是要去探究：我現在找到如來藏，我依這個如來藏而弄清楚了般若，中觀實相都清楚了，已經通達了，可是通達之後還不知道成佛的全部內容；也就是還不知道成佛過程中所應親證的現觀境界，就表示你還沒有跟修道上煩惱相應。當你想要去弄清楚「通達之後要怎麼成佛」，而你已經開始探討十地道、探討十波羅蜜了（想要成佛就一定要修十波羅蜜），當你開始探討而弄清楚的時候，才會說：「**哎！原來我是現在才與修道上煩惱相應呢！**」這時雖然感嘆地說：「**拖了這麼久，現在才終於跟修道上煩惱相應。**」心裡其實還是很歡喜的。可是這個歡喜不會顯現出來，也不會跟任何人講。當然也不會像古時的禪師每天高喊說：「**快活！快活！**」他每天都說快活，等到臨命終時卻又說：「**苦呀！苦呀！**」當然他的快活是機鋒，苦也是機鋒，但是快活是顯現於外的。可是極喜地不會有一絲一毫的欣喜之情讓別人感覺到，只是為眾生直接去作，可是心中的大喜卻一直存在而不會消失，也都不形之於外色，所以才叫作極喜。而這個歡喜卻永遠不會消失，這時終於知道，原來所有的上煩惱都是因為無明住地而有，都是緣於無明住地而生，這時終於開始正式進入修道的過程了。

初地菩薩專修布施波羅蜜多。怎麼布施？他起了煩惱：**我有這麼好的法，我要怎麼布施給眾生，很困難！**但是很困難也要去做，該怎麼做？有了煩惱，心中就要動腦筋了：**該如何把這個法弘揚出去？**他有了煩惱，這個煩惱在以前是不跟他相應的，現在與他相應了。因爲他生起煩惱，就會成爲帶種，就有煩惱種子了，這個煩惱就有功能了——起煩惱有功能，會導致他去作事。雖然作的不是惡事，是作善事，是對利益眾生有用的事，是對佛法的慧命延續有用的事，可是他畢竟得要生起煩惱，要去籌劃：**我要怎麼去說法，我要怎麼幫助眾生開悟，我要如何設立一個道場來接引人。**他有一堆的煩惱，可是這一堆的煩惱，都不會障礙他出離生死，都不是與他解脫生死有關的煩惱，都只是爲了佛法、爲了利益眾生而有的煩惱，這就是諸地菩薩的起煩惱。菩薩沒有別的煩惱，死期快到了，他也沒有煩惱。他所有的煩惱就是眾生、就是佛法，這就是他的起煩惱——從上煩惱而引生與覺知心相應的煩惱——名爲起煩惱。從這時候開始，他與這個起煩惱就**剎那心剎那相應**，那麼恭喜他！他一定已經是初地菩薩了！

「世尊！心不相應無始無明住地」：今天要從這一句開始講。我們上週說過，所有的上煩惱，如果與菩薩相應而在心中現起了，它就成爲證悟菩薩心中的起煩惱了；如果還沒有現起，它仍然還是上煩惱，仍不是起煩惱。但是這種上煩惱現起以後變成起煩惱，這不是二乘聖人所能相應的；因爲這個起煩惱是源於上煩惱而生的，不是源於見、思惑而生的，卻一樣要等到現起以後才成爲菩薩的起煩惱。二乘聖人在大乘法中說爲愚人，因爲他們連三賢位菩薩在**相見道位**中的上煩惱引生的起煩惱，都無法相應了，何況是大乘**修道位**的上煩惱引生的起煩惱？所以勝鬘夫人說：二乘無學都不與菩薩**修道斷煩惱**（煩惱是指煩惱障習氣種子）、**上煩惱相應**。

對菩薩而言，得要悟後再經過一段時間，想要去探究：爲何自己明心了、見性了，都還不能成佛？爲何經中記載大精進菩薩一悟就入地了？爲何諸佛世尊在人間悟了就成佛？而自己已經通過經典聖教量的印證，確實是證悟而沒有錯，但爲什麼還無法成佛？乃至連入地都不是？這問題究竟在哪裡？這時終於開始探討了，這就表示已經與上煩惱相應了，已經不像明心時僅僅是打破無始無明而已。與上煩惱相應之後，就要付諸於行動了，於是開始探究：到底要如何才能成佛？而我現在開悟是住在什麼樣的階位之中？這時就有了起煩惱，因爲這個上煩惱已經在心中生起了。生起之後，就要設法提升自己的見地，設法要圓滿自己的見地，那就得要實際上去做。

要怎麼做呢？要一方面尋求：**明心以及見性完成後，要如何能夠圓滿入地所需要的初分無生法忍**？這第一分無生法忍的極少分，是入地所必須的。無生法忍分爲十地的修證，初地滿心時才滿足第一分，剩下的還有九分。可是如果是剛要入地，那只是第一分無生法忍中的初分而已。這個無生法忍究竟要如何去獲得？當你開始探究時，它就成爲心中的起煩惱了。爲了完成這部分修證，就必須尋找善知識了；而且你想要找到的這位善知識絕對不是小小善知識，因爲你要靠他幫助你入地，他當然一定是地上菩薩。

善知識有兩種：一種是經典，經典是你的大善知識；因爲第三轉法輪的經典，並不只是三賢位的法。般若諸經所講的般若妙法，是要讓你滿足三賢位功德，屬於相見道位的經典，讓你對成佛之道具有總相上、廣泛性的瞭解；如果悟後能夠詳細地通達般若諸經，在其他條件具足配合的情況下，也可以入地；但這也只是初地的入地心而已，若想要因此就滿足初地心，是不可能的。所以在三賢位中第一個上煩惱生起以後應該修學的就是般若經典，它是你的大善知識。如果你有文字障，那就無可奈何了。確實有很多人有文字障，這是因爲時代改變了，般若諸經中的文句，對古人來講幾乎就像白話；可是到了現在，那好像是有字天書一樣，讀了也讀不懂。

且不說般若諸經講的，因爲它的法義確實難懂；單說古時候禪宗祖師們講話，都只是俗語，但是一千年後、一千五百年後的今天，大家讀起來，卻好像變成非常的典雅、非常有意境的話語。但其實在古時，那些話只是很粗俗、很生活化的言語；禪師從來不跟誰文謅謅的講話，都是很粗魯、很直率的。就在粗魯而直率的答話中，使人很容易開悟。可是那些直率而粗魯的話，到了今天大家也覺得太文雅深奧，眞的很難懂。這都只是因爲時代變遷了，所以那些文字現在變成學佛人的遮障了。

般若諸經的道理當然是很深奧，而遣詞用字也是古時的方式，並且是與實相般若有關的；當代錯悟的大法師們當然會覺得太深奧了，所以總是讀不懂而自以爲懂的。如果沒有大善知識可以指導，而且沒有文字障，當你明心了、見性了，就去讀般若諸經，六百卷大般若以及小品般若都讀完了，也確實依經中所說去做，那麼入地所需的相見道位應有的最少分無生法忍，就算是完成了。但是這樣就能入地嗎？還不行！當你讀完了，因爲有明心（或者也有見性）可以讀懂，終於通達了；可是通達以後會發覺自己還不是初地菩薩，這時又與上煩惱相應了，又要去探討：爲什麼智慧具備了卻還不是初地菩薩？於是又與上煩惱相應而出生了起煩惱。經過大善知識的指導以後，才知道都是因爲福德還不夠，性障也還沒有消除，並且還欠了發起十無盡願的增上意樂。

光是相見道位的般若智慧所引生的起煩惱就夠多了，因爲六百卷大般若經，在閱讀思惟的過程中，會發覺有許多是你需要深入去作觀行的；每出現一個問題時都會是起煩惱——它觸發了上煩惱而變成起煩惱；你若不去研讀及觀行，無始無明（所知障）中的上煩惱還起不來呢！讀了以後懂得一部分了，上煩惱就相應而生起來了，生起來之後就變成你的起煩惱；因爲這時候已經和你的意識心刹那刹那相應了。當它還沒有與你的意識心相應之前，都叫做上煩惱；現在相應了，就改名爲起煩惱。但這個起煩惱與凡夫不相應，與阿羅漢、辟支佛也不相應。

等到入地所需的相見道位的般若智慧具足了，應該算是入地了，可是爲什麼還沒有入地呢？這就有問題了，於是你還得要去探討，到底自己爲什麼還不能算是大乘法中的聖人？智慧已經很好了，可是脾氣仍然很大，看見了漂亮的珠寶還是喜歡得不得了，看見了所有漂亮的女眾還是心中一直想盯著看。若是女眾，這時若遇到了白馬王子也免不掉要多看幾眼；細加探究以後才發覺到自己有一點問題在：原來是沒有做到**性障永伏如阿羅漢**。所以具備了入地的最粗淺的一分無生法忍以後，你要做的事情就是要永伏性障如阿羅漢，那就是說你要把五蓋除掉。五蓋都除盡以後，你突然發起了初禪了；加上原來明心而斷我見、斷三縛結，在修除五蓋的過程當中，成爲薄貪瞋癡，所以在發起初禪之後，就成爲心解脫的三果人了，同時成爲大乘通教菩薩的三果人，已能永伏性障如阿羅漢了，入地的條件才算又完成一件了。在尚未清楚以前，開始探究這個問題時，就是與見道位的上煩惱相應了；正式進入探究階段時，就與覺知心常常相應而成爲起煩惱了。

可是問題又來了，這時候自我檢查一下：**爲什麼好像還不算是眞的初地菩薩呢？問題出在哪裡？**於是你又與上煩惱相應了，又開始探究了，這時它又變成起煩惱了！所以你還會發覺到一點：原來自己入地的福德還不夠。這入地的福德要在一世中修集起來是非常困難的，假使往世修了很多，這一世相差不多，那麼只要全心全力去修集福德，那就具足福德了。入地所需的福德要怎麼修才能最快成就？並不是要你把家產變賣得到三、五億元，全部捐出去護持正法。那個福德不夠大。你別以爲說：「你蕭老師專門講大話，護持三億元的福德你還嫌小，不然要三十億元嗎？」但我告訴你：三百億元我也還是嫌小。

最大的福德就是出來弘法，但是有一個前提：弘揚正確的法，可別弘揚錯誤的法，而且完全不貪世間法回報。否則不但沒有積成福德，反而是大傷福德，因爲傷害了眾生的法身慧命。出來努力弘法十幾年、二十幾年，甚至如果很年輕就悟了而出來弘法，三、四十年下來，入地的福德就差不多了，因爲弘法的福德是最大的。我們前幾回也講過：度一萬人成爲俱解脫的阿羅漢，不如度一個人悟入菩薩法而成爲菩薩僧，所以這個福德是最大的。

當你檢查以後，認爲入地的大福德已經有了，入地應該有的初分無生法忍也有了，性障的永伏如阿羅漢你也有了，可是看看自己的心量好像還不是很大，根本就不像個初地菩薩，作事、弘法都畏首畏尾，也不敢把正法如何加以住持弘揚，器量太小了，顯然不像個初地菩薩，所以就不能成爲初地菩薩。這表示雖然具足這三個福德了，可是還欠臨門一腳，這個臨門一腳就叫作增上意樂。因爲願不夠大就無法入地，想要入地，十無盡願很重要；是十種盡未來際要永遠繼續不斷實行的大願，永遠不許中斷的。也許你心裡以爲說：「最多只是維持到成佛時就結束了。」但是我告訴你：成佛以後還是繼續要受持十無盡願，因爲它是沒有窮盡的：「由於虛空無盡，所以我願無盡；因爲眾生無盡，所以我願無盡。」怎麼會有盡頭呢？

這十種無盡願，你若能夠在佛像前懇切地發出來，你的心量就夠大了，成爲佛法大器了。這時你發覺說，你具備了三個條件以後，又有這個增上意樂，器量變得很大了，那你就自然而然成爲入地菩薩了，不必出佛再拿個印章從你額頭上一蓋。都不需要！你自己就知道是不是初地了。從此以後心中大喜而無所畏懼，不再有什麼貪求來利益自己，完全是爲眾生的法身慧命去著想，生生世世都會如此作。這種子已經長出來了，已經萌芽了，你自己就會知道自己是初地了，這時也會發覺二乘聖人的智慧已經距離自己的智慧很遠了。這時你把我們造的佛菩提道兩個主要次第表拿來對照，就可以如實瞭解了。因爲入地時，最少得是能證中般涅槃的三果人，否則怎能永伏性障如阿羅漢呢？所以入地時，必須要徹底斷除五下分結而成爲最上品的心解脫者，卻是永伏性障如阿羅漢，而不可以是斷除性障成阿羅漢。這樣從經典中確實印證自己是不是進入初地。但是這些探究及實修，都是三賢位中相見道位的上煩惱所引生的起煩惱，這些都是與二乘無學聖人完全不相應的，何況是凡夫大法師們。

可是初地以後就沒有上煩惱嗎？還是有呀！光是這四個法就已經是你的上煩惱了，因爲你還得要有能力爲人如實解說，要能爲弟子們如實闡釋。當你與上煩惱相應時，它就變成你的起煩惱，所以即將要入地時，就得要去尋找十無盡願到底在哪部經中有記載——要在哪裡才能找得到願文？還要思考敢不敢發這個願？發了願以後能不能如實執行十無盡願？這些一定要先自我檢查，這時就使上煩惱變成起煩惱了。所以要去問人家：「十無盡願的內容是什麼？何處可以找得到？」問來問去，沒有一個人知道，那你不就很煩惱了嗎？這個上煩惱已經成爲你的起煩惱了。

後來終於有人告訴你：「你去《華嚴經》裡面找，一定找得到。」喔！

好歡喜，終於可以找到了。找到之後詳細閱讀了，隨即想到：「第一個無盡願，我到底作不作得到？這眞的很難呀！」每一個願，都會覺得很困難。在很長時間中思考再思考，在思考的過程中每一次思考都是起煩惱，卻都跟上煩惱相應，然而每一次思考都會把自己往前推進一點點。明天、下個月、明年，不斷地思考以後：「也許我可以作得到。」雖然只是也許，也是又往前推進了一點點。就這樣子，有的人掙扎了好幾年，終於下定決心：「好啦！把這個願給發了。」終於拿起十無盡願的願文，在佛像前胡跪，眞的就發了大願了。從此開始，眞的付諸於實行，完全的改變，器量變大了，那就眞的是初地菩薩了。假使發了願以後，有時候想一想：「那一位大法師是我的師父，我還是別評論他。雖然他已經誤導很多人。」那我告訴你：你此時就已經不是初地菩薩了！

所以，上煩惱的生起與沒有生起，是有差異的。在還沒有生起之前，它一直存在你的如來藏中，與覺知心不相應；正因爲不相應，所以叫作上煩惱。而它現起了以後就與你的覺知心相應了，與你意識相應了，這時就叫作起煩惱，因爲這個煩惱已在你心中現起了，你要付諸實行時就會與許多四住地所攝的思惑煩惱相應了：必須有一分思惑繼續留著，才不會捨報，才能繼續滅除上煩惱引生的起煩惱。可是這種起煩惱是由上煩惱而現起的，仍然攝歸上煩惱，不屬於阿羅漢所斷的四住地煩惱中的起煩惱；卻必須依於四住地煩惱中的思惑，才能有這一類上煩惱所攝的起煩惱讓你在人間修斷。若沒有四住地煩惱中的少分思惑時，就不會再有五陰了，怎能修斷上煩惱呢？但這些煩惱都不會與二乘聖人相應，因爲二乘聖人所斷的煩惱，全都屬於四住地煩惱，而四種住地煩惱全部都是在三界有爲法中的現行，與上煩惱無關。

習氣種子，是起煩惱或是上煩惱？（大眾答：起煩惱）可見你們眞的有智慧。因爲習氣種子雖然也是一直隨眠於如來藏中，往往還沒有與覺知心相應，但是它不必經由無始無明上的探究，就能在歷緣對境時與覺知心相應，所以屬於起煩惱。由於它跟煩惱障有關，而與所知障無關，所以煩惱習氣種子的隨眠仍然是起煩惱，不屬於上煩惱所攝，卻也是大乘修道位中所斷的煩惱。這樣子說明，諸位就瞭解了。並且悟後也可以現前觀察到，如何是上煩惱，如何是上煩惱所攝的起煩惱，如何又是四住地無明所攝的起煩惱，如何是習氣種子煩惱。就會清楚：當無始無明所攝的煩惱還沒有現起時，都叫作上煩惱；因爲上煩惱與心不相應，仍然在無始無明住地中與心不相應。

如果它現起了，與你的覺知心相應了，你可以檢查：這是不是從上煩惱中生起的煩惱？是不是屬於無始無明所攝的？也就是說，你要檢查它是否屬於成佛的過程中所應該斷的法？而你將會注意到，它與四住地煩惱不同，與三界中的煩惱不一樣，不同於三界中生死的煩惱。因此就會知道，它果然是上煩惱所攝的起煩惱，因此勝鬘夫人才會說「**心不相應無始無明住地**」。當某一個上煩惱生起了以後，成爲起煩惱了，就是勝鬘夫人所說的「於『**此**』起煩惱，**剎那心剎那相應**」；「此」就是講上煩惱，這裡的起字是作動詞用：**於這個上煩惱生起了煩惱之後，就跟你的覺知心一剎那又一剎那不斷的相應**。因爲這對悟後起修的你來講，確實是太重要的事了。

所以，凡是禪宗裡面悟得深的祖師，他都會這麼說：「**悟前如喪考妣**。」那麼人家問：「**悟後如何呢？**」他還是說：「**如喪考妣！**」當然言有他的弦外之音，但也是在事相上眞的說出來：**悟後起修確實也是如喪考妣**。因爲明心以後，你會發覺：成佛之道是確實可行的，不是想像的法；般若的證悟是確實可以作得到的，不是想像的法。明心之後，把《大品般若》、《小品般若》

請出來讀，發覺：原來現在眞的讀懂了！以前以爲眞的懂，原來都是誤會了。既然般若經眞的可以懂，可見佛法（不是指羅漢法）是可以實證的，不是單憑想像的，於是你很有信心了；當你發覺成佛之道確實可成、有路可進，於是「要如何次第邁向佛地」，就成爲你心中的一顆大石頭了——本來沒有這一顆石頭，現在有了。

但是你別擔心，這顆石頭不重，它就像浮水石一樣輕。浮水石知道嗎？古時沒有鋼絲刷可以刷鍋子，老人家都去撿、或者去買浮水石；那種石頭很輕，可以拿來刷鍋子。這個成佛的大石頭，在你心中非常大，可是你只要一個手指頭就可以撐起來了，不必害怕會有什麼大負擔；可是你心中會覺得：把這顆大石頭給消滅掉，才是重要的，因爲它畢竟還是石頭——因爲上煩惱是確實可以滅除而成佛的。那麼你就要開始準備很多的鍋子（鍋子就是境界）來刷，讓這顆石頭越來越小；當這種境界現前時，上煩惱就轉成你的起煩惱；從這個上煩惱生起以後就刹那刹那相應——一直都會與你相應，表示它是你心中的重要事情。

所以，即使是在世間法上不斷的在無漏有爲法上爲正法、爲眾生作事，你在深心之中還是會牽掛著，在你深心之中會有一個作意存在，就是要達到佛地的境界，要繼續利樂更多的眾生，所作所為莫非為此。這時上煩惱生起了，就跟你的覺知心剎那剎那相應了。有這個煩惱到底好不好？還沒有悟以前都說「好」；悟了以後都說「不好」，希望它趕快滅除掉，因為滅除掉就成佛了。可是悟前為什麼要說好？因為有這個煩惱就表示已經悟了，對悟前的人來講，當然也是好的。這是由於一般人或者二乘聖人，想要與上煩惱相應都是不可能的，因為想要明心開悟是很難的，能與上煩惱引生的起煩惱相應，就表示你已經悟了，當然要說能相應是好的。因此，對眾生來說，無始無明住地中所蘊含的所有上煩惱，都是與心不相應的。

勝鬘夫人說：「**世尊！若復過於恒沙如來菩提智所應斷法，一切皆是無明住地所持、所建立。譬如一切種子，皆依地生、建立、增長；若地壞者，彼亦隨壞。**」意思是說：縱使還有超過恆河沙數的佛菩提智所應斷的煩惱、所應斷的法，這一切都仍然是無明住地所執持、所建立的。心不相應的無始無明——無明住地，它含攝的上煩惱無量無邊，如同恆河沙數。恆河沙很細，比白沙灣的沙子還要細。白沙灣的沙子都數不清了，恆河沙比白沙灣的沙子更細；而且恆河很長、很寬，那些細沙子要怎麼算？上煩惱就如同恆河沙那麼多，所以沒有辦法像阿羅漢道一樣，一生到四生就斷盡見、思惑，所以得要三大無量數劫去修。

好在明心又見性之後，三大無量數劫你已經去掉九分之一了，那你有時會想：「也應該自我慶賀一下！」是呀！成佛過程的三大無量數劫，你已經過完九分之一了，這有多少人能作得到？而你是那極少數人中的一人，當然值得慶賀。所以有時候心裡面想起來，暗暗的歡喜一下：「漫長的成佛之道，我已經過完九分之一了！」可是，心中歡喜時，就表示你已經跟無始無明住地的上煩惱不相應了，表示你已經放逸了。所以，二乘的不放逸行與菩薩的不放逸行是不一樣的：二乘人修苦行是身苦行——頭陀行；菩薩修苦行是心苦行，但是外現放逸。

菩薩到處去與眾生同甘共苦，當眾生享受的時候，他跟眾生一樣享受。看起來他好像放逸了，這哪裡像苦行？苦行者應該日中一食，三衣一缽，別無長物。可是菩薩的苦行：頭戴天冠，身穿天衣，胸佩瓔珞；不但如此，手臂上還有臂釧；而且無邊莊嚴、無比富有，但他總是心不放逸。心不放逸遠比身不放逸更難修，所以二乘聖人教導徒眾們：「你只要身不犯戒、口不犯戒就沒事。」可是菩薩教導徒弟不一樣：「你只要動了歪腦筋，雖然身體、嘴巴沒有去作，也算犯戒。」你說：到底哪一種苦行更難？當然是菩薩的苦行難修。

可是菩薩都樂於修這種苦行，所以在世間既有錢財又有名聲，物質生活也好，眷屬也圓滿，看來蠻享受的，可是菩薩根本不把這些事情當一回事，只認爲那是菩薩身分應該要擁有的；並且可以擁有更多，可是已經不想要了，認爲只要這樣就夠了。眾生就想：「這樣就夠了？我都得不到，你怎麼說這樣就夠了？」菩薩都不是像眾生這樣想的，所以菩薩常常都在心不放逸中安住，因爲他要不斷的去與恆河沙數的上煩惱相應。菩薩不應該離開人間，如果生到欲界天去，與上煩惱相應的機會就減少了，生到色界天去就更少。如果生到無色界去，根本不與上煩惱相應，只是在浪費時間而已，所以在人間最好。

那也許有人想：「不如到餓鬼道去好了，到畜生道去好了，那不是更會相應嗎？」但是畜生道、餓鬼道中沒什麼機會可以讓你利樂眾生，因爲那些眾生很難有機會來跟你學法。你看看那些旁生道眾生們，天還沒亮就在想著：「今天的食物在哪裡？」餓鬼道的眾生，不管天亮或未亮，他們都想要找找看哪裡有一口痰可以吃，都沒有心思來學法。當你去那邊示現時也要跟他們一樣示現爲旁生、示現爲餓鬼。如果示現到畜生道去，天還沒亮，也得跟牠們一樣，不免要考慮到說：「我今天這一餐在哪裡？」所以看來看去，就是人間最好。因爲人間有很多人會跟你學法，而跟你學法的人，根器千差萬別，他們的想法、他們的觀念、他們的行爲，當然也有種種差別。就在種種差別之中，你去度化他們；雖然難度，但就是因爲難度，所以你每度一個人，功德都是無量無邊。這樣度眾生的過程當中，就能引發了你無生法忍種種現觀的因緣，使你的上煩惱不斷的被觸發，所以你要成就佛道就變得很快速，這就是《解深密經》講的，把長劫化入短劫。

這樣子進修，不怕人間的辛苦與卑賤，許多的佛菩提智所應斷法，就可以相應了。相應以後，你都可以發覺：每一個佛菩提智所應斷的法，都是無明住地所執持、所建立的；縱使佛菩提智所應斷的上煩惱超過恆河沙數，更難計數，都仍然是無明住地所持、所建立的，都不外於無明住地。這個無明住地與世俗法中的煩惱無關，與解脫三界生死的煩惱無關，它只會遮障成佛。菩薩在成佛之道的進程中，沒有感覺到它的遮障，因爲根本不知道這種遮障在哪裡，只知道自己還沒有辦法成佛。但是知道還沒有辦法成佛時，對於應該修斷的是什麼？在時間未到、因緣未到、智慧不足時，根本就不知道，也無從著手。所以，悟後要多依止大善知識，也就是三乘菩提經典。

但是這樣的善知識很不容易依止、不容易親近。也許你想：「**那還不容易？我花十幾萬塊錢買一套《大正藏》回家，不就有了！**」但我告訴你：悟後每天抱著它，還是無法親近它；因爲它在講什麼？自己讀不通，就只有般若系的部分可以通。第三轉法輪的經典常常會自以爲懂，其實是誤會了！這是很常見的現象。如果還沒有來增上班上課，也許你會覺得：「**蕭老師講這個話，大概言過其實啦！**」等你到增上班上課久了，才會知道原來還眞的是如此，沒有言過其實。所以如果有緣遇到在人間的活經典——也就是能開口說話指導的經典——大善知識，那你悟後學起來就很快，因爲可以免掉很多的摸索過程與誤會。

學佛的過程中，有無量無邊的上煩惱；一般而言，自己獨自修行，想要把這些上煩惱斷除，得要三大阿僧祇劫。但是若能有好因緣，也就是說，每一世都有努力在修集福德，而且每一世都懂得忌口：不知道的不亂講，也不隨著人家亂誹謗正法、亂誹謗善知識。那你就有福德可以把長劫化入短劫，成佛就很快。因爲無明住地所執持、所建立的上煩惱很難相應，而你有這些不謗正法、不謗大善知識的大福德，就有機會在上煩惱還無法相應之前，由善知識幫你引發出來，讓你當場就滅除掉。這就像我們增上班的課程一樣，你會發覺：有很多的上煩惱，你從來都沒有相應到，但是我在上課的過程中幫你引發了，隨即當場解釋清楚而讓你通達，那些上煩惱才剛剛成爲你的起煩惱時就隨即解決掉了，這就是依止善知識的好處。而善知識就只有這兩種，就是文字經典以及活經典——示現在人間的菩薩眾。

有些人剛開悟時，覺得自己好像很行，因爲假使不是在同修會之中，可以打遍天下無敵手。大法師、大居士們如果聽說你是在正覺被我印證了，他與你講話時就很斟酌了。如果你被印證了好多年，智慧通達，你可以有閒暇去觀察那些不服氣的大名氣者，可以從他們的肢體語言中發覺他們對你充滿了恐懼。因爲你已經斷了許多上煩惱，可是他們到現在連無始無明都還沒有打破，更別說是與上煩惱相應。他們對你一無所知，不能測量，而你卻像一個大學教授在看那些剛剛在學習加減乘除的小學生一樣，一目了然。

這就是說，成佛之道的過程中，一切所應斷法都是眾生心不相應的；因爲它們都屬於無明住地所攝，不屬於三界生死煩惱所攝，全都攝在無明住地中。關於三界生死煩惱，當他們讀過四阿含，大概可以粗略的瞭解：斷我見、滅除三縛結是初果；進修三果的過程當中貪瞋癡淡薄了，那就是薄地二果人；如果努力在進修的過程當中，終於滅除了欲界貪愛了，初禪現起了，終於斷除五下分結了，就成爲三果人；然後五上分結到底是什麼，他們去讀一讀也會稍微懂得。這樣解脫之道，他們是稍微可以瞭解了。可是成佛之道，他們是完全不知道的，那你想：他們面對你，能沒有壓力嗎？當然心中會有所恐懼。所以，你如果正式邀請，要跟他們面見，他們總是會推託：「現在很忙，沒有空，以後再說。」永遠都是以後再說，這是因爲他們不曾與無始無明住地相應。

他們完全不懂成佛之道，可是，他們眞的已經懂了解脫道嗎？其實也不懂。現代所謂的阿含專家，其實都需要再教育，因爲他們沒有眞懂阿含解脫道；正因爲他們需要再教育，所以我們才要寫《阿含正義》。下一期電子報的扉頁將會有幾句話登出來：

阿含解脫道中，有證得初禪的凡夫，
沒有不證初禪的三果人，
也沒有不證初禪的慧解脫阿羅漢。

這法義其實沒什麼，只是在講**心解脫**。可是當代所有的阿含專家們，知道心解脫的這個內容嗎？都不知道！從來沒人能夠講出這個內容來。他們都不知道心解脫的三果人、慧解脫的四果人，與初禪之間有這種緊密而不可分割的關係。我們就是要教導他們：什麼叫作心解脫。可是，他們讀了我那三句話，可能還是不知道那叫作心解脫。那你想：連解脫道他們都會誤解了，何況是與他們從來都不曾相應過的無始無明住地，更別說無明住地中的上煩惱了。

當他們知道你是被我印證的人，又與你不期而遇時，當然由於這方面的無知，而會對你覺得恐懼。因爲他們都還沒有斷我見，恐懼就一定會存在；如果我見斷了，他們就可以沒有恐懼了——不必再顧慮面子與名聞了。不必一定要在大乘法中證悟才能斷除這類恐懼，只要眞的斷我見了就沒有面子顧慮的恐懼。因爲當他們見了你，你與他們談大乘成佛之道、佛菩提的種種法，他們將會直接而爽快的承認：**這些我都不懂**。因爲他們知道自我是假的，沒有面子與名聞需要照顧了，那就爽快承認：**我們不懂**。承認不懂就沒事了，就沒有恐懼了！只要承認而接受了就不會再有恐懼，由於不承認、不接受，所以他們心中有無量無邊的恐懼，這就是我見、我執的作祟。

所以，當你有機會逮到他們——不期而遇之時（對他們來講是不期而遇，卻是你特地找的機會），在大庭廣眾之中把他們攔下來，他們一定會急著想要把你擺脫；因爲他們還沒有斷我見，還落在意識覺知心中，很怕沒面子，很怕失去名聞，所以不能接受自己被你「傷害」。他們都會認爲被你問倒了就是被傷害了，所以心中有恐懼；而恐懼的源頭雖然是從四住地無明的我見、我執而來，其實我見與我執也都是源於無明住地而存在的。但他們從來都不與無明住地相應，更別說是與上煩惱相應了；而且他們是連最粗淺的我見都斷不了，連阿含專家都對聲聞菩提誤解到這麼嚴重，更何況能與無明住地相應？那他們又如何能與你對談大乘菩提？

因此，由這裡來看，無始無明住地的意涵是無比深遠、無比廣大、無比深妙的，而且是最究竟的所應斷法。無明住地中的塵沙惑，都因爲無明住地沒有斷或沒有究竟斷盡而存在著；可是無明住地並不障礙解脫生死，因此你可以成爲阿羅漢出三界生死，無妨無明住地照樣跟隨著你，直到捨報爲止。可是若探究實質，其實入了無餘涅槃以後，無明住地（無始無明）還是在他的如來藏中存在著，擺脫不掉。所以無明住地就像是大地一樣，才會叫作住地——無明所住的大地。大地能夠出生一切世間的物質，包括有情在內；人間的有情，假使沒有這個大地，就不能與一切物同時存在；縱使你有如來藏的大種性自性可以攝取四大，也沒有辦法使你在人間出生，因爲根本沒有父母及大地作爲你出生與存在的因緣。若沒有大地，父母也早就餓死了。既然所有的食物都由大地來出生，所有的有情也要靠大地而存在，所以佛說：「**過去無量世以來的食土眾生，到現在仍然繼續食土。**」就是講我們人間的這一些人，你、我都在吃土——你所有的食物都從泥土來；可見大地就是人間一切物質出生的所依。若是大地不存在了，就不可能有人間世界及人類等有情，所以說一切人間的事物都依大地而存在。

同理，恆河沙數一切上煩惱都依無明住地而有；若沒有無明住地，就不會有恆河沙數上煩惱的存在。所以，縱使是超過恆河沙數的如來菩提智（佛菩提智）所應斷的上煩惱等法，全部都是依無明住地而出生、而建立、而增長。依無明住地而出生，是說因爲有無明住地，所以在悟後修道的過程中，就與無明住地中的上煩惱引生的起煩惱相應了；一切成佛的過程中所應斷及所應證的恆沙諸法，縱使是超過恆河沙數，也都是依這個無明住地而建立的。換句話說，如果不是無明住地存在，就不會有成佛的內容中所應斷的一切法；所以無明住地中所應斷的一切法，都屬於無明住地所含攝的。

無明住地中的所應斷法爲什麼會增長？是因爲邪見的熏習。邪見的熏習，譬如很多人在外道法中不斷的熏習錯誤知見：**一切人、一切動物，都是因爲上帝創造的**。上帝有兩個：一個是耶和華，一個是阿拉。可是，耶和華在哪裡？阿拉又在哪裡？沒有人找得到他們。有誰能隨時感應到上帝呢？沒有！只能夠藉著所謂的神蹟而附會爲上帝的存在。外道如是，佛門中也有許多人如是。但是佛門與外道特別不同的一點是：確實可以感應到佛陀，佛陀確實存在而被許多人在夢中或定中感應到。所以，佛門中沒有一神教中被哲學家質問「上帝在哪裡」的大問題。一神教中一直存在一些大問題：上帝在哪裡？上帝可以被不同的人一再實證他的存在嗎？上帝的境界爲何不許被人類同樣的實現？上帝爲什麼有許多的不知與不能，與一神教自己宣稱的全知全能相違背？這是哲學界一直在探討的，到現在所得到的結論仍然是：**上帝是人類思惟想像而創造出來的**。

說上帝造人、造山河大地，是造物主，這是一種邪見。由於這種邪見的不斷熏習，所以無明住地中的所應斷法就不斷的增長了。但邪見只有這一種嗎？當然不只！譬如外道，還有數論外道、勝論外道、四大極微派外道、自然外道。由四大種外道，加上剛剛的大梵天造萬物（上帝是造物主），細分下來就有九十二種、九十六種外道。作這樣的邪見熏習，就是無明住地中的所應斷法正在增長。這些外道中有一種自然外道，他們主張：萬物與眾生都是自然而然就會出生，只要有種種外緣就會出生，不必有什麼根本因。哪些外緣呢？父母爲緣、四大爲緣、無明爲緣，眾生就出生了，不必要有因，這叫作無因論外道，倡導**無因唯緣論**。這樣去熏習，就是在增長無明住地。

這種**無因論**外道，在佛門中有沒有？有呀！而且諸位都會覺得很熟悉的，就是藏密應成派中觀，正是無因論外道。他們認爲不需要有任何因，只要有種種緣就可以生起萬法，所以叫作緣起；因爲緣起所以性空，既然性空當然要把它滅掉，而滅掉以後就不會再有**生起**。可是**緣起法**顯然只是在這一世的蘊處界上面來說的，與上一世的蘊處界無關，因爲上一世的五蘊不會來到這一世，而他們都沒注意到這一點：**意識也是緣起法**。因爲他們總共只認得六識，總共只承認有六識。

他們認爲：由於有意識常住所以才有識陰等六識，並且色身也是緣起法，是由很多種的緣起法聚集成爲一個人。既然如此，這一個人顯然是這一世才緣起的新人，不是從上一世來的。既然不是從上一世來的，那你辛苦修行想要滅掉它而取涅槃，又是爲了什麼？反正就只有一世，不如去吃喝玩樂，一世過完了、死了也就解決了，同樣是滅掉自己而入涅槃了。既然同樣都是滅掉自己而成爲涅槃，爲什麼還要如此辛苦的修學佛道、學習緣起性空觀，同樣是想要把自己滅掉？生活過得那麼苦而在死後滅掉自己，不如一生享樂而追求快樂地老死而滅掉自己。

他們爲什麼要這樣辛苦地修行而滅掉自己？反正就只有一世的五陰，五陰既是緣起法，不從前世來，也不會去到後世，本來就是緣起法；五陰緣起法既不可能來往三世，這一世快活地享受而死掉時也就終結了，還要辛苦的修習緣起性空幹嘛呢？這不是愚癡人嗎？可是我覺得很奇怪：爲什麼他們都沒有想到這一點？諸位把它想一想：有沒有道理？（有人答：有。）對嘛！有道理嘛！五陰既然都是緣起法，而意根是被他們否定而不存在的，總共只有六識，而六識心中最重要、最有功用的就是意識；可是 佛在原始佛法中的阿含聖教裡，早就講過了：「**意、法因緣生意識**」、「**諸所有意識，彼一切皆意法因緣生**」。既然沒有常住底心永恆存在不滅，而最後心又是意識，意識又是緣起法，死後必滅，與享樂一世的世人一樣都是終歸於空無斷滅，幹嘛要那麼辛苦去修解脫道？辛苦的修完了，這一世死了也就斷滅空無而成爲斷滅了，乾脆去吃喝玩樂享受到老死吧！豈不是比那些人更有智慧呢？

所以印順等六識論者所說的解脫道修行法，都屬於愚癡人的修行法。如果只有六識，堅持只有六識，他們絕對應該每天都去吃喝玩樂才對，應當如此嘛！也許今天的這一些講解，幾年後整理出來，讓他們讀過而思惟了以後，他們之中比較有智慧的人也許終於會想起來：「**我眞笨！怎麼沒有想到**

這一點？早知道，我就吃喝玩樂去好了，幹嘛跟著印順學什麼緣起性空！」然後回心轉意一想：「那我應該來正覺學如來藏妙理，因爲正覺的法義不是無因唯緣論。五陰只有一世，可是還有一個如來藏，還有一個第七識意根，這樣貫串三世因果，那我這一世辛苦的努力修行，所證悟的這一些法種，死了以後都會在我心中帶到未來世去；來世的五陰雖不是這一世的五陰，但我還是可以藉這些法種再萌芽、再增長，終究可以成就佛果，這個根本因才是最重要的。」那麼他就有因緣可以證悟實相了。

所以，當印順派所有人和密宗黃教所有人，不斷地熏習六識論邪見時，都是在增長無明住地。他們不斷熏習邪見而錯誤地認知萬法本源：認爲只要有父母及四大爲助緣就可以出生名色，前世妄熏底無明可以不藉常住心受持，直接存在虛無之中，卻又可以報應在此世新生的五陰身心上面；不是由常住心受持前世妄熏的各種無明，受生到這一世全新的五陰中。這就是在積聚更多的無明住地，就是持續積聚無明住地，於是佛菩提道中的一切修道斷煩惱及上煩惱，就會大量地增加，這就是無明住地積聚的道理。可是他們都沒發覺到這一點，每年還要召開佛學研究會議——印順思想研討會，繼續把自己的無明住地不斷的加以增長、積聚。這樣，到底是在昭告世人說「我有智慧」呢？還是在昭告世人說「我沒有智慧」呢？所以我們常常會說一句話：「聰明人專幹傻事！」這種人其實不少呀！台灣多的是。台灣如是，大陸也如是。如果想要再把無明住地繼續滋長的話，那眞的是在昭告世人：我沒有智慧。如果他們懂得把無明住地次第削減，那就是正在昭告世人：我有智慧。

因此說，無明住地中所應斷法的出生、建立、增長，其實都是依成佛之道來說，其實都與聲聞解脫道沒有直接關聯，都不是聲聞解脫道中所接觸到、所應斷、所應修的法，可是他們卻用解脫道來解釋無明住地。問題是，解脫道相應的、所應斷的煩惱只有四住地煩惱，從來不與無明住地相應。修學解脫道的人，只要把四住地斷除，讓它不再現行就夠了，不必把習氣種子隨眠斷盡。可是，依解脫道修行成爲羅漢以後，終究不曾斷除習氣種子隨眠，也終究不能與無明住地相應；而無明住地含攝的所應斷法，要歷經三大阿僧祇劫的歷緣對境修行以後才能斷盡，不是如同阿羅漢道一世就能斷盡。

換句話說，從初信到十信位圓滿時，只是對佛、法、僧修集信心；雖然有些人一大劫中就完成十信位了，但有的人則是乃至要一萬大劫才能完成，這差異就很大了。光是修集對三寶的信心就有一萬倍的差異，接下來從初住到六住位，外門廣修菩薩六度萬行，那要多久的時間呢？是一大無量數劫的三十分之六。所以，你在會外看到有一些人還在那一邊研究「**緣起性空、識總共只有六識，意識是常住的**」，你都不必搖頭，因爲他們都是初學菩薩，第一大阿僧祇劫的三十分之六，他們都還沒有完成。這三十分之六，你把它算算看，是幾個大劫？眞的很難計算。所以，許多人仍然還會繼續增長他的無明住地，這是無可避免的；而我們能夠去接引過來的，終究不會是多數。如果你能接引過來的人會是多數，那麼將來一定會成爲一百萬個將軍只能配給十個兵。你想有沒有這個可能？當然不可能！所以你們不要期待說：**正覺同修會將來學員會有幾十萬人**。不可能的。將來如果能有幾萬人，佛教的復興就已經達到顚峰了。因爲你從這裡證悟後出去，就等於外面軍隊中的將軍了，當然永遠都是少數人。

可是你想想看：光是初信位修到十信位的圓滿，快則一大劫，慢則一萬大劫；從初住位到六住位滿心的外門廣修六度萬行，卻是一大阿僧祇劫的三十分之六。那你想：在未來證悟之前，他們所需要斷除的無始無明中的遮障有多少？如果是還沒有進入正覺大門的人，他們心裡面想：「我還是甭去了，因爲我往世到底有沒有斷除了那麼多的遮障呢？」他們自己都沒有把握。可是一旦進來了，心想：「我終於敢進來了，功夫也作起來了，知見也建立了，現在只差參加禪三鍛鍊一番回來，也就解決了。」就想：「看來我已經是修學很久的人了。」等到你破參了，在解三儀式中拿著課誦本，誦到《心經》時：啊！原來都是在講解我自己心中的法。終於確定：我已經把一大阿僧祇劫的三十分之六走完了，正式進入第七住位中了，看來我已經不是新學菩薩了。終於敢發起大心，精進地邁向成佛之道。

你想，這種證境的完成，既然是需要那麼長遠的時節，當然佛菩提智的親證一定是相當困難的；因爲第一大阿僧祇劫的三十分之六，原來都只是在相似般若上面熏習修學根本智而已。實相般若的根本無分別智的親證，竟然是要那麼長久的時間，後面接著要修的後得無分別智呢？所以，如果這一世中明心之後又能眼見佛性了，第一大阿僧祇劫已經過完三分之一，你想：這是不是殊勝到讓你無法想像？雖然見性遠比明心要困難很多倍，但是也並非絕無可能。因此，明心後的今天，你心中應該要與更多的上煩惱相應才好。

所以，與上煩惱相應是好事，這種煩惱出現得越多就越好，表示你的成佛之道是越來越快了。如果從來都不相應，就表示你有可能會把短劫化爲長劫，那你到底要哪一種？是要把長劫化入短劫？還是把短劫化入長劫？如果你想要前者，有個好辦法：**努力作義工，努力宣揚正法，努力作功夫，努力讀我的書。**還要加上一點：**少攀緣、少泡茶聊天、少在世間法上用心。**否則你與上煩惱相應的機會一定非常少，那顯然是把短劫變作長劫了；別人是一天過一大劫，你可能是顛倒過來，一大劫中的每一天都變成一個大劫，所以一大劫就變成無量數劫了。

當你斷盡了無明住地，已經完全窮盡而沒有剩餘的時候，就表示你眞的成佛了，這時就可以坐在案上讓別人供養禮拜了。可是坐在上面給人家供養禮拜，那個日子好不好過？其實更辛苦，因爲你要隨時注意：**有許多弟子快要滿七地心了，必須隨時注意著，不能讓他們入無餘涅槃去了，不然你很多心血都白費了。**還有，你要常常注意某些星球世界，假使那裡的正法被搞壞了，該要有人去那邊整頓、弘揚，到底該派哪一個人去？要如何事先培養出可用的人才？你的事情可眞是忙得沒完沒了，你只會更忙，只是不累而已。

這個時候就表示你眞的是成佛了。

「如是，過恆沙等如來菩提智所應斷法，一切皆依無明住地生、建立、增長；若無明住地斷者，過恆沙等如來菩提智所應斷法皆亦隨斷。如是，一切煩惱、上煩惱斷，過恆沙等如來所得一切諸法通達無礙，一切智見離一切過惡，得一切功德，法王、法主而得自在，登一切法自在之地，如來應等正覺正師子吼：『我生已盡，梵行已立，所作已辦，不受後有。』是故，世尊以師子吼，依於了義，一向記說」：「就像是這個道理，所以說一切煩惱、上煩惱都斷除了，這就是講一切的習氣煩惱種子隨眠全部斷除了；加上無明住地的所有上煩惱也全部都斷除了，那麼每斷一個煩惱，就會有一個成佛過程中所應證的法可以證得。當這一些煩惱與上煩惱全部斷盡了，過恆河沙數的如來所得一切諸法，你就通達無礙了；這時有了一切智見，不管是一切種智或者聲聞的一切智，已經全部具足，因此就遠離了一切過失與惡法；由於遠離一切過失與惡法，所以得到了一切功德，自然就成爲法王，就是法主。既然是法王是法主，當然於一切世間都得自在了，這表示已經登上了一切法自在之地了。這時就是如來、應供、正等正覺，可以眞正的作出師子吼說：『我生已盡，梵行已立，所作已辦，不受後有。』」不受後有以後，卻又以大悲願而受生於三界中，本質上是不受後有的。「由此緣故，世尊出世作師子吼，是依於了義法而一向記說某某人已成阿羅漢，或者記說某某人未來多久可以成佛等等。」這都是依於無明住地的究竟斷盡，使得佛地所應得的一切法圓滿具足證得，成爲法王、法主，於一切法自在，才能這樣子一向記說。

所以這樣看來，法王這個名稱可不能隨便用。諸位由此就可以去檢查：如今地球上那麼多的法王，他們是不是眞的法王？那些法王們是不是法主？他們是否於一切法得自在呢？假使他們能於一切法得自在，那就表示我蕭平實寫的書，對他們來講都會太淺了。但問題是，他們私下都在讀我的書，卻總是讀不懂。所以，當他們藏密的法被我用五十六萬字一一破除以後，那些法王們沒有一個人敢寫書、寫文章出來辨正。這不能用一句話來推辭說：「蕭平實名氣太小了，證量太低了，我不屑於跟他對話！」因爲他們認爲最高層次的樂空雙運法都被我破盡了，人家說：「是可忍，孰不可忍？」假使最高層次的樂空雙運被破盡了，他們都還可以忍得下去，那麼別人當面捅他一刀，他應該也可以忍呀！都不該生氣呀！可是他們被人家罵一句話就忍不住了，顯然這個事情他們不可能忍的；只因爲無法辨正回應，才不得不充耳不聞、忍氣吞聲。

他們所認爲最高深的雙身法、樂空雙運，我已經破斥殆盡，把它定義爲世俗凡夫的閨中享樂法，與佛法完全無關。而他們最難修證的「放出去以後再回收」，也是與佛法完全無關。喇嘛們被允許與人合修雙身法的條件就是這個，但這個法我三百年前就修成了，卻被我完全否定。這個功夫，如果他們喇嘛們肯來接受我指導，依照我的要領，他去修，利根的話一年，遲鈍的話三年、五載也可以修起來。那並不難，那只是一個要領而已，但根本與佛法無關。可是他們那些法王，哪一個有修成這門功夫？都沒有，一個也沒有。那顯然他們都沒有資格當法王，應當把他們那個黑帽、紅帽、黃帽都摘下來，因爲他們顯然都沒有戴法王帽的資格，那他們怎有資格修樂空雙運？沒有資格而不能修樂空雙運，就沒有證量可說了嘛！所以依照他們「報身佛」的定義，他們根本沒有「法王」的證量。

而他們認爲很粗淺的顯教法義，我現在寫出來，他們卻又讀不懂。那叫作什麼法王？叫作妄想法王，所以他們於法都不得自在。於法不得自在，怎能稱爲法王呢？當他們的中心思想推崇爲最高層次的密法，被我全部破盡，沒有一法剩下，卻還能夠安忍下來，你能夠相信他們眞的安忍了嗎？由這一點可以證明，密宗其實根本不是佛法，只是閨房中的行淫享樂法。而黃教最自傲的應成派中觀，也被我破到體無完膚，全面推翻，法王們也不敢出來講幾句話說他們是對的，至少也要寫一、兩篇文章說他們是對的。

他們在破斥別人的時候，自古以來都這樣總結：都說「**如是應成**」。好！請他們現在再「**如是應成**」應成看看！沒有辦法針對我們講的法來破斥以後再說「**如是應成**」了；所以他們現在「應成」兩個字也不在了，應成派中觀要改爲「**不成派中觀**」了。確實是如此呀！已經沒有「應成」的實質了，那你說，他們怎能當法王？所以，他們根本沒有資格當法王，因爲他們不是法主。如果眞要講密宗的法主，我還有資格，他們是沒資格的；因爲他們認爲最難修的，我也可以教他們修成。但是那個法修起來了，有用嗎？事實上：在佛法中完全沒有用！

他們那些法王們還不如印度教的外道，印度教的外道現在還有人有這個功夫，可是四大派的法王們都沒有。而顯教佛門中竟然還有人願意去攀緣他們、巴結他們、高推他們——長他們志氣，滅自己威風，都是愚癡人！愚癡二字眞的還不足以形容那些攀緣密宗法王的顯教大法師們，閩南語有一句話倒是可以形容顯教中攀緣藏密的大法師們：「憨得不會抓癢。」只能這樣來形容他們。而密教中後來終於有人寫文章、寫書出來回應我了，卻都是言不及義，而且往往只是作人身攻擊；偶爾談到佛法的義理，卻都是落在常見外道境界中，還振振有詞的極力主張說：意識、離念靈知心，是常住不滅法。公然違背現實常識，也違背至教量、比量、證量，公然將自己的常見外道本質公諸於佛教界，還私底下沾沾自喜呢！眞是不可理喻。

所以佛菩提的勝妙就在這裡，二乘聖人還無法去破藏密，因爲二乘聖人對般若不懂，被無明住地籠罩，對成佛之道的所有內涵不懂，他只知道成佛之道裡面的一小部分——解脫道；他只能夠說藏密的法與解脫道是不相應的、是互相違背的，但是藏密可以說出一番冠冕堂皇的話，把他轉易掉，使他無法再講話。但是佛菩提智就是有這個妙處，藏密再怎麼轉易他們的說法，我都照樣可以破他，使藏密的法不能成立。這就是佛菩提智之所得，由於這個佛菩提智，所以世尊可以師子吼，世人無人能破除。

世尊很忙，祂在人間的時候一樣很忙。假使今天有個弟子出去托缽，中午過後往往會來見 佛，說：「我今天出去托缽，因爲比較早出行，所以看見外道時我就去看他們講什麼；結果他們是這樣講的，世尊您對這個外道的說法，有什麼看法呢？」世尊就說：「那個外道既然說見了我的時候，會問到讓我開不得口，那我就去找他吧！」等到明天，世尊就提早去托缽，先去找外道：「你昨天有說：若是見了我，要問到讓我開不得口，是不是？」他們當時的印度人蠻老實的，不會狡辯說「我沒有說」，不像當代某些台灣的修行人不老實，講了不算數。他們很老實，就答覆說：「我確實有如此說。」然後 世尊說：「我的法，你不知道，無法對談；那我就用你的法來跟你談論好了。」外道說：「我的法，你也知道嗎？」然後 世尊就用他的法來降伏他，結果就把他度成弟子了，所以 世尊應身在世時也是很忙。可是祂爲什麼能夠這樣師子吼？都是因爲有佛菩提智。如果沒有佛菩提智，就無法師子吼；假使有了佛菩提智，就可以師子吼，可以無所畏懼。

有時候你不評論某些人，是因爲你尊重他；可是如果他不知好歹——你給他臉，他不要臉，你就只好破他了。當你破他的時候，那就是獅子吼，這時對方完全沒有與你對話的餘地。確實是如此，這就像今天的佛教界某些人物，我們一直給臉，可是他們不要這個臉，那我就不得不開始破斥了。也許諸位以爲說，我是主動去破他們，其實不是！我對那些人從來沒有惡意，只是想要幫助他們而已。

但我們爲什麼能這樣作公開的法義辨正，爲什麼無所畏懼？這就是因爲佛菩提智，雖然我們還沒有圓滿佛菩提智，但是我們所證的這些佛菩提智，在人間已經夠用了。譬如佛教界大法師遇到某些法師時大概都會心存顧忌，不論哪個大法師都一樣；可是我們對誰都沒有顧忌，因爲我們有佛菩提智，而對方沒有。當代佛教界的大法師、小法師們，連斷我見的智慧都沒有，連解脫道都誤會得很嚴重，因此我們可以陸續地作法義辨正而不中斷，但是早就料定對方都無法回應，只能說一些表面話，譬如說：**我懶得去理他，沒有必要理他。我也沒有時間回應他，他只是個下駟，我是上駟，上駟對下駟並不平等，沒有意義。**可是當他們說自己是上駟，蕭平實是下駟時，問題來了：他們都沒有斷我見，而蕭平實斷我見了；他們沒有證得實相法界如來藏，而蕭平實證得如來藏了；那麼到底誰是上駟？誰是下駟？這不就很清楚了嗎？

所以，我們早就料到他們無法回應的。

我寫《公案拈提》也是一樣的道理，剛開始拈提時並不指名道姓；可是他們都不改，好幾年了仍然繼續在誤導眾生，繼續陷害眾生共犯大妄語業，我就不得不開始指名道姓了！當他們不但不改，而且還顛倒黑白的指控我們是邪魔外道時，那我們就必須指名道姓了，這叫作獅子吼。爲什麼我們能這樣作？都是因爲有佛菩提智，而他們沒有。聲聞解脫智，我們也有，但他們一樣是沒有，所以我們能這樣作。諸位來到正覺同修會學法，將來要像我這樣有佛菩提智而擁有摧邪顯正、救護眾生的能力。

所以，我們有許多同修們在網路世界的佛教論壇中，幾乎就是所向披靡。爲什麼他們能夠肆無忌憚的發言，而讓人家無法擊倒他們？就是因爲佛菩提智的親證。而這一些法義的宣揚以及對於邪說的辨正，不但他們無法回應，連阿羅漢也都是無法回應的。而我一再的講這一類的話，是那一些原始佛法的弘傳者最痛恨的一句話，因爲他們最推崇阿羅漢，所以我說「**阿羅漢來到正覺同修會中都沒有開口的餘地**」，他們當然受不了！可是受不了，又能奈我何？就只能無奈！所以痛恨歸痛恨，也只能默然而止。

這就是說，佛菩提道與解脫道是有很大差異性的，而這個差異性其實在四阿含中早就講過了。也許大家會以爲四阿含只是解脫道的經典，但事實上四阿含諸經中有許多是大乘經典，卻純粹是講解脫道，爲什麼會如此？是因爲二乘聖人聽不懂大乘般若，而他們入滅之前也都曾參與大乘法會；佛陀在第二、第三轉法輪時期宣講大乘經，那些阿羅漢們都有參與，可是參與了以後聽不懂，只能把大乘經典中與解脫道有關的部分聽懂而有了念心所，因此這些阿羅漢們第一次結集時把四阿含結集好了（四阿含是第一次就結集完成的），結集完成時，他們所聽聞的大乘經也就結集進去了，也宣稱把成佛之道結集完畢了，可是裡面講的都只是解脫道的法，沒有佛菩提道的法義。

這是事實，四阿含現在都還在，都還可以求證出來。這樣的第一次結集，在四阿含中具足結集聲聞聖凡諸人所聽聞的大乘經典，當所有的在家、出家菩薩們聽聞他們誦出的大乘經典以後，大家的臉一定都綠了——**大乘經典被你們這樣結集出來，算什麼！都已經失去佛菩提的內容了**。所以，菩薩們當場就宣稱說：**我們也要結集**（吾等亦欲結集）。所以才會有第二轉法輪的般若經結集，才會有第三轉法輪的方廣唯識經典的結集；在佛教結集史傳說中所說的七葉窟外千人大結集的舊事，就是這樣流傳下來的。

我們現在來看所謂的原始佛法的專家——阿含的專家，他們對於「心相應與心不相應」又是怎麼說的，請看補充資料，印順說：【上文，初說住地煩惱有四，次說生起煩惱，四住地及四起煩惱，為二乘所斷的；而接著對論起煩惱與無明住地的差別——**心相應心不相應**。此中說無明住地及生起過恒沙上煩惱，為如來菩提智所斷，而為二乘所不斷的。接著也對論起煩惱與無明住地的別異。文義影顯，實因為初期佛法，但明四住煩惱及四起煩惱。次於四住中，別出甚深細的無明住地；從此而又出過恆沙的起煩惱。阿含時舉煩惱為見、愛、無明。五住地說，似即偏據此特勝義，以二乘見道斷為見，二乘修道斷為（三）愛，以如來究竟斷盡的為無明。】（正聞出版社．印順法師著《勝鬘經講記》p.178 ~ p.179）印順還是把解脫道跟佛菩提道混為一鍋來炒，這其實是有很多過失的，表示印順對於**心相應與心不相應**的起煩惱或**上煩惱**，是完全不懂的。為何說他完全不懂？時間又到了，只能等下回分解了。

今天雨下這麼大，交通都堵塞了，諸位還是趕來；像這樣勤學者，若要說是新學菩薩，是絕無可能的，應該都是久學菩薩了。上週補充資料，印順的說法唸完了；接著來看我對他這一段註解的評論：「印順此意，是說三乘法義都相同，成二乘聖人或成佛的差別，只因習氣種子有無斷盡而不同；而習氣種子就是隨煩惱，所以不必親證萬法的本源、因果的主體識，就可以成佛了！但隨煩惱只有二十個，衍生出來的習氣種子縱使無量，斷盡以後縱已具足解脫德，卻仍然不知法界萬法的根源，仍無般若實相智慧，尚無法身德、般若德，焉得成佛？故印順對佛法有嚴重的誤會。**心相應與心不相應確實是說到重點了！但印順卻嚴重誤會爲隨煩惱及習氣種子，所說心相應與不相應的解釋，就嚴重誤解了！**所以對大乘與二乘法的異同就不可能如實知，《遊心法海六十年》而出世弘法的結果，反而造成破法的事實。」

印順主張說三乘法義都一樣，他認爲：成爲二乘聖人或是成佛，這差別只是因爲習氣種子有沒有斷盡而有所不同。他也認爲：習氣種子就是隨煩惱，所以不需要去親證萬法本源的眞識，不必親證能酬償因果的主體識，就可以成佛了。但是二乘聖人所修斷的隨煩惱只有二十個，根本煩惱只有六個；而衍生出來的諸法習氣種子，以及根本煩惱的習氣種子，縱使無量無邊，而且他們都能全部斷盡，可以算是已經具足解脫德了，但是仍然不能瞭解萬法的根源，仍然沒有辦法發起實相般若的智慧，何況能有一切種智？所以二乘無學聖人都仍然缺少二德，沒有法身德與般若德，顯然是永遠無法成佛的；但印順卻說這樣子就可以成佛了，所以說印順對佛菩提確實是有嚴重的誤會。

但是當代佛學大師及大法師們也一樣有這種誤會，並不是只有印順一個人產生誤會。印順及當代大師們對四阿含「原始佛法」產生誤會的最大原因有兩個：第一個是他們還沒有實證如來藏，這個如來藏就是四阿含中講的本識，或者叫作入胎而住、而出生名色的識。不能實證本識或不肯信受有這個本識的實存，是他們嚴重誤會四阿含眞義的第一個原因，使他們沒有般若智慧來理解原始佛法諸經中所講的內涵。第二個原因，不能怪罪於印順法師，而是要怪罪第一次結集的五百聖凡（四十位阿羅漢及四百六十位三果以下的聖凡眾人），因爲他們把大乘經典中的般若及種智法義都結集成解脫道的經典（詳拙著《阿含正義》第一輯中的舉證），所以在四阿含中處處看到有成佛行門的名相，譬如十地波羅蜜、六波羅蜜，又談到諸地菩薩，又談到摩訶衍（也就是大乘）等等名相；包括一切種智，在阿含中都有提到過，可是都沒有內容。

因此，對印順他們來講，當他們讀過以後不知道當時的時空背景，就會誤以爲四阿含講的就是成佛之道；可是四阿含中雖有大乘法的名相，卻從來沒有把成佛之道的內容與次第一一加以解說。因此印順就認爲：只要修解脫道，歷經三大阿僧祇劫去滅盡一切煩惱習氣種子，就可以具足功德而成佛了。印順因此就認爲：佛只有傳授解脫道，佛不曾以成佛之道來教人。因爲印順認爲四阿含中的解脫道法義已經函蓋所有佛法了。印順心中會有這個印象，其實是因爲五百結集的阿羅漢們，把他們聽聞 佛陀所講的大乘經典，都結集成爲解脫道的經典。因爲般若與種智，他們聽不懂，所能聽懂的只是大乘經中與解脫道有關的部分；但他們所聽聞的畢竟是大乘經，所以結集起來以後不免會有大乘法義的一些名相，但法義內容卻只是解脫道的法義。

由於這個原因，印順認爲：大乘法其實是在四阿含中就已經全部講過了。可是講過時卻只是講出一些大乘法的名相，都沒有講到般若及種智的實修方法與內容。因此，印順認爲：佛沒有用成佛之道來教人，成佛之道就是解脫道；只要不入涅槃而生生世世在人間繼續度眾而斷盡煩惱習氣種子，成佛時的境界與智慧就會自然現前。這就好像一個人在原地踏步說：「我只要踏夠步數了，力氣培養變大了，就會到達目的地。」但是這不能怪罪於印順，因爲阿羅漢結集的阿含諸經中，有意無意地引導凡夫們產生這樣的印象。可是如果證得本識了，就會有實相般若智慧，可以貫通大小乘法，就會瞭解：印順之所以會產生這些錯誤的觀點，其實不能完全怪罪於他。

如果要說另外一個原因，那就只能說他一開始就走錯了路，他決定信受藏密應成派中觀的六識論以後，又決心走上日本佛學學術界少數人的岔路；而那一條路主要是作文獻的考證，專門在文獻上用心。這就會出現兩個盲點：第一個盲點，是由於所取材的文獻都必須符合後期出現的六識論文獻，而不是最原始的八識論文獻。最原始的文獻是四阿含諸經，是第一次五百結集時就全部完成了，是法藏、律藏與雜藏全部一次完成的。但是他們不取材這個最原始的文獻，而取材於較後期的傳說以及別人研究出來的說法，但那已經是第二手，甚至是第三、四、五手的資料了，這是印順在文獻取材上的第一個盲點。第二個盲點：印順一直想要在律典中找到第二、三次結集法藏的資料，但他始終找不到。至於找不到證據的原因是什麼？他卻不去探究，就直接去認定、去推論，因此印順的推論就無可避免地產生了問題。

聲聞人第二次結集是一百一十年後的七百結集，印順說：**四大部阿含諸經中的三大阿含是在七百結集時才結集成功的**。他這樣認爲：**雜阿含是第一次結集成的，其餘都是第二次結集才完成**。但是這個說法是違背歷史事實的，因爲雜阿含的結集也是在第一次結集時就完成的，而且雜阿含諸經在第一次結集時，反而是擺在比較後面才結集完成的，順序只在增一阿含之前。四阿含結集時，最先結集出來的反而是長阿含、中阿含，所以印順的第一個**推論**就錯誤了。第二個推論，印順認爲：**三大阿含是在第二次的七百結集時完成的**。那也不符歷史事實。因爲在歷史事實上的記載，譬如在《摩訶僧祇律》中的記載，寫得很清楚：聲聞人第二次的七百結集時，只有結集律藏而沒有結集法藏，只是**十事非法**的律藏結集，分量也是非常的少。所以，印順的說法是違背歷史事實的。而《摩訶僧祇律》正是律典中最早、最原始的資料。因此，印順想要用這個主張：**四阿含是經過二次結集才完成的，所以大乘經典的結集必然是在第三次或以後才結集成功的**。來把大乘經典後推到他所創造出來的第三或者第四、第五次的結集，來證明**大乘經典非佛說**，這才是印順的目的。

但是，印順沒有想到這樣一來又落入另一個盲點。也就是說，他所引證的律典都屬於聲聞律，不是出家菩薩與在家菩薩所受持的菩薩律典，全都不是出家與在家菩薩們共同結集的大乘律典，全部是聲聞律。既然講的是聲聞戒，當然是由聲聞羅漢們去結集，不會由菩薩們結集所成。甚至第二次的七百結集，專門結集聲聞戒時，結集者之中的多數人都還是凡夫。請問：當第一次的四阿含結集出來，把大乘經典結集成二乘法，只談解脫道，沒有佛菩提；假使你當時在場旁聽，而你是實證般若的出家或在家菩薩，請問你們聽了會滿意嗎？（眾答：不滿意。）當然不滿意呀！你必然會當場提出來說：「我們也要結集！」歷史上確實也有在家、出家菩薩當場抗議，主張說：「吾等亦欲結集！」才會有七葉窟外的千人大結集，在第一次結集後隨即展開。可是第二次的七百結集，那已經是大迦葉等聲聞羅漢入滅以後的事了，阿難尊者等人也都已經不在了，那是相距一百一十年以後的事。

至於大乘經典的結集，有沒有可能被那些聲聞人在結集聲聞戒律時記錄下來？諸位想想，有沒有可能？大乘經典，在聲聞人第一次結集完成時，菩薩們聽了都不滿意，隨即就開始結集了。可是菩薩結集大乘經典的人、事、地、物，絕不可能會在聲聞人所結集的律典當中加以記錄的，因為他們並不信受，也不樂於接受大乘經典所顯示出來的聲聞人智慧低劣的內容。所以想要在聲聞人結集聲聞戒的律典中，找到大乘經典結集的人、事、地、物等記錄，根本就是不可能的，他們不會為菩薩們記錄的；而菩薩們總是只論法義，不管事相的。所以，在我們書中也是很少寫到事相的；除非有特殊的因緣而不得不寫，譬如遇到法難等等，否則我們絕對不會去寫：我們什麼時候作了什麼事，何時又作了什麼事，我都不會去寫它。所以，大乘經典到底結集的時間、地點、人物、內容怎麼樣，不可能會被記錄，也不可能在聲聞人所結集的律典中被記錄下來。

很不幸的是，印順一心想要在聲聞律典中去找到這些記錄，那他當然是死路一條。他雖然很聰明，可是為什麼就沒有想到這一點？問題出在哪裡呢？就出在「聲聞人就是菩薩，菩薩就是聲聞人，沒有大小乘差別」的邪見。所以，他就因此（這個因此的此是指什麼？就是兩個原因、兩個盲點）而認定解脫道就是佛菩提道。所以對他而言，唯一佛乘就是阿含所說解脫道，所以他不認為大乘的般若與唯識等經典是佛說，這是印順一向的立場。因此，他會產生這個問題也是正常的，就因爲以上所說的兩個原因，使印順引生出兩個盲點，就把解脫道當作佛菩提道，才會有這樣的主張，這就是印順認定阿含解脫道即是成佛之道的背後原因。可惜印順已經走了，如果他還沒有走，等到明年我這些東西整理出來、寫出來，他就會恍然大悟（當然不是開悟）說：「原來我會出問題，就出在這裡。」印順自己不知道的問題，我倒可以幫他點出來，而且他也逃不出我這個檢點。可惜的是印順如今不在人間了。因此，我認爲他會有這樣的說法是正常的。

我們再來看接下來的部分，印順有說到「心相應、心不相應」的重點。他說：「接著對論起煩惱與無明住地的差別——心相應與心不相應。」這一句，他倒是有說到重點了，可是仍然有他的問題；也就是說，印順嚴重地誤會：相應與不相應的，都是屬於隨煩惱以及習氣種子。印順認爲：隨煩惱是與心相應的，習氣種子是與心不相應的。他這樣解釋，就嚴重誤會佛菩提了，也嚴重地誤會上煩惱與起煩惱了；基於這個誤會，印順對於大乘與二乘法的異同之處，就不可能有所了知了。

這樣子，印順遊心法海六十年而出世弘法，結果反而造成破法的事實。

我不曉得諸位有沒有讀過他的《遊心法海六十年》，到他死的時候應該改爲八十年，但是印順究竟有沒有眞的遊心於法海呢？沒有！因爲印順從來沒有接觸到眞實法，總是落在外道見裡面，理由是他一向認定佛法是六識論；對於七識論、八識論，印順從來都不承認的，所以才會造成今天的法義問題。因此，佛菩提的修證，大前提就是要先接受八識論。當印順不能接受八識論時，就會一直往六識論的方向前進，這樣不斷鑽牛角尖的結果，就只有使他心中的應成派中觀的六識論邪見越來越堅固，堅固到他後來捨報時仍然無法脫離——迴不了身。所以他死前仍然沒有任何補救的行動，當然也有可能是被徒眾們以藥物控制而無法作任何行動，因爲當他無法行動自如的時候，心中想要作什麼、想要悔改，都無法成辦了。

所以，假使想要改變，不管是一神教講的悔改或我們講的懺悔，都應該趁著還有力氣、還能作主的時候趕快去作。像他那樣子，病到後來，可能已經被人家用麻醉藥控制的時候，什麼事情都不能作了！縱使那時心中體驗到說：**原來我這個直覺（因爲他認爲常住心眞心就是直覺，所謂的細意識就是直覺），根本就擋不住那幾滴的麻醉藥。**到那個時候才知道直覺不是眞心而想要懺悔時，已經來不及了；因爲所有的門徒都不可能會有機會讓他來作懺悔的動作，而他也動不了口、動不了手。對印順的門徒來說，**是可忍，孰不可忍**？如果讓印順公然懺悔了以後，門徒們還能在佛教界中混下去嗎？這是個大問題，當然是不可能任由印順在死前公開聲明懺悔的。

所以說，印順的主要問題就是在於**佛菩提與解脫道、六識論與八識論**的取捨之間沒有弄清楚，因此就產生了無量的問題。這是針對關於經文「心不相應無始無明住地」印順所作的註解，我們提出來加以辨正，讓佛教界瞭解到**：大前提的認知是否正確，將會影響到整個佛法的修行是否正確**。

可是**心不相應與心相應**，當然都是因爲上煩惱與起煩惱性質完全不同的緣故。上煩惱固然也會生起於覺知心中而變成起煩惱，但是起煩惱與上煩惱卻不能像印順那樣定義，因爲上煩惱是與解脫道沒有直接關聯的，完全不會影響解脫道的修行，絕不會障礙人們取證阿羅漢果。上煩惱完全不接觸、完全不斷，也照樣可以成爲阿羅漢，照樣可以解脫三界生死，因爲它是屬於無始無明住地的煩惱，是關於成佛的煩惱，而不是關於三界生死輪迴的**下煩惱**，所以它被稱爲**上煩惱**。這個上煩惱，乃至三明六通的大阿羅漢也接觸不到，他們的心都是不能與上煩惱相應的。只有誰能相應呢？只有破參明心的人才能相應。換句話說，最早相應的人就是第七住位的菩薩；當他悟後發覺還沒有成佛，就會去探討究竟要如何才能成佛，這樣才算與上煩惱相應了。

可是證悟菩薩與上煩惱相應之後，到底那是什麼煩惱？他就要去探討。為了探討這個悟後如何成佛的問題，於是他心中就起了種種煩惱：**這個事情，我自己沒有辦法去理解，那我要怎麼辦？**要找善知識。善知識有兩種：生活在人間的善知識，還有大乘經典。為了尋覓這兩種善知識，就造成他覺知心生起煩惱了：他要去購買經典，要去某一處請購。於是他就有許多煩惱：**我要籌錢，我什麼時候可以去買？又得要到哪裡去買？買回來以後我要怎麼樣讀懂它？**這就是起煩惱，起煩惱就現前了，但這些起煩惱都是從上煩惱引生出來的。這些由上煩惱引生的起煩惱，不論有多少的煩惱，這些煩惱其實都與他的解脫生死無關，只與成佛有關。

如果《大藏經》請回來以後，總是讀得很吃力，不太懂：**糟糕！這部《解深密經》講什麼？這《成唯識論》又是講什麼？**不懂！不懂時就得要尋找善知識：**什麼地方有善知識？**又要到處去打聽。打聽到善知識所在了，然後就像諸位，悟後還要每兩週回來上一次課。好辛苦！而且是每一次都要連續聞法三個鐘頭，你說這是不是起煩惱？可是這個起煩惱，畢竟與三界生死的輪迴完全無關，這是爲了要往前邁進到達佛地所衍生出來的煩惱，與三界的生死都無關的。

也許這樣講，仍然有人不太能理解，因爲在座聽法的人，並不是每一個人都已經明心了。那我們換個方式來講，譬如說阿羅漢掙扎了很久，終於迴入大乘修學，後來有一天終於悟了，他想：「我有三明六通，又開悟了，可是我畢竟仍然與佛不同；爲什麼佛可以通達一切法，可是我卻不行？爲什麼？」他就要去探討這個，這時才算是與上煩惱相應。然後終於去弄清楚了：原來明心後我還要修許多福德，還要修許多的般若的別相智——後得無分別智，還要進修眼見佛性的境界。可是眼見佛性一關就有很多煩惱引生了，因爲實證這個境界所需的福德要很大，比明心還要多很多倍，那該怎麼辦？他就引生了許多的煩惱，可是這一些上煩惱與他的心相應而變成起煩惱以後，卻跟阿羅漢的生死無關，都與生死輪迴無關。

阿羅漢已經能出離三界生死，可是他們的上煩惱、起煩惱繼續存在，無妨捨壽時仍然可以入無餘涅槃。阿羅漢們若是想要斷除上煩惱，一樣要歷經菩薩們所經歷的三大阿僧祇劫，才能把恆沙數上煩惱（塵沙惑）斷盡。雖然三明六通大阿羅漢在解脫道上證量，相當於七地滿心的解脫境界，但阿羅漢沒有斷習氣種子，七地滿心菩薩習氣種子卻已斷除極多了！其實說穿了，阿羅漢們的解脫證境，只相當於初地的滿心而已；初地滿心菩薩只是不想證而已，並不是無力實證阿羅漢果。

可是阿羅漢迴心大乘而明心開悟時的佛菩提智，還只是在七住位中而已，那距離初地滿心是多麼遙遠呀！這時阿羅漢想到應該如何修進初地而且要到達滿心位時，無生法忍智的實證過程與方法，就成為他的上煩惱了。這些本來是跟他不相應的，當他明心後想要探討如何入地、如何成佛的時候，才終於相應了。在此之前，上煩惱是與他不相應的，於是就說是「心不相應」的煩惱。與上煩惱相應以後，他去探討的結果，為了達到某一個目標，譬如進到八住位、九住位或者進到十住位，他就產生許多的上煩惱了。這些上煩惱在他心中生起而成為起煩惱了，可是這個起煩惱與他解脫三界生死都無關，所以才稱為上煩惱。

這是相對於三界生死的六根本煩惱以及二十個隨煩惱等下煩惱，說這種尋求成佛而相應的煩惱爲上煩惱，上煩惱的意義是這樣來定的。而這個上煩惱無量無邊，因爲這牽涉到八識心王一切種子的問題，這不是短時間可以修證完成的。所以心相應與不相應，是從佛菩提道成佛所相應的煩惱以及從解脫道所相應的煩惱，來定心相應與心不相應。聲聞解脫道的行者，不論已證果或未證果，他們與上煩惱都是心不相應的；佛菩提道中的行者，凡是尚未證悟的人，或是剛證悟而尚未探討成佛之過程與內涵的人，也都與上煩惱心不相應。只有悟後開始探討如何成佛的過程與內容的人，才會與上煩惱相應。換句話說，心不相應或心相應，是在上煩惱與下煩惱的不同，以及在聲聞與菩薩的法道不同等二方面來說的，而不是像印順所說的：煩惱障所攝的煩惱中，某一個部分與心相應，譬如根本煩惱、二十隨煩惱；或者說某一個部分與心不相應，譬如煩惱習氣種子。不是像印順這樣子解釋的，所以他完全註解錯了。

在這一段經文中：「如是，一切煩惱、上煩惱斷，過恆沙等如來所得一**切諸法通達無礙，一切智見離一切過惡，得一切功德，法王、法主而得自在，**

登一切法自在之地。」這幾句經文，我們來看印順法師怎麼註解的，請看補充資料，印順說：【「離一切過惡」，即一切解脫；「得一切功德」，即一切功德（般若）；「法王法主而得自在，證一切法自在之地」，即一切清淨——法身德。】（正聞出版社．印順法師著《勝鬘經講記》p.181）

他對經文竟然是這樣解釋的，他這樣註解了以後，到底是有註解到經文中的意義了？或是沒有解釋到眞義？像這樣註解經典，許多人都會，何必號稱導師的印順來註解呢？這意思就是說：印順對這一小段經文，其實並沒有理解。所以只能這樣輕描淡寫說：這個就是那個，那個就是這個。這樣就帶過去了。但實際上，我們解釋這些經文時可不是像印順這樣：甲等於乙，丙等於丁，就隨意交待過去了。請大家看我對印順這樣的註解，有什麼評論：

【「離一切過惡」，非印順所謂一切解脫，乃謂所說一切法都無過失，究竟世、出世間法；並且習氣種子究竟斷盡，永無煩惱障習氣種子現行，身口意行都已究竟純善，永無惡思、邪行，故名離一切過惡。「得一切功德」，非印順所謂般若，而是於一切相、土都得自在，擁有十力、四無所畏、十八不共法、成所作智變現隨意、住世隨意……等無漏有爲法的功德，方名得一切功德。

「法王、法主而得自在，證一切法自在之地」，非印順所謂一切清淨而名爲法身德，而是親證萬法所依身（禪宗的開悟明心）而名之法身德；但親證法身如來藏時，仍然不能於一切法自在，仍不是法主，仍須進修般若慧的別相智、一切種智。成不成佛的最主要分野，在於一切種智是否親證？是否具足？若不具足，只能是諸地菩薩位；若不親證，尚且不能入住初賢位的第七住中，何況成佛？所以「法王、法主而得自在，證一切法自在之地」，共實不只是法身德，而是一切種智具足圓滿，究竟一切法而於諸法得自在，故名法王。此時娑婆世界的佛法都是由　釋迦世尊宣說出來的，故　世尊名爲法主，一切聲聞、菩薩都隨學之，以　釋迦世尊爲主，故名法主。】

我們來辨正印順有什麼過失。經文中說「離一切過惡」，這並不是印順所謂的一切解脫，而是說：所說的一切法都沒有過失，究竟世間法與出世間法；並且習氣種子究竟斷盡，永無煩惱障習氣種子現行，身口意行都已究竟純善，永遠沒有惡思、邪行，所以才說**離一切過惡**。可是印順卻說：離一切過惡，就是一切解脫。如果眞的是這樣，那麼阿羅漢也算是離一切過惡了，可是爲何阿羅漢說法時會處處被菩薩們指責呢？問題出在哪裡？所以顯然阿羅漢仍未離一切過惡，印順的說法顯然是有問題的。不能夠說**一切解脱就叫作離一切過惡**，因爲阿羅漢還是有過惡的。

舉例來說，譬如金師之子，從解脫道的五停心觀來講，阿羅漢應該教他修數息法，不該教他修不淨觀。如果是屠夫之子來出家，阿羅漢不可以教他修數息法，應該教他修不淨觀。可是阿羅漢們沒有這種智慧，所以有過惡。屠夫之子看到他老爸每天屠宰眾生，污血狼藉，修不淨觀最適合了，阿羅漢竟然沒有教他修不淨觀，反而教他去修數息觀。金師之子看見他父親，每天爲了燒鍊黃金而煉去雜質，一而再的、不斷的踩風鼓，所以阿羅漢應該教他數息才對，結果卻教他修不淨觀。這個徒弟出家以前每天看到的是他老爸在那邊踩風鼓，燒鍊的黃金是黃澄澄的，好漂亮！阿羅漢卻教他修不淨觀，怎能修成？阿羅漢就是有這種過惡，所以這二位阿羅漢的兩個徒弟怎麼修都不能成功。後來 佛陀發現了，教他們對調，不久兩個徒弟都成爲阿羅漢了。所以阿羅漢們說法時是有過惡的，在一切智見上是仍然有過惡的。假使哪一天你有道種智了，你去讀四阿含，也會發覺當年阿羅漢們確實是胡亂結集：把大乘經典結集成那個樣子，這也是有過惡的嘛！雖然這種過惡都跟解脫三界生死無關，但從一切智見上來講，還是有過惡的。因此印順說「離一切過惡，就是一切解脫」，這是不對的。

接著經典中說的「**得一切功德**」，卻不是印順所說的「般若」，因爲得一切功德不等於是般若。得一切功德，譬如說於一切相、一切土都得自在，這也是功德，不一定即是般若；而且這只是一部分功德，還有十八不共法、十力、四無所畏，以及成所作智的變現隨意，以及住世、捨世的隨意；還有種種三昧，譬如於觀禪、練禪、熏禪、修禪等三昧都能得自在，這樣才能說是得一切功德，這卻不等於般若。可是印順講的得一切功德，只說是證悟時實證的般若而已。且不說他沒有實證般若，且不說阿羅漢沒有實證般若，就算是眞的證得般若智慧了，即使三賢位的根本無分別智以及後得無分別智都具足圓滿了，已經到達十迴向位滿心了，也還是沒有得一切功德，那還只是少分功德而已，但是卻都已經有般若了。所以，有般若的人不一定已得一切功德，而般若本身也不等於一切功德。由此緣故，印順所說的「得一切功德，就是般若」，這個說法也是有很大的過失。

最後一句經文說：「**法王、法主而得自在，登一切法自在之地。**」這也不是印順所謂的「即一切清淨——法身德」。辨正之前，當然要先探討什麼是法身？法身的最簡單定義（不談五分法身，只說最簡單的定義）就是：**一切法從何出生？能出生一切法的就是法身——諸法以祂爲身**。請問：諸法從哪裡來？從名色來。名色從哪裡來？從如來藏生出來的呀！所以如來藏才是法身，如來藏是諸法之所依身。

也許他們會說：「**如來藏在原始佛法中是不被承認的，原始佛法中也沒有講諸法從如來藏生。**」那麼請問：原始佛法中常常講到「**名色由識生**」，又常常講到：「**若識不入母胎，能出生名色否？**」又常常講到：「**識入母胎，若不會精，能出生名色否？**」又常常講到：「**識入胎以後就離開了，名色能增長否？**」這不就是講本識嗎？難道這個入母胎的識還會是意識嗎？意識是名色中的名所含攝的，是另一個識入母胎以後才會被出生的，當然那個入胎識一定是本識。名色（名中共有七識——識陰等六識及意根）都由另一個識出生，那另一個識出生了名色以後，再藉著名色的配合而又出生了萬法，當然萬法是以這個入胎識、本識（又名如來藏）爲法身。

可是依印順所講的一切清淨，縱使阿羅漢迴小向大成爲通教阿羅漢以後，永遠不入涅槃，繼續在三界中利樂眾生，歷經三大阿僧祇劫斷盡了煩惱習氣種子，卻是仍然沒有法身德，法身德還是尚未證得，因爲這樣的阿羅漢還沒有證得諸法之身——如來藏。阿羅漢修行三大阿僧祇劫之後既然還是沒有證得法身如來藏，怎能夠說他有法身德？所以，印順這個解釋是很牽強的，他這個解釋只能去騙聖嚴、星雲、證嚴、昭慧等法師，騙不了諸位。特別是你們明心以後，已經現前可以觀察名色確實由如來藏出生，然後如來藏配合所生的名色就能展轉出生萬法；你們已經可以現前觀察法身就是如來藏了，當然知道法身德是指什麼，印順的錯誤說法就騙不了你。

也許哪一天，印順不死心來託夢：「某某人，這個法身就是講一切清淨。」很可能你在夢中就當場給他一巴掌了。因爲萬法的根源才能叫作法身，而這個萬法的根源就是入胎識——阿含經講的本識。這個本識、入胎識的道理，其實印順曾經讀過，他也知道原始佛法中的初轉法輪四阿含諸經都有這麼說，因爲印順自己的著作中也提到這一點了，可是他卻完全視而不顧、置之不理。不承認有本識也就算了，偏偏還要在書中批判。這一批判下去，印順就沒有轉圜的餘地了；已不可能再回來承認有本識，因爲已經批判在書中了！除非印順能像我們一樣，確定是錯了就當眾認錯，隨即改過來。但印順這個人死不認錯，很要面子，那就沒有轉圜的餘地了。所以當印順批判第八識以後，就永遠不可能再承認八識論的正確性。不能承認八識論，印順就無法去修證第八識了，證悟般若的機會就永遠不存在了。

就算印順假使有一天想要修證第八識，也不敢說出口，因爲已經騎虎難下了。印順派學說的弘法規模弄到這麼大了，已不是印順一個人所能決定的；他即使想要改弦易轍，改走八識論的正路，那些門徒們也都不會答應的，他能怎麼改？所以就只好繼續錯下去——明知道錯也要繼續錯下去，就這樣不快樂地過完一生最後的十來年。所以法一旦錯了，會影響到印順發現錯誤以後的生活，會變得很難過。很難過時要怎麼辦、怎麼排解？當潘煊寫印順的傳記時，把副書名叫作《看見佛陀在人間》，印順也同意了。這其實只是自我安慰：**還有人肯認定我是佛陀**。日子就稍微好過一點。可是好戲在後頭，捨報以後，他沒有中陰身可以經歷。一般眾生都有中陰身，只有兩種人沒有中陰身：**生無色界及下無間地獄**。在中陰身時想要懺悔惡業，都還可以補救，譬如向鬼神道的眾生們公開懺悔，找個幾十位、幾百位來，最少也可以找到四個鬼神來當眾懺悔。可是大妄語業加上破壞最勝妙的如來藏正法——謗菩薩藏，這兩個業合起來就沒有中陰身了！因爲大妄語而沒有懺悔是地獄罪，但是謗如來藏就是謗菩薩藏，謗菩薩藏的人都是一闡提人，就是斷盡善根的人；斷盡善根是無間地獄罪，不是一般的地獄，當然就沒有中陰身了！印順即使想在中陰階段去懺悔都沒有機會，這就是後面不好的好戲。

所以有時候想起來，我們覺得印順是很可憐的；可是又救不上他，因爲他很要面子，確實是救不了的，無可奈何！像這種事情都是諸地菩薩心中的痛，想要救而救不了。印順就是這樣子，只好留給 地藏王菩薩去救，沒有別的辦法。但並不是他被救上來一次就解決了，往往救上來以後，不久聽到如來藏妙法，又毀謗，然後又下去了！因爲他心中謗如來藏的種子還沒有消除掉，這是最嚴重的問題。這類種子將一直存在他心中，未來世會一直跟著他，這就是諸地菩薩心中的痛。但是也只能未來無量世中繼續陪著他在人間同事、利行，設法爲他繼續熏習如來藏妙法，看會不會在哪一世能夠改變而把謗法種子懺除掉，否則這種事情會不斷重演。

但是菩薩心中的痛，是會永遠存在的，這是無可奈何的。即使成佛了，看到眾生這樣的情況，佛陀還是不免掉下兩行清淚。佛陀已究竟解脫了，還是會由於慈悲心的緣故而掉淚，而五濁眾生一向就是這樣子。成佛了，心中是沒有痛苦的，但還是會可憐那些眾生。因此說印順是一個很可憐的人，我們對他沒有一絲一毫的仇視或者痛恨，就只是希望不要再有眾生被他的邪見所誤導。如果能夠迅速把眾生的邪毒一分一分地消除掉，印順的破法惡業就會越來越輕，否則他的惡業是無法消除的。

我們再來看最後這個部分——還是在法身德的部分來說。法身德是依親證萬法的所依身來立名的，換句話說，萬法所依之身就是諸法之身，就是本識如來藏；沒有一法不依止於本識而出生、而存在、而運作，任何一法都如此。證得萬法之所依身，才有實相功德出現，否則沒有實相智慧的功德，所以法身德是依萬法之身的親證來說的。可是話說回來，親證到法身如來藏時，仍然還是不能於一切法得自在，所以悟了以後仍然不是法主。佛入滅以後，凡是眞正證悟法身如來藏的人，都不會說自己已經成佛了，反而都是還沒有證得如來藏的人在主張說「一悟就成佛」了！這種現象在此時的人間常常可以看見，特別是末法時代的台灣與大陸。

因此，假使有阿羅漢迴小向大行菩薩道，三大阿僧祇劫以後（也就是大乘通教菩薩以解脫道利樂眾生三大阿僧祇劫以後），仍然無法成佛；一定要進修般若智慧的別相智，以及般若的最高層次一切種智，才能成佛。所以成佛與不成佛的最重要分野，就是在一切種智是否親證以及是否具足。一切種智如果親證而不具足，是屬於分證，**分證即佛**位只是諸地菩薩位。如果阿羅漢迴小向大之後還沒有親證如來藏，尚且無法進入初賢位的第七住，更何況想要成佛？所以經文中「法王、法主而得自在，登一切法自在之地」，其實並不是在講法身德，而是在說一切種智的具足圓滿——究竟證知一切法而能於諸法中得自在，才能稱爲法主、法王。

談到這裡，我們來看看目前藏密「佛教」中有四大法王，還有一些小法王；那些號稱爲法王的人，他們有沒有證得如來藏呢？答案是全部都沒有。可是你如果問他們，他們會說有證。但他們是一表千里，全部都用代表的，所以他們所證的如來藏也是用代表的，不像我們是用實證的。他們的如來藏是指什麼呢？譬如他們觀想從頭頂到海底輪貫穿起來成爲一條中脈，中脈是一條觀想出來的小管子；在中脈裡面觀想有一個明點，女眾就觀想成紅色明點，男眾就觀想成白色明點；當明點觀想出來了，就叫作證得如來藏。他們用觀想的明點來代表如來藏，所以我說他們一表千里。

爲什麼說是一表千里呢？因爲藏密對於佛法，全都是用代表的。譬如設一個法壇，供上六個食子，不管是飯糰捏成的或是什麼可以吃的食物，擺上六個就代表六波羅蜜；然後圍繞著法壇走動時持咒，就是行六波羅蜜了。外圍再放上十二樣東西代表十二因緣，繼續繞著走而持咒，就叫作觀行十二因緣。這其實與佛法的修行完全無關，所以我說藏密的修行是一表千里，事實是如此。他們這樣繞著法壇走動時持咒，就叫作轉法輪。所以密宗的寺院外面都有一排咒輪，人們繞著寺廟繞行時就用手撥動那些咒輪，說這樣叫作轉法輪。可是，那些咒輪被他們轉到軸承都壞掉了以後，有誰眞的知道佛法了？都沒有！

那些西藏民眾眞的很可憐，他們三步一跪、五步一大禮拜——是五體投地的禮拜，這樣幾十公里、二百公里拜到拉薩的布達拉宮，然後在那邊繞寺院「轉法輪」，轉到回家了以後還是不懂粗淺的佛法，就是錯在一表千里。所以說西藏密宗是一表千里，沒有佛法。你如果問那些「法王」說：「你們有沒有證得如來藏？」他們會說：「有！」「你證得什麼如來藏呢？」他卻不告訴你，因爲怕被你斥責。他們都是用觀想出來的明點來代表如來藏，就認爲他已經證得了。今天讀過我的書以後，知道那其實不是眞的如來藏，所以不敢向你說明他所證的如來藏是明點。可是當他證得明點來代表如來藏以後，你來問他般若，他又不懂而亂說一場了。所以，他們都沒有法身德，法身德的生起，一定要依靠親證如來藏。

藏密古今祖師們不但於一切法不能得自在，而且當他們遇到已經破參明心回來的你們時，他們更無法跟你對話。像這樣的法王，就像自己關起門來，偷偷把龍袍穿上身，戴上皇冠，對著鏡中的自己宣稱說：「我當皇帝了。」這叫作自欺欺人！所以他們所謂的法王，根本就不是法王，都沒資格當法主；當他們遇到你們破參的人，就都不能得自在了。即使還沒有破參，你這兩年半熏習下來，把《狂密與眞密》讀熟了，跟他們談起法來，他們也是不得自在。同理，於法得自在，當然不能像印順這樣亂講。

於法得自在之地，成爲法王與法主，必須要一切種智圓滿才行，不單單是證得法身而已。證得法身時只有初分的法身德，但這個法身德，要到達究竟佛地時才能具足。因爲具足法身德的時候，八識心王都各有祂的功德；且不談大圓鏡智等等，光說前五識的成所作智功德，我都無法想像，連等覺菩薩都無法想像，只能從經典的說明中加以理解而已，何況藏密的假法王凡夫們如何能知？如果要談到諸佛無垢識還能與五別境、善十一心所法相應，那到底是什麼境界？連等覺菩薩也無法想像。等覺菩薩都還沒有具足法身德，都不敢自己宣稱是法王；那些藏密凡夫法王們，倒敢公然堂而皇之說自己是什麼法王，那不是很可笑的事情嗎？所以必須要究竟一切法，而於諸法皆得自在以後才能稱爲法王。我們這個時候的娑婆世界所有的佛法，都是由兩千五百年前的 釋迦世尊宣說出來而得到的，所以在這個年代只有 世尊才能名爲法主、法王。一切的聲聞菩薩都要隨同 世尊來修學，同樣以 釋迦世尊爲主，所以 世尊就稱爲法主。

台灣佛教早期，常常有人說：**佛其實等於阿羅漢**。他們的意思，就是說：**佛的證境就是阿羅漢的證境**。但是問題來了，佛陀能於諸法得自在，三明六通的大阿羅漢卻常常要來請法，又是爲什麼呢？如果 佛等於阿羅漢，而不是在佛菩提道上面有所不同，同樣都是只修解脫道，那麼 釋迦世尊當年入滅以後，應該會有三明六通的大阿羅漢出來繼續成佛，紹繼佛位，然而事實上卻沒有。即使是大迦葉，佛早期弘法時曾分給他半個法座，他都不敢自稱成佛；神通第一大目犍連，解空第一須菩提，智慧第一舍利弗……等，都沒有人敢自稱成佛，沒有人敢紹繼佛位。

大迦葉尊者曾指責阿難說：「你有一次在佛身後侍奉佛陀時，腳拇指踩到地上佛陀的衣角，所以你有過失！」大迦葉尊者還要爲這個看來不大的事情責難阿難尊者，因爲諸天都不歡喜：「佛陀的衣角垂到地上，你阿難尊者怎麼可以去踩到！」大迦葉都如此認眞的爲此「小事」指責阿難，顯然可知阿羅漢仍不是佛。如果阿羅漢就是佛，那是不是說 釋迦世尊授記錯了？因爲祂授記當來下生是 彌勒尊佛，不是當來成佛大迦葉。顯然佛地與阿羅漢地是有很大的差異存在著。

諸大阿羅漢也都知道自己所不知道的法義還有非常多，可是去到 佛那裡一問就全部解決了。又常常有人來見 佛，也有外道，也有佛弟子，在 佛爲他們說法以後，他們往往當天就死掉了！而阿羅漢們的習慣是：凡是有佛弟子死了，就要去問 佛：「這個人生到哪裡去了？」佛都會一一記說：這個人生到某處去了，這個人沒有後有了，這個人生到某處以後還會再生到某處去。佛陀都會授記，可是阿羅漢們能夠爲人授記死生之處嗎？沒有幾位。如果是入無餘涅槃，他們找不到，也不敢隨便講話。那你說，佛等於阿羅漢嗎？顯然是差異很大的。而且阿羅漢們與外道論辯以後，回到園林中，都會先向佛陀請問說：「**我這樣與外道論法，有沒有錯誤？是否有謗佛的嫌疑？**」都要請問 佛陀的，可見佛地與阿羅漢地的差別是很大的。

所以，從歷史事實以及從聖教或者從理證上面來看，阿羅漢都不等於佛，因爲阿羅漢都無法等於菩薩了，何況能等於佛？雖然我說這個話，那些南傳佛法以及印順派的人聽了會很生氣，可是他們能講什麼呢？能反駁什麼呢？全部都作不到。因爲我說的是事實，我沒有一言半語的妄論，我還是公開的講：「**假使南洋今天眞的還有阿羅漢，或者台灣還有誰眞的成爲阿羅漢了，他們來到正覺，還是沒有開口的餘地；即使眞的開口，他也只能請法！**」不管他們聽了多麼生氣，我說的這些話都是事實。

我想下個月以後，台灣也應該沒有人敢再自稱是阿羅漢了，因爲我們電子報會登出來：**有證初禪的凡夫，沒有不證初禪的三果與四果人、包括慧解**

脱阿羅漢。初禪的證境可不能隨便亂掰、籠罩人，因爲初禪的證境是可以檢驗的，縱使瞞得了別人也瞞不了自己。假使果眞還有阿羅漢來，要來談成佛之道，那也可以，我接受呀！但是進得門來，當然我要問他：「**你認爲什麼是成佛之道？**」當他準備開口，我就大喝：「**出去！**」如果他懂得這一句大喝，才有資格說他是七住菩薩，那時他當然就知道只有請法的分，根本沒有與我論法的餘地，當然更知道他自己還沒有成佛。

阿羅漢們都沒有證得如來藏，他能到正覺講堂來開什麼口呢？必須已證得如來藏，我這一喝，當他走出去時才會知道要怎麼答，否則他答不來的，連開口的餘地都沒有。我說的是事實，所以他們儘管不高興，也沒有辦法怎麼樣，只能生悶氣；愚癡無聞凡夫可就會因此而匿名亂毀謗。但是我認爲生悶氣及無根毀謗的人都是呆瓜，都是該罵的！因爲即使氣死了也沒有辦法去法院告我。爲什麼他們不願當聰明人？我總是很納悶。聰明人一定會設法求證，然後檢查看看是否眞的如此。

所以，要能夠當法王、法主，絕對不是容易的事，怎能隨隨便便由達賴冊封一下就變成法王、法主了。即使是總統公開爲誰冊封，也仍然不是法王、法主；因爲法王或法主，是要依三德的具足來認定的，只有佛地才能自己認定，誰都沒有能力來冊封、認定。所以，現代一切自認爲已成佛的人，自認爲是法王的人，我可以向你保證：**他一定是凡夫，連初果都沒有證，我見都沒有斷**。如果斷了我見，他就會知道所有阿羅漢都還不是法王，自己更不敢自稱法王了。所以藏密所有法王都是僭越王位，因爲法王只有佛陀當得。愛名聲的人，至少也得要混到了等覺位、十地滿心，再來誇口一下說是法王、法主，我們勉勉強強還可以接受。可是他們連我見都沒有斷，也不懂法身，更無法現觀，卻說是法王、法主，其誰能信？諸位當然不會信，但是永遠都會有愚癡人相信，永遠都不怕沒有迷信的人。所以說，法身的道理甚深極甚深，可是他們其實都不懂。

關於法身，我們再來看補充資料，看印順是怎麼說的：【**法身**有二義：約法性說，名一**切清淨**。得最清淨法界，由於具一切功德，離一切煩惱所顯，所以法身又即是**白法所成身**，**功德聚**名法身。離縛而成一切功德，法身即一**切自在義**。】（正聞出版社．印順法師著《勝鬘經講記》p.181 ~ p.182）

我們來看看他的說法有什麼問題。印順認爲法身有兩個義理：第一個是從**法性**上來說，叫作一切清淨。他說法身是一切清淨，請問阿羅漢有沒有清淨？有呀！不然怎麼能出離生死？阿羅漢有沒有法身？（有人說：無）有呀！可是阿羅漢沒有證得（大眾笑…），故意跟你唱反調（大眾笑…）。實際上，有哪一個有情沒有法身？都有！問題是有沒有親證。假使沒有親證，就說他沒有法身的功德。因爲關於法身、實相的智慧都不會生起來，但是法身仍然繼續存在而運作不斷。其實阿羅漢的法身還是每天繼續在爲他賣命，可是他不知道。所以心地雖清淨了，能不能在法身德上面產生作用？沒有用！

即使阿羅漢迴小向大，三大阿僧祇劫不斷地以解脫智慧去利樂眾生而無私無我，並且把所有的煩惱習氣種子全部斷盡之後，他自己的法身在哪裡？這位阿羅漢還是不知道，所以沒有法身德。他若是想要證得法身德，還是要回到六住菩薩滿心位來，希望能明心而進入七住菩薩位，才有法身德。如果你們有誰剛好遇到這麼一個三大阿僧祇劫斷盡習氣種子的阿羅漢，你就拿他當狗騎，告訴他：「想要知道法身嗎？走！走！走！」你就打他屁股，這就行了。實際上確實是如此，他在三大阿僧祇劫中斷盡煩惱習氣種子了，還是得要領受你這一招呀！你說他的法身德在哪裡？他沒有證得法身如來藏就沒有法身德嘛！而他卻是心地清淨的。這樣的一切清淨，是連一切煩惱習氣種子都斷盡無餘了，比印順說的一切清淨更清淨了，可是法身在哪裡？他還是不知道，就沒有法身德。所以，即使像印順講的阿羅漢即是佛，阿羅漢們「**得最清淨法界，由於具一切功德，離一切煩惱所顯**」，像他如此所謂的白**法所成身**，眞的是一切清淨了：凡有所說、所思、所行都是清白法，沒有黯污之法，可是有沒有證得法身呢？還是沒有！萬法出生的根源——諸法之身——在哪裡？還是不懂，所以還是沒有證得法身，當然也沒有淨除上煩惱，就不是一切清淨了。因此，印順的說法大多數都是錯誤的。

「**功德聚名法身**」這句話倒是正確的，但他是從人家的開示中學來的，誤打誤撞而撞到一句正確的。但問題是：功德聚是指什麼？一切功德聚集在哪裡而能出生、而能有功用？功德都聚集在法身中，所以「**功德聚名法身**」，這一句是正確的。但問題是：能把功德聚集在自己身上的那個法身是什麼？是入胎識、本識。祂在哪裡呢？阿羅漢都不知道。所以即使已經一切法清白了，仍然只是生滅性的意識心，還是不能稱爲法身的，因爲萬法並不是聚在意識心中保存的。一定要證得萬法的功德聚，才能算是證得法身的人。萬法功德都從哪裡生出來的？都從本識中生出來。證得這個出生萬法的本識才叫作證得法身；證得法身的人才能觀察法身的種種功德，這樣才有法身智慧的功德，印順卻否定了法身而講法身德，眞令人覺得他很可笑。

印順又說：「**離縛而成一切功德，法身即一切自在義。**」還是沒有談到他所應該證得的萬法根源。阿羅漢已經離縛了，卻沒有成就一切功德；這樣的自在，是眞的**一切**自在嗎？當然不是。即使成佛了，意識也還有不自在的時候。譬如去托鉢時，在路上木槍刺足，很痛！那時只有進入無想定，讓意識停止現行，才能免除痛楚！所以 佛陀說祂那時是進入無想定中。我們以前以爲說祂是進入四禪，因爲進入四禪中就不觸五塵了，也可以免掉痛苦。《阿含經》中則 佛說那時是入無想定中。有時背很痛，也入無想定中。只要痛到不想忍受時就入無想定中，而無想定中沒有意識領受痛楚；但因呼吸、心跳都停了，不懂的人就會誤以爲是死了；可是這樣就能免除痛苦了，因爲意識斷滅而不在了。

但是也不能永遠住在無想定中，有時候還是要出定，出定時不是又有痛苦了嗎？所以意識心是無法永遠、無法一切時都自在。印順說：「**一切自在**

義就是法身。」依據他這一句話，我就用他的法破他的法。只有誰能一切自在？只有如來藏。如來藏不論何時何處都自在。自在有二義：第一、自己本來就在，不必靠別人才能存在，這樣最自在；如果要靠別人才能存在，就不自在。七轉識都要靠如來藏，意識甚至還要靠意根、五色根以及如來藏變生的六塵，否則祂就不能存在，怎能說是自在法？只有如來藏自己本來就能在，不必依靠任何人，那才是真的自在，是一切時都自在。第二個自在的意思是說，於所有的時間都不與苦樂相應，所以無煩惱而得自在，這也只有如來藏才能作到。可是印順講的一切自在是意識，但意識是無法一切自在的。而印順所承認最究竟的最後識就是意識，這樣怎能一切自在？由此一句，就能證明印順沒有法身德。我就用他這一句話來破他，假使他不信，晚上到我夢中來，我還是照樣破他。你看，印順才短短幾句話，就已錯到一塌糊塗。

這段經文最後說：「**是故，世尊以師子吼，依於了義，一向記說。**」正是佛陀晚年時破斥那些誤會佛法的聲聞凡夫們私下所說的成佛之道，聲聞凡夫不喜歡三大阿僧祇劫才能成就的成佛之道，心中認定阿羅漢就是佛，要把聲聞法解脫道當作成佛之道。由此緣故，世尊不得不作獅子吼；勝鬘夫人也追

隨 世尊而作獅子吼。關於這一點，再來看補充資料，印順說：【無明住地是**所知障**，是聲聞學者所稱為**不染污無知**的。依此而明二乘的不究竟，似乎**二乘學者**也非承認不可。】（正聞出版社．印順法師著《勝鬘經講記》p.182）我是怎麼辨正的呢：「但習氣種子卻是煩惱障所攝而非所知障所攝，所以習氣種子並非聲聞學者所稱的不染污無知。習氣種子卻正是染污的無知：平時不知其存在，一旦現行時必定是染污性的心行，不是無染污的心行，故是煩惱障所攝而非所知障。」

印順說：「無明住地是所知障，這是聲聞學者所稱爲的不染污無知。」由於這一句話，我又要辨正他，因爲阿羅漢們不是聲聞學者，而是無學聖人。**不染污無知**是聲聞無學聖人所講的，印順卻故意說成是聲聞學者，這是心地不直。是阿羅漢所講，就說是阿羅漢講的，何必推給聲聞學者？所以印順是別有居心的。所知障講的都是與成佛有關的無明，都是法界中的種種眞實理，不是講世俗法蘊處界的緣起性空，而是講萬法根源的實相心法界，這與解脫道所斷煩惱無關。可是印順所謂的所知障無明住地，卻是指煩惱障的習氣種子，把所知障（無明住地）扭曲爲煩惱障的習氣種子，是移花接木。

印順在這個出發點時就已經把方向弄錯了，於是弘法就一路偏差了。至於不染污無知，是阿羅漢講的。他們知道有一種無知，這個無知不屬於解脫道上的無知，與斷除三界生死煩惱的無知無關，而是與成佛上的無知有關的；所以這個無知是不染污的，與解脫道所斷的見惑、思惑等無明是不一樣的。見、思惑那是有染污性的，但是所知障中的無知卻是不染污的，是與生死流轉無關的。既然是這樣，那就應該說它是與成佛有關的無知，不該像印順一般解說成解脫道上的無知。這是因為解脫道上的無知是屬於染污性的：是我所的染污，我見的染污，我執的染污。這種染污性的無知，會使人造業，使人不斷流轉生死。既然阿羅漢已經斷盡了染污性的無知，而且有說過「不染污的無知」，顯然這是與成佛之道有關的。連阿羅漢都這麼說清楚了，印順卻還要跟大家打迷糊仗、迷惑眾生。

印順接著說：「依此而明二乘的不究竟，似乎二乘學者也非承認不可。」乾脆說「二乘學者非承認不可」就行了，為什麼還要說是「似乎」呢？如果真的懂得印順心中在想什麼，你處處都可以看見他的「方便善巧」，說得難聽一點叫作居心叵測。當你知道他在想什麼，知道他移花接木的手法如此婉轉時，印順的想法已成爲司馬昭之心。可惜的是，現代懂得印順司馬昭的人太少了。言歸正傳，習氣種子是煩惱障所攝，而不是所知障所攝的；印順移花接木而曲解爲所知障所攝，所以聲聞解脫道就可以順理成章地曲解爲成佛之道了，大乘法就可以被印順消滅了！如果我們不出來顯示聲聞法與大乘法的異同所在。

由此事實，印順文中所說的聲聞學者應該改說爲聲聞無學：「所知障是聲聞無學所說的不染污的無知。」而習氣種子卻是染污性的無知，因爲平時不知道它在哪裡，可是一旦現行就一定會與染污性的心行相應。譬如畢陵尚慢、難陀貪看女眾、大迦葉聞樂起舞……等，都屬於習氣所攝的染污心行，不屬於無染污的心行。所以習氣種子是煩惱障所攝而非所知障所攝，習氣種子現行時有功用，會主動影響佛道的成就；所知障純屬無明而非種子，不會影響菩薩或阿羅漢的行爲，只是障礙成佛；因此說，二乘無學講的不染污無知是所知障，不是煩惱習氣種子。千萬別被印順移花接木亂接一場，再把亂接出來的錯誤法義聯貫起來，表面看來好像是貫通的，其實都是錯誤的。

【「世尊！不受後有智有二種：謂如來以無上調御，降伏四魔，出一切世間，為一切眾生之所瞻仰，得不思議法身，於一切爾焰地得無礙法自在，於上更無所作，無所得地；十力勇猛，昇於第一無上無畏之地；一切爾焰無礙智觀，不由於他，不受後有智師子吼。世尊！阿羅漢、辟支佛度生死畏，次第得解脫樂，作是念：『我離生死恐怖，不受生死苦。』世尊！阿羅漢、辟支佛觀察時，得不受後有，觀第一蘇息處涅槃地。世尊！彼先所得地，不愚於法，不由於他；亦自知得有餘地，必當得阿耨多羅三藐三菩提；何以故？聲聞、緣覺乘皆入大乘，大乘者即是佛乘；是故三乘即是一乘，得一乘者得阿耨多羅三藐三菩提，阿耨多羅三藐三菩提者即是涅槃界，涅槃界者即是如來法身。得究竟法身者，則究竟一乘，無異如來，無異法身；如來即法身，得究竟法身者，則究竟一乘，究竟者即是無邊不斷。」】

講記：勝鬘夫人又說：「世尊啊！不受後有智慧有兩種：第一種、是如來以至高無上的調御之法，不但能調御自身，也能調御眾生，而且降伏了五陰魔、煩惱魔、生死魔以及鬼神魔，能使自己出現於十方三界的一切世間之中，而被一切眾生所瞻仰，並且得到不思議的法身，於所有的爾焰境界中都能夠得到無礙的法自在功德；從這個境界，假使想要再向上去探討、去修證的話，就沒有任何的法可修，也沒有任何境界可證了；已經到達了無所得地，從此以後不論造作任何的事業都將不可能再有所得了，而且具足十力，因此是世間最勇猛者；而且能夠上昇到最究竟的至高無上無所畏懼的境界，於所有世間、出世間法中所生的一切爾焰之中，獲得無遮障的智慧觀行；而且不是由於他人的協助而獲得，並且能夠作不受後有的師子吼，是因爲已經有了究竟的不受後有智。第二種不受後有智，是屬於阿羅漢與辟支佛解脱生死的智慧，可是阿羅漢與辟支佛已經度過生死的畏懼，次第證得解脱的快樂以後，他們心中卻這樣想：『我已經離開生死的恐怖，因爲我已經不再領受生死的種種痛苦了。』世尊啊！當阿羅漢、辟支佛這樣觀察的時候，可以得到不受後有的解脱，他們所觀察的其實只是到達第一個可以蘇息的涅槃地而已，那仍然不是最究竟的。世尊！他們以前所證得的境界，也是不會愚癡於諸法的，不會被諸法所影響繼續流轉於生死，而這個智慧也是透過自己聞法之後去觀察而獲得的。他們自己也知道所獲得的生死解脱的境界，仍然是有餘地的境界，還有所餘諸法應證，所餘煩惱應斷，但是他們將來還必須要再進修去證得無上正等正覺。爲什麼我勝鬘如此說呢？這是因爲聲聞乘與緣覺乘的一切修行者，都要進入大乘法中，而大乘法其實就是成佛的法要，就是成佛之道；由於這個緣故，我說三乘其實也就是一乘。證得一乘道的人，才有可能得到無上正等正覺，而無上正等正覺其實就是涅槃的功德，而涅槃的功德也就是如來的法身。得到究竟法身的人，才能究竟一乘道，這個人與如來沒有差別，也與法身沒有差別。如來也就是法身，得到究竟法身的人，他就是究竟通達一乘道的人，究竟的意思就是講沒有邊際，永不斷滅。」

語譯之後，回到這一段經文的最前面來說。不受後有智有兩種：第一種是佛地的不受後有智，第二種是二乘聖者的不受後有智。先來談談第一種。如來能調御自己，也能調御一切有情。調御，在原始佛法中佛陀早就說過了，說：自己能得解脫，才能度人得解脫。用在大乘法中就是：自己能成佛，才能度人得成佛。這一句是我衍生出來的，維摩詰菩薩也是如此說。但爲什麼我要衍生這一句話出來？因爲以前有大法師常常講：「我有沒有開悟不重要，重要的是我能幫助你開悟。」那就好像說：大家同樣都在大海裡面，我知不知道上岸的方向，我有沒有能力上岸，這都不重要；只要我能指導你往

哪個方向去，能指導你如何上岸，你就一定能上岸。但是這道理講得通嗎？因爲他從來都沒有上岸過，也不知道哪裡才是可以上岸的方向，就說他可以指導你方向與方法，你一定能上岸。就好像說：「**我會不會游泳並不重要，我能入水救你上岸才重要。**」可想而知，當他跳下去救人時，一定比人家沉得還快。

這位大法師以前很在意現代禪的李老師，因爲李老師一直主張說：「**經驗主義最重要，開悟一定要有體驗。**」他很在意李老師這一句話。可是問題來了，他自己如果沒有開悟的體驗與過程，很顯然不知道開悟的過程、開悟的方法、證悟的方向以及悟後的境界。這些都不知道的人，卻說能幫助別人開悟，這不是很奇怪的事嗎？可是天底下愚癡人就是很多，就是會相信，我也無可奈何，只能說：末法愚癡眾生何其多。

所以，要能夠調御別人之前，一定要先能調御自己；不知道如何調御自己，又怎能去調御別人？根本就不知道如何調御別人的方法呀！所以經中才會說：**自己還沒有去實證，而說能幫別人實證，無有是處。**對於實證的內容不知道，實證的過程與方法也不知道，而竟然說能夠幫別人實證；就好像一個從來不知道機器要怎麼製造的人說：「我能指導你製造機器。」這樣的說法，在末法時代竟然還會有很多人相信，我們只能承認說現在眞的是末法時期。同樣的道理，如來就是因爲能夠自我調御，完全了知調御的方法，才能夠知道如何調御眾生，因此就叫作無上調御。如果只能少分知道自己如何調御，少分知道調御眾生，那就不叫作無上調御，而是有上調御了。

只有無上調御者，才能具足降伏四魔。四魔中，所有人都會遇上的就是生死魔，因爲一切人都不免生死，死了一定會再生，不可能無生。很多人怕死，是因爲怕斷滅；對於死後會怎麼樣，他沒有把握。如果懂得一些佛法，心想：「我一世行善幫助眾生，我有很多善業可以依靠，所以我死後，下一輩子一定比這一輩子更好。」有善業依憑，他就不怕死了，因爲他知道未來世日子會比這一世好過多了。又譬如說，信受極樂世界，他知道：「我死了以後一定可以去極樂，那邊比這裡好太多了。」所以，他臨命終時沒有恐懼，因爲他知道能夠去，也確定自己能夠去，所以他沒有恐懼，因此可以算是極少分對生死無懼。至少，他已不怕生死魔：「你來了，我就跟你走，但我跟你走只是進入死亡的境界，接著出生了中陰身，我就走自己的路，你也控制不了我。下一輩子再遇到你生死魔，那是幾十年後的事。」

可是眞正能度過生死魔的人是誰？只有四聖法界的有情，最少是要斷我見。斷我見以後，最遲鈍的人，經過七次人天往返以後，也可以出離三界生死，所以他這一生算是極少分度過生死魔境界。可是菩薩能出生死魔的境界，卻又進入生死魔的境界中來，繼續教導更多人修學出離生死魔境界的方法。可是，生死魔，是有一個有情來當魔王嗎？沒有！生死魔其實只是三界生死限制的名詞施設而已，方便說生死的境界是魔事。

但是跟生死魔有關的是誰呢？就是天魔。天魔自己也在生死魔的境界中。天魔是誰？他化自在天的天主，他都不希望眾生離開欲界。如果要說一神教眞的有上帝；哲學界常常在探究「上帝在哪裡」，他們認爲上帝是不可證的、是人爲施設的。但如果要說上帝眞的存在，那就是他化自在天主。可是哲學家們都還沒有觸及到出離三界的方法，特別是仍然無法觸及欲界的邊緣。當他們還沒有觸及欲界邊緣時，上帝不會出現給他看見，不會讓他們接觸到。可是當那些哲學家一旦觸及到欲界的邊緣時，上帝就一定會出現了。我說這些話，是眞實語；因爲那些哲學家有沒有誰證得未到地定？一個也沒有；當他們沒有未到地定的定力時，天魔不會出現來阻止。他們也沒有證得初禪，就表示他們都無法離開天魔的境界，因爲他們都不想要修行，只想從理論上探討，當然無法出離天魔掌控的欲界。天魔就像一個很富有的牧羊人，他的土地有幾萬公頃，然後買了一些牛、羊放在裡面去吃草。當這些牛、羊在裡面生活無憂而沒有一直往邊界前進，沒有接觸到邊界，他是不會來處理的；那些牛羊想要見到主人，根本就見不到。講白一些：那些牛羊根本就不知道自己有主人。天魔就像這樣，哲學家都沒有到達未到地定的最邊邊，根本就接觸不到上帝，所以永遠見不到上帝，就只好繼續去探討：上帝在哪裡？這就是天魔的境界。

天魔都不討厭哲學家，因爲他們都不從事實修，都不會有能力出離欲界生死，更不會出離三界生死，所以天魔不討厭他們，當然不會出現給他們遇見。如果是阿羅漢、辟支佛，他們已度過生死魔境界，他們捨報時自知不受後有，後有永盡，所以已度過生死魔境界，當然早就度過天魔境界。而天魔對他們不會心存惡意，因爲這些人雖能出三界，能離開天魔的掌握，卻不會再來影響天魔所掌控的欲界眾生。可是菩薩卻不一樣，菩薩可以出離三界，卻一直住在三界裡面，特別是常常住在欲界中，一直要把天魔掌控的欲界有情全都拉出三界外，然後再教導他們：「你們有能力出三界了，但你們都繼續在三界中度眾生出三界。」天魔因此就很痛恨菩薩，因為每　位菩薩都是這樣做：每一個眾生被度了以後就變成一位菩薩，每一位被度的菩薩又都繼續住在欲界人間，每一世至少都會度一、二百人；這些人都可以出三界，卻又繼續在三界中度人出三界，把天魔的徒眾一個一個訓練都能出三界，卻又都繼續在三界中度人出三界，全都要出離他的掌控，所以天魔很生氣。

這就像等差級數一樣的擴大菩薩人數，所以天魔當然痛恨，當然要努力設法破壞菩薩弘法的大業。所以天魔——他化自在天主——最痛恨的是菩薩，不是二乘聖人；因為二乘聖人得度後就離開天魔的境界，不再度人離開。但是菩薩能出生死魔的境界卻又住在裡面不走，一直都在天魔境界中作事，天魔又管不了他，因為威德比不上菩薩。這就好像一個典獄長：「我這監獄人犯越多，我的權力就越大。」可是有一些人一天到晚在他的監獄進進出出，不斷的教別人修學離開監獄的方法；把人教好了，又吩咐那些人追隨他留在監獄中，繼續教導更多人修學離開監獄的方法，那個典獄長受得了嗎？當然受不了。這正是 釋迦佛所教導的第一種不受後有智，當然也是 釋迦佛早就實證的第一種智慧。

我們本來預定在十月底出版《阿含正義》，現在決定要把它提前兩個月，在八月底出版，總共八十六萬六千多字（大眾鼓掌…），將近八十七萬字。在最後一章，本來是專章要把印順的《唯識學探源》加以討論的，但是發覺那樣寫下來，大概會變成九輯，所以那個部分就只是作一個略說而已。因此最後一章的篇幅就把它縮小，因為這個部分可以留給讀書會的諸位大德你們去作。也希望在我們這個十月的新班開課前可以先出版，至少要有兩輯，因為第一輯的內容比較一般性。因為第一輯主要是《長阿含經》中談到 毘婆尸如來的事情。希望在十月可以出版第二輯，這一套總共七輯，每兩個月出版一輯。這樣，總算我的時間現在稍微寬鬆一點，不必一直在趕書，可以用來解決一些資料。因為很多資料在我手裡壓著，沒有時間處理。七輯已經編輯完成，下週就列印了，要開始校對了。

希望藉《阿含正義》七輯，讓阿含專家們跌破幾副眼鏡，希望他們對於原始佛法的全貌有正確的瞭解。瞭解阿含以後才有可能對大乘法產生正確的瞭解，否則他們始終會隨順一分日本人的不正確考證去判定說：大乘佛教是在聲聞部派佛教以後才興起的。他們一直認爲大乘佛教在佛世是不存在的，部派時期大乘也是不存在的，要到部派佛教以後才發展出來。但是，他們所謂大乘的起源，其實是與最原始的資料也最具公信力的資料，也就是四阿含諸經的記載不符合，我們根據四阿含諸經來向他們證明：大乘佛教是佛陀時代就已經在弘揚的。當然他們會提出問題來：既然佛世就已經在弘揚，爲什麼看起來好像沒有記錄、好像不興盛？但他們的想法是不對的，這有兩個原因：第一是佛世就已經在弘揚大乘，這在四阿含中都有明確的記載。但是大乘法的弘揚是比較晚期，是先弘揚二乘法，而且二乘法又以大迦葉等出家聲聞爲主，所以他們是比較早，法義也比較容易理解；他們又有出家相，是比較容易被認同，所以弘揚起來當然比較快。大乘法，是比較晚期才弘揚，是在第二轉法輪時才開始弘揚的，而且修學的是在家菩薩比出家菩薩多（其實我那個時候也是出家身），但是當時在家菩薩多，所以在聲勢上、表相上看來都勢力比較微弱。另外一個原因，是因爲大乘法的見道很困難；二乘法可以公開講如何斷我見，甚至外道來盜法的，佛陀看看有緣，也直接爲外道講法，讓他斷我見，甚至於當面就讓他證阿羅漢，然後才成爲佛弟子。這解脫道可以明講，只要對方作得到，就可以成爲阿羅漢。可是大乘法不行，單是一個見道，世尊就得要扮許多的神頭鬼臉——禪宗裡面講的撒土撒沙，所以才需要把梵天供養的青蓮花拿起來給大家看，也不講話，就只是微笑。像這樣子教外別傳，要悟入當然是非常困難的，因爲大乘的見道都是不許明講的。這個教外別傳其實已經是無比的慈悲、無比的老婆，等於就是明講了。可是眾生要悟都還很困難，那何況是大乘的教典中所說的，純粹從理上來說，大家要悟入當然是更加的困難。所以在這種情況下，大乘教本來就不可能在 佛陀時代弘揚得很興盛，歸結起來就是兩個原因：第一、就是二乘法都以出家相來攝眾，它很容易被信受；大乘法是以在家相的菩薩居多，比較難被信受。第二、二乘法容易證，也可以明說；大乘法很難證，又偏偏不可以明說。兩相比較，大乘法當然要經過一段很長的時間才有可能興盛起來。興盛的原因當然是靠著法義的勝妙，也靠著它能夠支持二乘的解脫道不會墮於斷滅，所以在法的優勢中，再經過幾百年的時間，讓大家漸漸有了深入的了知以後，終於對大乘法起了愛樂以及實證，才能夠廣大地弘揚起來；但是這個原因，所謂的阿含專家是完全不瞭解的。大乘佛教在佛世就存在的事實，其實在四阿含中有很多地方都有很明確的記載，只是他們自己無意間或者刻意的把它忽略，這些也需要讓他們瞭解。等他們瞭解以後，他們可能就會改變觀念。對於大乘法的弘傳，乃至將來他們也許可能有機會實證大乘法的見道，都要靠《阿含正義》來達成。

另外有一點是，他們對我還是抱持一個觀望的態度，這是我觀察到的。因為從我們弘法過程的內容來看，在般若智慧以及種智上面，他們不再對我有懷疑；接著就是對於密教的部分，他們仍有所懷疑；可是在《狂密與眞密》出版以後，那個懷疑也消失了。現在就剩下最後一個懷疑：**你懂阿含嗎？**現在我們就讓他們瞭解：**我們所知道的阿含，是他們所不知道的阿含；而他們所知道的阿含，我們沒有不知道的；因此說，當代所謂的阿含專家都不懂得阿含。**我們要讓他們瞭解這一點，那麼他們對我的所有懷疑，大概就全部都不在了。剩下的，就是要奪走他們僅有的，那就是印順思想的依憑。這個部分要留給你們讀書會的各位大德去做，也希望諸位要是有空，在家庭上面也不會對你有所障礙的話，可以多參加讀書會。你們可以先參加旁聽組，旁聽組聽過一段時間，有心得了，也可以轉進研討組。如果覺得研討組參加一段時間，覺得力有未逮，那也可以再改回旁聽組，這都可以。希望大家在讀書會中專門檢討印順的法義過程中，可以幫助大家把擇法覺分建立起來。這擇法覺分是七覺分中相當重要的部分，有了這個抉擇分，就一定不會被邪見或相似佛法所轉易。所以，藉讀書會達到兩個目的：**一是幫助大家建立擇法覺分，二是把印順的遺毒消除掉，讓未來的佛教界可以在法義上回歸正道，不再有相似佛法、常見斷見外道法來取代正確的佛法。**這是我們的期望，所以我們才會出版《阿含正義》。

上一週講「降伏四魔」，還有煩惱魔、五陰魔未講。煩惱魔，概略的說，有我所煩惱、我見煩惱、我執煩惱；這些大家已經都有所瞭解了，不久將會出版的《阿含正義》七輯中也會詳細的說明，這裡也就省略不說了，以免重複。至於五陰魔也是如此，都在《阿含正義》中有詳細的說明，所以請大家到時候閱讀《阿含正義》就可以了，這裡也就省略不說，可以多出一些時間專講這部《勝鬘經》。（編案：《阿含正義》共七輯，都已出版。）

接下來說：「**出一切世間，為一切眾生之所瞻仰，得不思議法身，於一切**

爾焰地得無礙法自在，於上更無所作，無所得地。」現在接下來是要說明如來的不受後有智，與阿羅漢、辟支佛有什麼差別：「**如來能夠出離一切世間，被一切眾生所瞻仰。**」爲什麼要加「一切」兩個字？因爲世間對一般眾生來說，明明只有一種，爲什麼要說是一切世間？這表示說，阿羅漢所出離的世間是六凡世間，他們超越了六道眾生所住的世間，雖然他們出離了這六種世間，仍不算是出離一切世間；因爲除了六凡世間以外，還有四聖世間。四聖世間是阿羅漢、辟支佛、菩薩、佛的世間。阿羅漢超越六凡世間而進入阿羅漢世間，可是還有緣覺世間、菩薩世間、諸佛世間，是他所不知的；當阿羅漢生在佛世而聞熏因緣法，修習觀行之後也有辟支佛的證境界了，卻仍無法稍稍了知菩薩世間的智慧境界。

無佛之世的緣覺世間，對於因緣法是自己獨覺而不是聞佛音聲才證得，所以辟支佛超越阿羅漢，阿羅漢不如辟支佛。阿羅漢當然也修學緣覺法，但他的緣覺法不是自修自證，而是經由佛陀音聲宣演而聽聞得來的，所以阿羅漢對於緣覺世間是無法超越的，因此他對緣覺世間還沒有出離。至於菩薩世間，是法界實相的親證。菩薩從七住位的明心不退，到達等覺地及妙覺地總共有十三地；且不說這十三地的勝妙，單說三賢位的七住到十住位智慧境界，阿羅漢就無法想像了。因爲七住位明心以後，對於禪宗的公案就可以通了，可是有哪一個阿羅漢在禪宗眞悟祖師面前敢開口說話的？（我講的「話」字是說在大乘法上說話）他們都不敢。

當年有一位具足三明六通的阿羅漢來到中土，認識了黃檗希運禪師，兩個人結伴而行。但是正要過河時，遇到下雨，河水暴漲，沒辦法過去，那位大阿羅漢就用神通凌波而行，從水面上走過去，走到河中央就向黃檗招手說：「來呀！過來呀！」黃檗禪師就破口大罵：「早知道你是個自了漢，我就把你腳後筋給剁了！」這阿羅漢聽了很佩服，就讚歎他，然後就走了。這意思是說，其實禪師們如果有意願要修阿羅漢道，他們一世中也可以成爲阿羅漢，因爲四禪八定的修學以及五上分結的斷除，都是一生就可以成辦的。可是菩薩一直都不曾想要修這些法，一直留在世間不斷利樂眾生，是爲正法、爲眾生奔忙，打定主意要和一切的有情眾生同事、利行。所以菩薩以本來自性清淨涅槃的實證作爲基礎而發下了大願，可是這個修證及所發的大願，都不是阿羅漢所能想像的。

因此，禪宗祖師們遇到阿羅漢時，他們也會作供養，但是法上絕對不會對他們有絲毫的恭敬，中國叢林眞悟的祖師一向如此。假使有哪位阿羅漢不服氣，當然可以上門挑戰；但問題是他們都不敢挑戰，因爲想要挑戰之前，總得要先探一下水有多深，可是他們把探竿插下水裡卻都探不到底，怎麼敢挑戰禪宗祖師？阿羅漢們都是不敢來挑戰的，但是卻有人敢來挑戰——都是凡夫。凡夫們都敢大膽來挑戰，阿羅漢們卻都不敢來挑戰，這就是五濁世間的大乘法。那些凡夫們當然是愚癡及自大，才敢來挑戰，自討沒趣。

假使諸位不信，那麼去唆使一位阿羅漢來挑戰好了，當他開口問：「如何是解脫？」禪師就遞給他一杯水：「喝水！」如果阿羅漢喝了一口，放下又問，禪師一棒就打過去了，絕不客氣的。因爲：已經告訴你什麼是解脫了，你還要問。但問題是：什麼地方已經告訴阿羅漢解脫？阿羅漢與凡夫們都是不懂的。菩薩證的是本來自性清淨涅槃，就不需要你去求解脫；本來就已經是解脫的，你何必要滅掉自己？「這當中的本來自性清淨涅槃，早就當面告訴你了，你那一口水喝了還不知道，當然要打。」阿羅漢挨打了，聽到禪師如此說，也只好摸著鼻子、不吭聲就接受了。那要是世間人，或是南傳佛法中的那些凡夫們看到了，可就會罵起來：「大逆不道！這是人天應供的阿羅漢，你禪師竟然也敢一棒打過去！」但是不管哪一位禪師都是這樣的。佛世也有不少阿羅漢迴小向大而證悟，成爲阿羅漢菩薩，留在人間繼續住持大乘佛法的，他們都是以法爲歸而不論身分的。今天假使南洋眞有阿羅漢來了，我還是用這一招。如果他期待我請他喝無生水，我就說：「那你幫我把筆拿來，我寫給你。」這筆拿過來，我畫個圈圈就丟給他——我已經講完大乘法了！如果阿羅漢還要問，我還是照樣子打。因爲實相本來如此，阿羅漢既沒有證得實相，他怎能在禪師面前開口呢？這個是眞實話。

所以，阿羅漢沒有辦法超越菩薩世間的，他連剛才明心的七住菩薩都探不出底子來的，何況是想要探諸地菩薩的底，門兒都沒有！這樣，就有兩個世間是阿羅漢所沒有出離、沒有超越的。經文中的「出」字是指超越的意思。如果是佛世間，阿羅漢更無法想像，因爲連等覺菩薩、妙覺菩薩都無法想像了，何況是阿羅漢？等覺、妙覺菩薩都想像不到佛地是怎麼回事，阿羅漢連七住菩薩的底都摸不著，如何能超越佛世間呢？所以阿羅漢至少還有三種聖人的世間不能超越，所以他不是出一切世間。但諸佛是究竟四聖六凡的世間，所以這才叫作**出一切世間**。

正因爲出一切世間，所以能被一切眾生之所瞻仰。眾生其實不知道佛的功德多麼偉大，可是眾生會從表相來看：三明六通大阿羅漢這麼厲害，可是他們對菩薩卻是心懷恐懼，怕菩薩當眾提問他們所不知道的本來自性清淨涅槃；可是年紀很大的大迦葉及諸菩薩們，卻都對比較年輕而且從來都不示現神通的 佛陀那麼恭敬，可見這個人的證境更高了。如同 佛與大迦葉第一次來到眾生面前，眾生都以爲大迦葉尊者是老師，以爲 釋迦牟尼是徒弟。可是看到大迦葉尊者禮拜 佛陀時口稱世尊，他們才知道原來都看錯人了。但是眾生會從這個表相去看：不得了！大迦葉尊者苦行第一、頭陀第一，而且智慧高深、解脫生死，但他只是 佛陀的弟子。眾生就會從表相看出來了。

就譬如有一位大老闆出門時，口袋裡總沒有錢，他的侍者口袋裡卻有一大堆錢，但他只是侍者。眾生看到了，就知道：侍者這麼有錢，老闆根本就不必帶錢，就知道這老闆一定是特別有錢。大家都會觀察。過了一段時間，又看到大阿羅漢來到菩薩面前竟然沒有開口的餘地，一說起法來，阿羅漢總是要被菩薩斥責，不敢開口；可是菩薩見了佛又是無比恭敬、五體投地的禮拜，來到佛前總先繞三匝示敬；奉 佛之命要離開去辦事，也先繞三匝示敬才離開，不單是禮拜而已。眾生看到阿羅漢這麼厲害，菩薩比阿羅漢厲害，可是菩薩對佛是那麼恭敬，眾生就知道：當然 佛陀是至高無上的。他們從表相上就能看出來了，所有眾生就會恭敬 佛陀，因此 佛陀當然能夠得到一切眾生之所瞻仰。

「**得不思議法身**」，這就要談到法身了，可是法身到底是什麼？當然就是五法成身，所以說五分法身。可是，五法成身、五分法身，難道是有五個法身嗎？以前有大善知識開示說：「**五分法身，就是要一分一分去證：法身不是一次就可以證得的，所以要漸悟。**」因此他就根據〈十牛圖〉來講禪：**要先看到牛的足跡，然後才能看到牠的尾巴，然後慢慢看到牠的後腳、身體、前腳，最後看到牛頭，這樣才能把眞牛整個全身都看到。**若眞的是這樣，當他開悟找到如來藏時，是不是先找到如來藏的一小部分，然後慢慢再找到其他的部分？這就譬如說，當人家拉了一條牛到你面前來，你是不是要先從尾巴開始看？（大眾笑…）諸位聽了都覺得好笑。人家拉了一條牛來，你一眼就看見整整一條牛在眼前了。所以當他們說：**開悟明心有頓悟、有漸悟，漸**

悟就是先找到尾巴，再來找到牠的後腿，再來找到牠的肚子，……最後才全部找到。那麼請問：這個造十牛圖的人，到底悟了沒？你們一聽就曉得他有沒有悟了。

所以，他們根據經教中的五分法身名相，就亂講：**五分法身，要先證第一分法身，然後再證第二分；五分都具足了就成佛。**誤會可眞嚴重！五分法身是說**以五法成身**。然而究竟是誰以這五分的法而成就法身？要這樣問。那就是說，你這五分功德是從哪裡來的？具足這五法的心才能夠成爲法身。可是具足了五法而成爲法身，一定是有某一個法具足了這五法才能成爲法身。五分其實應該叫作五份，分是份的意思。這五份的法身，是戒、定、慧、解脫、解脫知見，總共五個。身是功能作用的意思，那麼是誰能夠出生這五法的功能作用呢？是如來藏才能出生這五法。若沒有如來藏本識，一法也無，何況五法？這五法由如來藏成身——這五法要依如來藏才能有作用——這五法以如來藏爲身，所以如來藏才是法身。佛陀已得不思議法身——已發起如來藏中五法全部功能而使法身無垢識所有功德具足發起，所以如來的不受後有智是二乘聖人乃至妙覺菩薩無法思量的，才能被一切眾生之所瞻仰。

這五分法身的初證，是在初地的入地心，所以初地的入地心菩薩一定是永伏性障如阿羅漢的；因此他具有戒身、定身、慧身、解脫身、解脫知見身，也就是有這五種功德作用，這樣才能稱爲初次發起五分法身。這五分法身初發起了，一定是永伏性障如阿羅漢的，那麼在解脫果上，初地入地心菩薩相當於聲聞果的第幾果？至少是最高品級的第三果——能取中般涅槃的人，乃至或是四果向，當然也有初地菩薩是阿羅漢迴小向大而漸修上來的，是故意生起一分思惑的；但初地菩薩至少得要是品質最好的三果人，至少是能取中般涅槃的。我們前幾週也有講過：沒有不證初禪的三果人。請問：初地菩薩是不是至少要有初禪？（眾答：是。）對呀！所以他也有定身，不能說：慧解脫阿羅漢迴小向大修到初地時還沒有基本的禪定——初禪。那是他必須具備的條件之一，所以初地入地心菩薩當然是有定身的——至少有初禪。

初地已經有這五分法身生起了，可是功德都還很少，並不圓滿。接下來，可眞的要像他們講的：要一分一分去證。但不是分成五分去證，而是分成十二地、十三地去證，但每一地中都有取證五分法身；這五個法都具足圓滿了，就是得佛地不思議法身。這五分法身還沒有具足圓滿之前，不能算是不思議法身，因爲還有別人可以思議你。譬如說，你到八地了，於相於土自在，可是九地菩薩就可以思議你的境界，因此還不能叫作不思議法身。得要到佛地，除了諸佛以外，一切聖人都不能思議，那才叫作得不思議法身。但這個法身是要以五法成身，那就是戒身、定身、慧身、解脫身、解脫知見身。

由於無上調御（就是能調御自身，也能調御他人），能降伏四魔，超過一切世間，得不思議法身，因此釋迦佛顯現出來的，就是於一切爾焰地得無礙法自在。爾焰，與煩惱障所講的見惑、思惑煩惱以及我所的煩惱都不一樣。爾焰，對一般人來講，是心不相應的；對二乘聖人來說，也是心不相應的。爾焰是屬於所知障所攝，不屬於煩惱障。當菩薩還沒有成佛之前，爾焰都會一直存在，使他無法像佛陀那樣的安住，因爲還有許多法未修、未證。可是諸佛於一切爾焰的境界當中，得到無所障礙的一切法自在境界，因此到了這個地步再往上去，就沒有任何一法可修了。不論是解脫或者解脫知見，或者戒、定、慧都沒有任何一法可以再進修了；因爲已經具足圓滿了，任憑再怎麼修都是如此，已經沒有任何一法可以讓祂來修，全部都具足圓滿了，因此已經到了無所得地。

講到這裡，得要回顧上一段經文。上一段經文最後兩行，有四句話說：**「我生已盡，梵行已立，所作已辦，不受後有。」**這四句話，二乘人也能這麼說；可是在大乘法也講這四句話，卻是只有到佛地時才能講這四句話。從這一段的**「謂如來以無上調御」**開始，到**「為一切眾生之所瞻仰」**為止，是講大乘法的「我生已盡」，不是指二乘法的分段生死已盡。二乘法的**我生已盡**是不再受生於三界中，可是從諸佛來看二乘聖人，其實是「汝生未盡」。為什麼說他們的「生」未盡呢？因為他們自心中仍然有許多種子不斷的在演變——還帶有異熟種子。這些異熟種子使得他們仍然可以在三界中繼續受生，因此就有種子改變而產生的變易生死，假使他們迴小向大的話。所以，他們斷除了五陰的分段生死，而尚未斷除自心種子生滅的變易生死；正由於這個變易生死還沒有斷盡，所以他們不是究竟的我生已盡。如來不但是五陰的分段生死斷盡了，而且連變易生死（種子的變異生滅）也都斷盡了，才是究竟的我生已盡。在如來的無垢識中不可能會再有新種子出生或增長的，因為應該發起的功德都具足圓滿發起了，以前所沒有發起的功德都已經發起了，不會再有新的功德出現了，所以不可能再有任何一法新生；所以變易生死就滅盡了，因此祂是究竟的我生已盡，當然會被一切眾生之所瞻仰。

接下來四句經文，從「**得不思議法身**」到「**無所得地**」：這四句話，講的是上一段那四句中的第二句「**梵行已立**」。菩薩從見道前就歷經多劫修清淨行，在大乘法中見道之後也是一樣，要花更多的時間來修梵行。梵行就是清淨行，是對眾生無貪、無害等等。這些清淨行不但要修，還要進一步修佛法中的出世間道；因爲對眾生無害等法，最多就只是生到色界、無色界而已，那種梵行並不究竟，所以還要再修解脫道與佛菩提道。可是後來已經修得佛地的不思議法身，於一切**爾焰地**得到了**無礙法自在**，就再也沒有任何一法可修、可證了，所以才說梵行已立；因爲在成佛之道中，已經沒有絲毫的梵行可以再進修了，所以是梵行已立。而二乘無學聖人的梵行已立，只是在現行上來說，習氣種子是還沒斷盡的；所以從大乘法中來看二乘無學聖人，仍是梵行未立的。

接下來說 釋迦佛「**十力勇猛，昇於第一無上無畏之地**」：也就是說於十力已經具足了，這是說前段四句中的第三句「所作已辦」，是指大乘法中的**所作已辦**。這個十力，只講一個就好；譬如經上講的：很多大象之力不及伊羅婆那香象之力；可是無量無數的伊羅婆那香象之力合起來卻不及 佛陀一指節之力。想想看，那到底是什麼力？這力不是在講力氣，而是佛地擁有的威德力。這個威德力是靠著無量無邊的福德，以及無邊深廣的智慧來共同成就的。所以，提婆達多唆使阿闍世王把大象灌醉了，象牙上綁了刀，放出來要刺殺 佛陀。那時阿羅漢們都跑光了，只剩下阿難尊者跟在 佛陀身後；他對 佛有信心，阿羅漢們信心不夠，跑光了！那時大醉象衝過來了，佛陀只是伸出手掌，大醉象就停下來了，而且失尿失糞，因為牠很恐懼。因此，大家都覺得 佛陀不可思議。當時 佛陀對那隻大醉象講了幾句偈，大醉象就死了，生欲界天去了。

如果你是那些阿羅漢，後來一定會想：「早知道會這樣，我就不要跑開了。」那你想，佛的威德力有多大？當你被 佛陀召見過一次，你就會永生難忘；不必有兩次、三次，只要一次就夠了。因為祂的威嚴很重，可是你又同時感受到無比的慈悲，心裡又很想親近祂，不願離開祂，這也是 佛陀的十力功德之一。光是這一力就讓人很難想像，如果十力具足，你想祂是不是眞實勇猛？所以有一些佛寺在正殿都刻個匾額，叫作「大雄寶殿」，講得還眞好！眞的是 大雄世尊！到了這個地步，昇於第一無上無畏之地，是世出世間至高無上，具足所有無恐怖、無畏懼的境界，不可能超過這個境界。你想：到達這樣的境界，還有什麼事情是還沒有作的呢？當然是所作已辦。

這境界當然好，可是想要達成卻很辛苦：到了等覺地以後，要百劫修相好；因爲單是智慧的威德力還不夠，在法界中還要有一項大威德——大福德。在天法界中的威德都是靠福德來支持的，如果同樣生到初禪天去，在初禪天人中不是單比禪定的，而是同時也要比福德的；福德大的大人受尊敬，威德就大，福德小的天人威德也就小，在色界天的法界中都是這樣的。等覺位中百劫修相好，每一世取得色身的目的就是要用來布施，內外財都施；這樣經歷整整一百劫，全都作內外財的布施。一百劫下來布施出去的身體，把剩下的骨頭疊起來，保證比須彌山大，那個福德當然大呀！所以具足十力，當然還要有大福德在支持，那當然是第一無上無畏之地。這時當然成就了一切諸法，所以最後身菩薩那一悟就成爲究竟佛。到這個地步當然是所作已辦，因爲成佛之道所應該作的都已經作了，這就是大乘法的所作已辦。

接下來**「一切爾焰無礙智觀，不由於他，不受後有智師子吼」**，講的就是那四句中的**「不受後有」**。因爲一切爾焰都已經不存在了，過恆河沙數的上煩惱已經全部斷盡——所應斷已斷盡，所以一切所應證法就已經具足親證了。既然具足親證了，因此就得到無礙智觀。這並不是從別人那裡去獲得的，也不需要別的佛來爲他證明：**「你現在眞的成佛了。」**所以說**「不由於他」**，可以自己現前觀察確定。這就像二乘聲聞法解脫道，當你把初果、二果的境界瞭解了，三果的境界也證了，檢查五下分結，一一都已斷盡；然後向上去觀察阿羅漢所應斷的五上分結（不必親證阿羅漢果，從最上品的三果證境來看阿羅漢所應斷的五上分結），就可以很清楚確定阿羅漢們眞的不需要佛陀來爲他印證是阿羅漢。他可以自知是阿羅漢，所以叫作**不由於他**，因爲他們已經確定自己不會再有後世生了。

你們已經明心的人，到後年把《阿含正義》七輯都讀完了，也會認同我的話。確實是一切阿羅漢自知得解脫，不由於他。諸佛如來也是一樣，當他們成佛時，都知道自己確實成佛了。菩薩們確實證悟以後都知道自己還沒有成佛，凡夫們悟錯了以後卻往往認爲自己已經成佛了，永遠都是如此的。眞正證悟底人，不久以後終究會知道自己的階位所在，不會說自己成佛了，因爲明明知道不是，可是悟錯底人卻往往會說自己成佛了。所以成佛的自知自證，看來是兩個極端：要不然就是凡夫錯悟，要不然就是眞的成佛，眞悟的菩薩都會知道自己還沒有成佛。

你們以後在會外如果遇到有誰自稱成佛，可以將他們考一考；一定要先考一下，不要像我以前太直爽了，人家說某某老菩薩是八地菩薩，我就信了。因爲我一直想：人間不應該沒有八地菩薩，只是我們何時會遇到，只是時間先後差別而已。我從來都是把人家看高，把自己看低。你若一開始就否定別人，也許眞的遇到八地菩薩時，你就錯過了，那是何等大的損失？千萬不要冒那個險。先把他們當眞的，跟他們學學看。因爲你已經有了般若智慧了，學到後來，你總是有能力判斷對方是否眞的八地菩薩。

第一次判斷：可能不是，他應該有問題。但是不要馬上就下定論，要再學久一點、觀察久一點，再來作決定。因爲也許人家正在考你，那可不一定。要經得起考驗，一而再、再而三、三而四、四而五，乃至九而十，全都確定他處處不對了，那時候再離開也不遲，千萬不要隨便放棄每一個機會。但是對方如果被你質疑了，卻把嘴巴掛到牆壁上去，那就表示他眞的在騙人，就不必去理會他，因爲那一定是沒有智慧底人。我以前聽從某老師及某師姊的極力推薦，三年中試著修學某位老菩薩的念佛法，但是經過三年以後，我確定他是冒牌貨，因爲他連明心都沒有，更別說見性了；當然他宣稱不必佛加持而能自己往來極樂世界的事，後來也都證明是騙人的，所以就不再打電話向他請法。好在他當年沒有接受我的邀請來主持同修會，否則後來一定會被我當眾破斥；因爲在大乘法中，是不允許任何人籠罩、唬弄的，必須邪正分明，不許像世俗法中和稀泥的**隨順惡緣**。

凡夫的**自知成佛，不由於他**，就像那位老菩薩一樣，都只是一場笑鬧。可是諸佛與眞正的阿羅漢們，都確實自知成佛、自知成阿羅漢，不由於他。所以，菩薩們悟了以後一定會知道自己是眞的悟了，卻眞的還沒有成佛。因此到達一切爾焰具足了知，所應斷法具足斷盡，所應得法具足證得，已經得到無礙智觀，於觀察一切法時都沒有絲毫障礙，就是大乘的**不受後有智**。這種不受後有智不同於二乘只斷現行的不受後有智，也是可以現觀的：觀察自己一切種子都不再變異了，已經究竟清淨、究竟圓滿而不可能再變異了，這時就可以出世作獅子吼了。這時出來獅子吼，沒有任何人天、外道乃至菩薩可以質疑、問難，這才是大乘法的不受後有智。所以，大乘法一樣也有**我生已盡**等四句，是大乘法中才有的不受後有智，非二乘無學聖人所知。

至於阿羅漢的不受後有智又如何呢？勝鬘夫人接著說：「世尊！阿羅漢與辟支佛，他們已經度過了生死的恐懼了，他們是次第修證，而得到解脫之樂，他們心中這樣想：『我離開了生死的恐怖，不再受生死的痛苦了。』世尊！阿羅漢與辟支佛這樣觀察時，他們得到了不受後有的證量，可以觀察第一個蘇息安歇的處所、涅槃的境界了。世尊啊！阿羅漢與辟支佛們所得到的那個解脫的境界，不會於解脫之道、也不會於世間法有所愚癡了，他們也不必由別人來印證是阿羅漢、辟支佛，也不必別人來爲他們證明已經出離生死。但他們也都知道自己所證得的解脫境界，其實還是有別的應斷法可以斷，還是有留存一些還沒有斷盡的煩惱；但是他們也知道：如果他們迴向大乘來修行時，一定也可以成就無上正等正覺的。爲什麼這樣講呢？因爲其實聲聞、緣覺二乘的法也都是入於大乘法中——聲聞、緣覺法只是從大乘法中分析出來的一小部分佛法而已，而大乘法其實就是佛乘、就是成佛的方法。所以由這個緣故而說：三乘其實就是一乘，證得一乘道的究竟境界者就是無上正等正覺，而無上正等正覺的修證者就是具足證得涅槃的功德，而涅槃的功德其實就是如來的法身。」

勝鬘夫人說：阿羅漢、辟支佛，他們觀察自己所證時，很清楚知道自己已經度過生死流轉的恐怖了，因爲他們已經可以確認自己只要願意入涅槃，就必定可以入無餘涅槃的，所以不再對生死有恐怖。可是菩薩卻對他們說：「你們對生死仍然有恐怖。」他們當然不樂於接受，就會反問：「我們已經出離生死了，不再受三界生死苦了，爲什麼你還說我們對生死有恐怖？」菩薩就說明：「假使你對生死沒有恐怖，就不必入無餘涅槃。」他們一聽：「有道理！原來我是怕生死的痛苦，所以才要入無餘涅槃。」這也是事實呀！菩薩說：「你們現在不怕生死的痛苦，其實是因爲你現在有把握不會再受生於三界中，沒有後世的生死，才說你不再有生死的恐怖。但是，如果要讓你再發願來人間出生，你就不願意了；因爲你害怕生死中的痛苦，所以你還是對生死有恐怖。」他們聽了也是沒奈何，不能反駁，因爲菩薩說的是如實語。

所以他們是自以爲度過生死的畏懼了，而他們的解脫樂是次第修來的，與菩薩不一樣。菩薩證得**本來自性清淨涅槃**，是一時得，不是分分得；而菩薩找到了名色根源的如來藏，現前觀察：我的自心如來藏，從來就沒有生過，永遠也不會滅；當自心如來藏存在之時就已是涅槃了，何必要把自己滅掉？看看一切眾生流轉生死：地上的螞蟻，天上飛的鳥，河中游的魚，各自的如來藏都是本來沒有生死，何必要怕生死？所以菩薩離開生死恐怖，並不是像聲聞人一樣次第解脫，而是當下解脫——不可思議的解脫。

當下解脫以後，菩薩卻開示說：「其實沒有解脫，沒有解脫就是解脫。」阿羅漢就聽不懂了：「這到底在講什麼？」菩薩就說：「你不懂嗎？我告訴你，這就叫作般若。」所以菩薩的解脫是現證的，不是次第證的。阿羅漢與辟支佛的解脫是次第解脫，要經由四聖諦、八正道，修四念處觀，把身受心法等四法用四念處，依四聖諦、八正道來作觀行；辟支佛就用十因緣、十二因緣來作觀行；都是次第而得，所以說是**次第解脫樂**。他們的解脫也可以依四禪八定來修八背捨而得俱解脫，也是次第解脫。因爲是次第得解脫樂，所以說自己確實斷盡我執，我慢不復存在，因此知道自己有把握可以不必去受生了，由此而自覺已離生死恐怖，不受生死苦。可是他們這樣觀察，自知不受後有時，所觀察可以永遠休息的那個境界——涅槃地，也只是成佛的過程中所到達的第一個地步而已，大乘眞正的涅槃地，他們都還沒有得到。

涅槃有兩個要道：大乘涅槃、小乘涅槃。阿羅漢證得有餘、無餘涅槃時，若要邁向佛地、想要成佛，必須迴小向大去求證菩薩所證的本來自性清淨涅槃，然後才可以證得後面的究竟涅槃——諸佛所得的無住處涅槃。所以阿羅漢、辟支佛所得的**蘇息處涅槃地**，只是半路上的休息站，還沒有到終點站，只是先讓他休息一下。一般人如果一開始就學**唯一佛乘**，心量如果不夠廣大，害怕生死痛苦，當他聽到說：明心了才七住位，見性了才十住位，接下去還有很長的路要走。他想一想：要修這麼多劫才能證得眼見佛性的智慧，也才只是第十住位，第一大阿僧祇劫才過完三分之一。下面還有三分之二要走，走完了只不過是成佛之道走完三分之一，後面還有二大阿僧祇劫要修。他想一想：那個成佛的境界到底是眞的，還是假的？會不會騙我？只是騙我來利益眾生。這又不是一生可以成就的，到老死時也無法證明是眞、是假，我該不該相信？這樣，信力不足的人，心中懷疑：到底出生死是可得或不可得？而佛地的究竟斷盡生死可得、不可得？難免會懷疑，所以 釋尊只好先抽出一部分解脫來講，先讓大家修證，證實「果然眞的可以出離三界生死，佛沒有騙人」。大家有信心了，然後再引入大乘道中，這樣修行上來，就對成佛之道有信心了。所以二乘涅槃只是半路上的一個化城。

凡夫眾生就像沒智慧的小孩子一樣，如果要帶他走上十公里的路，絕不能告訴他說接下去還有多遠的路，只能告訴他說：「快到了！快到了！」永遠都是「快到了」。你知道他的腳程不夠，沒辦法一口氣走到十公里，所以拉著他的小手走呀、走呀，在五公里遠的地方設一個漂亮的房子，讓他睡一晚；吃飽了也喝足了，明天早上體力恢復了，告訴他說：「其實這個還不是我們的家，我們的家還要再往前走。」他想：「我到這裡就好了，把這裡當作家就很好了。」你告訴他說：「這個家太差了！」可是他一看：這家已經夠好了，爲什麼說太差了？你告訴他說：我們眞正的家是什麼模樣。讓他產生希望：喔！原來比這個家好上很多、很多、很多倍。然後就把化城滅了，他想：「這個家也沒了，原來是假的。」終於答應你：「好吧！再繼續走！」若是不讓他休息一晚，恢復體力，他是不肯走的；不管你說的新家如何的好，他也不肯走，因爲你說的話還沒有實現，他心中有懷疑，所以先要讓他得到第一蘇息處涅槃地——先讓他看見化城的美好。

等他發覺原來聲聞果眞的可證，發起大信心了；而成佛比阿羅漢好那麼多，因此願意迴小向大，才能眞的走向三大阿僧祇劫的成佛之道。所以說二乘涅槃是化城，只是第一處的蘇息地。當他們成爲阿羅漢以後，終究是有解脫的智慧，這時來度他們迴小向大是比較容易的；若是一開始就要他們修大乘法，那是不可能的。所以佛世有許多阿羅漢是迴小向大的，但是定性阿羅漢則是不可能迴心的，死時一定會入涅槃。可是那些定性聲聞也能對眾生產生作用，就是讓眾生對大乘法生起信心；但是度他們成爲阿羅漢，對大多數的眾生是沒有幫助的，只是可以示現給眾生看：這樣證得俱解脫的大阿羅漢、三明六通的大阿羅漢們都還不是佛，都無法與菩薩們對話，讓眾生對大乘法有仰信之心，也是一件功德。

但他們眞的是定性聲聞，所以當他們在各處聽到佛陀入滅了，大迦葉邀請他們來結集經典，他們都不願意。甚至於被 佛陀限制只能住在欲界天的那個牛呞比丘，當大迦葉尊者派人去通知他回來人間結集經典時，他一聽到佛陀入滅了，便不願意住在世間而當場入涅槃，不肯回來人間幫忙結集經典，他是不是定性聲聞？眞的是定性聲聞！也有俱解脫阿羅漢在別的地方，一一派人去通知他們回來結集時，卻是一聽到 佛陀入滅了，他們就立即十八變以後捨報，就走了。你說這種人怎麼可能讓他得到菩薩的法呢？

可是他們也很清楚知道二乘涅槃只是方便施設，讓他們可以出離生死痛苦。但是初轉法輪時期的阿羅漢們，仍然是有許多人迴小向大，就像舍利弗、須菩提、摩訶迦葉、迦旃延……等阿羅漢們，終究還是迴入大乘法了。這些人是已經證得阿羅漢果以後，從這解脫道的證境中——依「彼先所得地」來觀察大乘法，終於也能不愚於法，轉入大乘，再起一分思惑而繼續行菩薩道，因此其中有一些阿羅漢就成爲般若經的法因、或者成爲其他大乘經的法因。《般若經》宣演因緣之一的須菩提，不就是《金剛經》的緣起者嗎？阿難則是《楞嚴經》的緣起者。所以他們基於解脫道實證的智慧，可以了知其實還有許多法是他們所不知的。他們很清楚知道自己已經解脫生死了，但也很清楚知道這個解脫生死並不是究竟地，仍然是有餘地——**自知得有餘地**，因爲仍然還有許多法未斷——**有餘法未斷**。

他們也知道：繼續進修下去，必定會在未來得到無上正等正覺，因爲他們已經知道自己所證的解脫道，其實只是大乘法中的一小部分。所以聲聞乘、緣覺乘，如果迴心以後一定是入大乘中，沒有任何別的法是他們可以修學的；只有大乘法可以繼續修學，而大乘法就是成佛的方法，所以大乘就是佛乘；除了大乘以外，沒有其他的成佛之道。因此說，三乘之道其實就只有一乘道，而一乘道的法就是使大家修行之後，可以成就無上正等正覺的果證。

可是話說回來，無上正等正覺的境界是什麼？所證的內涵又是什麼？無非就是究竟涅槃的功德。而究竟涅槃的功德，其實就是如來的法身，那就是無垢識的境界。離開了無垢識就沒有如來法身了，沒有如來法身又如何能以五法爲身呢？所以勝鬘夫人接著說：「得到了究竟法身了，就是究竟一乘，就與如來沒有差異。如來的法身就是無垢識，無垢識不異於如來，而如來也不異於無垢識，不異於法身；所以如來其實就是法身，法身其實就是如來。」沒有任何一佛可以離開法身無垢識而有佛可當、有佛可示現、有佛可利樂眾生，因此說如來就是法身。得究竟法身的人，即是已經究竟一乘道的人；祂對於唯一佛乘之法，沒有任何遺漏，沒有絲毫無知；因此說，到達這究竟一乘境界的人，是沒有邊際的，是永不斷絕的。

究竟法身當然是無垢識，假使沒有無垢識，就不可能有究竟法身。無垢識爲何是究竟法身？因爲先要從因地修行，斷盡了分段生死的種子，也就是見惑與思惑永遠都不會再現行了，這時阿賴耶性斷盡了，滅掉阿賴耶識名字了，改稱爲異熟識。接著把習氣種子也斷盡，並且再把所知障的隨眠都斷盡，這樣才能夠成爲無垢識。當第八識的阿賴耶性斷盡了，祂就改名異熟識了，名爲滅阿賴耶識；當習氣煩惱種子全部斷盡了，無始無明所有隨眠也全部斷盡了，那就是無垢識了，名爲滅異熟識。所以無垢識的前身叫作異熟識，而異熟識的前身就是阿賴耶識。

如果想要很快轉入異熟識，當然也可以，只要把《阿含正義》讀熟了，如理作意去觀行，把阿賴耶性斷盡，在這一世成爲阿羅漢，那就到異熟地——到達異熟識的境界了。到達異熟識的境界，是一生就可以成辦的——假使有眞善知識及正確的觀行。可是阿羅漢接著想要到佛地，如果以前沒有像菩薩這樣修過來，還是要回到初住位來修布施；這時他的解脫境界雖然相當於八地，但他的佛菩提還要回到初住位來，還是在三賢位的入門之中。持戒的部分他沒有問題，因爲有道共戒，所以這個部分可以跳過去，但是忍辱還得繼續修，要像菩薩一樣去讓眾生蹧蹋毀謗而無動於衷，成爲一種習慣。

阿羅漢與菩薩不一樣，菩薩被毀謗，覺得無所謂；除非被毀謗時會影響到正法，否則他根本不理會。可是如果有人毀謗說：「某某阿羅漢昨天去偷了人家五萬塊錢。」那可就不得了了，阿羅漢一定會打雲板集眾，要當眾叫那個人懺悔。菩薩不會作這種事。可是如果人家毀謗菩薩，而那件事情若是會影響到正法，菩薩就會出來說明，但他並不要求對方懺悔，由對方自己決定。這就是菩薩。你們看，習氣種子一樣、不一樣呢？當然不一樣！因此，如果我只是阿羅漢，人家毀謗說：「蕭平實在同修會中搞了多少錢，你知道嗎？」如果我只是阿羅漢，一定會當面去找他：「你爲什麼講這種不實的話？你要出來公開懺悔。」一定要拉他出來懺悔。可是我根本就不想去找他們要求懺悔。二〇〇三年初，我眞的這樣被無根毀謗，但我根本不想去找他們要求懺悔，所以菩薩與阿羅漢是不同的。

雖然阿羅漢已經斷盡思惑，但習氣種子還是很強的，一定要把當事人找出來講清楚及當面懺悔。由此可知，要到達異熟識的境界是很快、很容易的，但是要斷盡習氣種子而成佛則是很困難的，那要不斷歷緣對境去斷除。因此，雖然阿羅漢們已經修證成爲異熟識了，可是要到達無垢識的境界，還是要像菩薩一樣從初住位開始修布施行，同時開始讓眾生去蹧蹋：「我需要兩萬元，菩薩才給我一萬元，有什麼用？眞的很吝嗇！」就這樣從頭修布施行，去遭受眾生的蹧蹋，得要能夠修生忍。被眾生蹧蹋久了以後，終於生忍成就了，還要再修精進行，因爲這是三大阿僧祇劫中都要修的。

有時候想一想：「菩薩道還眞難修。」於是又回家休息去了，沒辦法像菩薩這樣精進的。就這樣把六度一步一步修上來以後，第六住位的能取、所取空，他沒有問題，因爲他早就斷我見、斷思惑了，所以第六住位可以跳過去，直接熏習般若而參禪覓心，只要悟了就進入七住位的明心境界中。就這樣一步一步走上來，所以從初住位中想要到達無垢識的佛地境界，三大阿僧祇劫一定是不可免的。迴心的阿羅漢雖然已經是異熟識了，卻一樣跟菩薩從頭修起，所以阿羅漢看見初地菩薩的第八識仍然只是阿賴耶識，看見七住、十住、十行位、十迴向位的菩薩雖然仍是阿賴耶識，卻絲毫都不敢看輕，原因就在這裡，因爲大乘成佛之道眞的很難修。所以，阿羅漢們當然都很清楚知道自己還不是佛。因此，佛當著他們的面授記說：「當來成佛是彌勒菩薩。」他們都沒有一個人敢抗議，甚至於沒有一個人敢在心中不服氣。因爲他們心裡很清楚知道，自己所證得的涅槃，在大乘法中是有餘地，不是無餘地。所以，只有到達無垢識的境界了，才能夠說是究竟法身。能究竟法身，才能究竟了知，究竟具足圓滿一乘道。

由此緣故，由勝鬘夫人的證境來看，其實究竟一乘就是如來乘，如來乘就是究竟一乘；而如來就是法身，法身就是如來。離了無垢識，什麼都沒有，更別說有如來。因此，她才會高聲唱言：「如來就是法身，法身就是如來，得究竟法身就是究竟一乘的人。」依這樣來看，如果已經究竟佛地了，會有邊際嗎？所證法會有斷絕時嗎？到達無垢識時的境界，還要像阿羅漢那樣去滅盡十八界，使得意識所擁有的一切境界都消失不見而入無餘涅槃嗎？當然不需要。如果以初地無生法忍來看，若是模仿通俗、粗魯的話，可以這樣說：「笨蛋才會入無餘涅槃！」正因爲阿羅漢們不知道無住處涅槃，所以才要入涅槃；他們不懂本來就已是涅槃，所以才要入涅槃。

所以菩薩由本來性淨涅槃來看待諸法時，說衆生無邊不斷，由本來性淨涅槃來看如來，當然相信確實有無住處涅槃，所以如來絕對是無邊——沒有邊際。當然也不可以說如來什麼時候會入滅，所以如來當然無邊際，只有阿羅漢、辟支佛才會有邊際。既然沒有邊際，當然不是斷滅法，如來所證法當然是永遠不絕的。阿羅漢才會修斷滅法，把五蘊斷滅了——把自己滅盡了，入了無餘涅槃。無餘涅槃雖然是眞實、清涼、寂靜，可是五蘊自己畢竟已經斷滅了；而如來卻是無邊的、是不斷絕的。你們已經明心的人可以現觀看看，是不是如此？（眾答：是。）對嘛！本來就是如此。

由這裡來看，印順法師說：滅相卻是不滅，眞如就是那樣的住。滅相還能說是有住呀？滿紙荒唐言。滅相就是五陰十八界自己都滅盡了，他又不允許有第八識本際存在，那不正是斷滅空嗎？可是斷滅了以後卻辯稱這個滅相是不滅的，這也太顚倒了吧！簡直是在矇騙三歲小兒——把佛教界都當作三歲小孩子。這等於是說：「你的糖果全都給我，你就全都沒有了。而你這個『沒有』是永遠不會再消失掉的，所以就是擁有了常住的『沒有』，所以不是空無。」會相信他這種說法的人，可能還不如三歲小兒。因爲三歲小兒都會抗議說：「你騙我！你想要騙我的糖果。」可不會隨順印順法師的說法。所以印順的滅相不滅說，絕對不能說成眞如，因爲本質正是斷滅空。

若能這樣從勝鬘夫人這段話中深入瞭解以後，你將會發覺：「我對佛法眞的瞭解更多了。」這就是大乘佛法的勝妙處。大乘佛法本來就應該讓人家聽了就能瞭解，而不是一直都迷迷糊糊地；不論如何閱讀思惟，都只能猜測、臆想：到底什麼是佛法？不論去到什麼大道場，一處又一處都聽完了，還是弄不懂。這問題不是出在學人身上，而是出在那些大法師身上。他們總是尋枝摘葉而不見莖幹根本，不論去到哪個大山頭，永遠都是在枝葉上用心而無法了知整棵樹的全貌；所以學佛二十幾年下來，對佛法的認識永遠都是迷迷茫茫的。一直到終於讀過蕭平實的書，才知道說：原來這才是佛法。但是因爲信受假名善知識的開示，已經被耽誤好幾年、十幾年了。現在我們出版社，常常有一種現象，就是劃撥來買書時一次就買好多本。因爲以前學佛二十幾年，還不知道佛法到底是什麼；後來讀過正智出版社的書，讀過三、四年以後，終於知道原來佛法是這麼一個面貌，終於知道要從哪裡下手了。這就是我們正覺同修會的結緣書和正智出版社的書，讓大家得到了利益。

這個佛法的面貌，本來就應該如此教導大眾都能了知，這就要從正確解說佛法來做起。可是印順是怎麼註解佛法的？我們再來看補充資料，看印順對經文「**得不思議法身，於一切爾焰地得無礙法自在**」，是怎麼註解的？他這樣註解：【以出離一切過患，即「得不思議法身。於一切爾焰（所知境）地」，「得無礙」而於「法自在」。】（正聞出版社．印順法師著《勝鬘經講記》p.185）接著請看我對印順的評論：「爾焰絕非所知境，謂爾焰極廣、極深細故；唯有菩薩少分、多分知之，諸佛究竟了知。此謂極深細之上煩惱，仍爲諸地、等覺所不能知者，亦屬爾焰攝故。」

印順對經文中「於一切爾焰地得無礙法自在」一句，是完全不懂的；而「不思議法身」，他也是完全不懂的。他對於這兩句經文的解釋，已證明印順是完全無所了知，而以爲「出離一切過患就是得不思議法身」。但爾焰地是什麼境界？無礙法自在又是什麼境界？印順都是純粹猜測而說，完全不懂。如果依照印順的講法，阿羅漢能出離三界中的一切過患而永脫生死，那麼定性聲聞當然也應該已得不思議法身了。可是，得到不思議法身的人一定能讀懂《金剛經》，定性阿羅漢爲什麼聽不懂？應該是一定能通般若的總相智，不迴心阿羅漢又爲什麼聽不懂？

印順的看法是：阿羅漢一樣能夠於一切爾焰地得無礙法自在，因爲已經出離一切過患了。所以印順心中始終認爲阿羅漢就是佛，佛在人間只教過解脫道，從來不曾教過成佛之道。但問題是：阿羅漢們為什麼對所知障的內涵完全沒有瞭解呢？可見他們對爾焰是完全不懂的，所以印順把解脫道當作成佛之道，將阿羅漢當作是佛，我們只能夠說他：不倫不類！因為根本就不能相提並論。不能夠說：同樣是車，為什麼不可以相提並論？因為，雖然同樣是車，人家是汽車，他是機器腳踏車。印順一定要等到淋雨的時候，或是出車禍的時候，才會懂得此車非彼車。

印順一向認為解脫道就是成佛之道，所以阿羅漢就是佛，佛與阿羅漢沒有不同。可是所證法、所斷法明明都是不同的，怎能說是相同的？因此說，印順的門徒們今天在佛教界幾乎是抬不起頭的，因為完全無法與正覺同修會的明心者論辯法義。他們會落到這麼悲哀的境界，是因為印順的法初始就錯了，而且是越到後面越發的偏頗。所以他們現在不論去到哪裡，人家都會問：「印順法師的法被破斥到體無完膚，並且每年都繼續出書在破斥他，為什麼您是大法師，卻不出來講講話、寫寫文章辯論一番？你們永遠都是說：『我不屑跟蕭平實對話。』為什麼你們永遠都只能講這句話？」人家當然要質問呀！被人這麼一問，只好顧左右而言他了。

以前他們弘揚印順的法，眞是意氣風發、高高在上；爲什麼現在講經錄影在電視上放映出來，那一臉笑容讓人家看起來總覺得他們心虛！這都要怪當初去迷信印順法師。我們給他們機會，他們得要把握；若是不把握機會，還要擺高姿態，將來一旦沒機會改絃易轍時，一定被辨正而無法在法義上回應，只好身敗名裂一生了。佛菩提道與解脫道的斷、證，有許多地方都是不一樣的，不能讓他們隨意想像、亂說一氣的。解脫道是可以次第修觀而漸進的斷除我見乃至斷盡思惑，可是佛菩提道的證悟就只是一剎那間，沒有所謂次第禪觀可說的，因爲證悟第八識如來藏是在一剎那就找到心體全部，而不是分分取證的。若是想要用二乘的次第禪觀來證得佛菩提，絕對沒有機會。我曾經給過機會，他們丟棄了，以後就不再有機會了！爲了救護眾生，我是一定要辨正法義的。錯過了我給的機會，將來懂得反悔而想要自己創造機會時，將會很辛苦。當他們遇見了大乘菩提時，那就是福報，要好好去把握。若是遇見了而能把握，證悟只是遲早的問題。開悟並不難，可是開悟也很難，這個難與不難，都在各人。要注意的是：學法之前要記得先分辨名師與明師的差別。千萬別選錯善知識，像三、四十年前選擇印順的人，現在都只能暗地裡叫苦連天了。

上回是講到補充資料第五十一點講完了，接下來要依經文「**得不思議法身**」，來看印順怎麼註解的？請看補充資料，印順說：【以不思議的法身，是由過無不盡，德無不圓所成。累無不盡，所以得法身；**法身即一切功德所成就**。】（正聞出版社．印順法師著《勝鬘經講記》p.185）我又是如何辨正的呢？我說：**「印順倒果爲因也！一切法、一切功德之成就，謂大乘增上戒、增上定、增上慧、增上解脫、增上解脫知見等五法也。然此五法皆從如來藏一切種子中出生，故依如來藏而發起、而成就、而運行，故佛地五法皆以如來藏爲身，名爲『如來藏五法成身』，故名法身。印順所說則與眞實義互爲顚倒也。」**

印順這部分的註解，我們說它是倒果爲因，因爲《勝鬘經》所說一切法、一切功德的成就，是指大乘佛菩提的增上戒、增上定、增上慧、增上解脫以及增上解脫知見，必須是這五法才能夠稱爲**一切法、一切功德的成就**。但是這五個法都是從如來藏的一切種子中出生，所以當然要依如來藏爲所依身而發起、而成就、而運行。所以佛地的五法爲身，是以如來藏無垢識藉這五法而被稱爲法身，就稱爲「**如來藏五法成身**」，所以說無垢識是佛的法身。印順所說卻是與這個眞實義完全顚倒，因爲他把七識、八識都否定了，只剩下第六意識。可是第六意識在阿羅漢來講，是早就全面否定了，並且取無餘涅槃時也是一定要滅除的；滅除以後又沒有七、八識，入無餘涅槃時就成爲斷滅，還有什麼法身可說呢？所以印順所說不思議法身是完全錯誤的。

印順對不思議法身的解釋，說是「過無不盡」，所以成爲不思議法身。可是問題又來了，因爲印順認爲解脫道就是成佛之道，可是阿羅漢顯然沒有斷盡習氣種子隨眠，那就不能稱之爲「過無不盡」，顯然是「過有不盡」；那麼阿羅漢的證境怎能等於佛地呢？斷滅空又如何能說是不思議法身呢？印順又說是「德無不圓」所以成爲不思議法身，這又有問題了：德有三德，阿羅漢「過有不盡」就是解脫德還沒有圓滿，所以阿羅漢的解脫德仍然有過失，不能如佛一般全無過失。另外還有般若德及法身德，這兩個問題又出現了：既然印順是以解脫道來取代成佛之道，認爲阿羅漢的境界就是成佛境界，然而阿羅漢還沒有證得第八識法身，顯然是沒有絲毫法身德；沒有法身德，自然就不會有般若德，所以阿羅漢顯然也是沒有般若實相智慧的，這樣就不能夠稱爲「德無不圓」了，又如何能說阿羅漢已得不思議法身？又怎能說阿羅漢就是佛？

在「德無不圓」之後，印順還加上一句「累無不盡」，說由於累無不盡，所以成就不思議法身。可是問題又跟著他的妄說而來了：定性阿羅漢顯然是有勞累的，因爲當他們看見菩薩們、看見了佛，心中始終是有壓力的。譬如遇見了維摩詰菩薩，遇見了文殊、普賢時；且不說那些等覺、妙覺菩薩，單說遇見初地的勝鬘夫人時，他們心中就會有很大壓力：不曉得菩薩會不會要與我談論涅槃本際？因爲他們都不知道無餘涅槃中的本際。所以心中顯然有勞累，他們很清楚知道：「我成爲大阿羅漢，具足三明六通，可是我遇到菩薩時，還是沒有開口的餘地。」顯然他們心中是有勞累的，所以不樂於見到菩薩們，顯然不能夠說是「累無不盡」，依印順對不思議法身證得的條件標準，不迴心阿羅漢們怎能獲得不思議法身？

而且阿羅漢們都是在世俗法蘊處界上面用功觀行來斷與證，都是從蘊處界五陰等世俗法來修行的，從來不曾涉及法界實相的觀行與親證。所以阿羅漢智慧不圓滿，也沒有辦法進入佛菩提中，顯然他們心中是有勞累的，印順不該說他們「累無不盡」。因此印順的說法仍然是不可信的，也是不如實的，當然更是不究竟的，所以說印順的講法是顛倒見、曲解說。因此，印順對於「得不思議法身」以及「不由於他，不受後有智師子吼」等經文，就無法解釋了！只好這樣簡單的幾個字就註解完了，完全無法像我們一般深入解說而使大眾瞭解。

在我們正覺同修會開始弘法前，印順是一直在「獅子吼」的，誰都得服他，否則就會被他批判。可是當我們出來弘法以後，大家聽過我們的吼聲，終於明白了：原來印順說法的聲音並不是獅子的吼聲。可是印順的門徒們還不死心，因為我剛剛拿到一本精裝書《永光集》，是印順的門徒們在他死後的二〇〇四年又新弄出一本書來，也說是印順寫的，想要繼續光大印順的法，顯然他們真的還不死心。不過也難怪，因為他們確實不能死心；他們如果心死了，那就表示弘誓學院、佛光山……等道場都得要關門了，都要效法佛光山以前做過的封山行動。那麼佛光山應該在解除封山時，把人間佛教的招牌改掉；慈濟也得要跟著改掉人間佛教的招牌；那可真是茲事體大，所以他們當然不能死心。但是我說他們的法其實已經死了，因為完全無法修改或狡辯說是正確的，全都無所能為了；就算只剩下身體而沒有心了，也要繼續掙扎著不死，還要繼續做困獸之鬥，不樂意爽快地死，然後再求眞正的永生。所以印順的問題確實很大，害人不淺，我們必須繼續努力辨正印順的錯謬，使大眾都知道，以免印順的法毒再繼續害人。二十年後、五十年後的佛教研究者，可能會對他們作出一個評論：**印順書中所講底佛法，是二十世紀佛門中底笑話**。一百年後的佛教研究者，可能也會對西藏密宗作出評論，說藏傳佛教是佛教界的千年大笑話、千年大騙局。這將是無可避免的，我們現在已經可以預見了。

關於這一段經文：「**阿羅漢、辟支佛度生死畏，次第得解脫樂，作是念：『我離生死恐怖，不受生死苦。』**」印順如何註解呢？請看補充資料，印順說：【約斷煩惱說：先斷見一處住地，次斷欲愛住地，再色愛住地，有愛住地。約證果說，先證初果，次證二果，再三果、四果。二乘這樣的次第修證，也能得解脫樂，離生老死怖。】（正聞出版社．印順法師著《勝鬘經講記》p.186）這當然也是有問題的。我評論說：「**二乘人斷煩惱與證果，非必次第斷、次第證，譬如『善來比丘』，亦如初聞法時即成俱解脫、慧解脫之阿羅漢等人。**」

從文字表面來看，印順的說法似乎是沒有問題的；因爲他所說的，與四住地的修斷次第是一樣的，似乎是正確的：見一處住地斷了，就是斷我見、常見、邊見、惡見等。五利使全部都斷盡了，當然是斷三縛結的，所以是證初果，這並沒有錯。但印順卻又建立意識細心不壞說，所以是未斷我見的。接下來斷欲愛住地，印順的說法也有問題。因爲在阿含中很清楚說心解脫是三果的證境，是說當初果人把三縛結斷了，繼續修行，離開了初果的階段，可是還沒有到達三果時，貪瞋癡淡薄了就成爲薄地，這才是二果。可是欲界愛住地斷了，並不是二果人的證境，而是三果的心解脫。見道之後斷了欲界愛，初禪自然發起了；當初禪發起時，離開欲界境界而成爲層次最低的三果人。因爲三果人有六種，六種中的最後一種又分爲二種。所以二果人這時候發起初禪了，就是最低層次的三果人，不是最高層次的三果人。因此斷了欲愛住地，並不是印順所講的二果人的事，而是三果的境界，所以印順對聲聞果證的配置是錯誤的。色界愛住地斷了也仍然是三果，有愛住地斷了才成爲四果人。所以印順在這部分的理論上是對的，但是次第與位階就弄錯了，所以印順這個說法還是有小毛病的。

二乘人斷煩惱與證果，是不是如印順所講的一定都是次第斷？事實不然，因為明明有許多阿羅漢是「善來比丘」，一時就成為阿羅漢的。有許多阿羅漢，是見 佛之前已經先證得非非想定，所以三界愛已經都降伏了，只是最後一分的我慢還沒有斷。我慢是因我起慢：因為自我的存在而覺得喜樂。這是非常微細的，一般人不論如何聰明，都不會發覺到的。這個我慢相是什麼時候可以斷除呢？是在斷除最後一分極微細我見之時。所以「善來比丘」大部分（可以說百分之九十九），後來都會變為菩薩。「善來比丘」的意思就是說：「來得好呀！比丘！」請問：「你們來得好？來得不好？」等你破參了，你就知道為什麼說來得好，而不說去得好。換句話說，這一句話之下，善來比丘就證悟如來藏了。這其實就是最早的機鋒，在這一句話之下，他已經親證本識了，所以才能叫作來得好。

若是要從斷思惑來講，就沒有所謂「來得好」可說了，應該要說「去得好」，並且還得經過一些觀行以後才能去得好，不可能像「來得好」一樣隨即悟入的。可是為什麼 佛要說來得好？明明是要叫人家斷我見、斷我執，把自己滅掉的，為什麼不說「去得好、死得好、滅得好」？為什麼要叫作「來得好」？這當然是菩薩法嘛！但是被二乘聖人結集以後，就變成解脫道而不是大乘法了。可是沒有人去注意到這一點，因爲他們不懂得什麼叫作「**善來比丘**」。當 佛陀認定這個人是可以成爲菩薩，一見面就說：「來得好，**比丘！**」比丘就是煩惱已經斷盡了，斷了煩惱當然就是比丘。比丘的意思是勤習而求斷煩惱。「**來得好，求斷煩惱！**」這一下，不就鬚髮自落了嗎？你現在還有鬚髮嗎？沒有了嘛！但是無妨頭上臉面的鬚髮還在，實質上卻已經是沒有了，這叫作鬚髮自落。

當你找到本識時，哪裡有鬚？哪裡有髮？如果沒有這樣證，剃了髮、除了鬚，還是有鬚髮的人，因爲終究是**我生繼續**而不是**我生已盡**，所以善來比丘其實就是這個意思。因此，二乘人斷煩惱，並不一定是次第斷，因爲他們在初轉法輪時期都是聲聞阿羅漢。也有許多不具備大乘根性的人，佛只教導斷除我見，當他們我見剛斷之時，立刻就成爲慧解脫阿羅漢了，這哪裡是有次第斷的呢？可是印順在這裡的次第配置，卻都是次第斷的。

我們也常常講：你們在弘法時，假使有那個福氣，遇到一個已經證得非非想定的徒弟，那就好像禪宗的一個故事一樣，克勤圜悟向大慧宗杲說：「假使你以後弘法時，遇到一個像我這樣的人給你當徒弟，那你會怎麼作？」大慧說：「那就像蘇東坡講的，好比當劊子手一生，有幸遇到⋯⋯」劊子手是專門行刑砍頭底人。古時行刑砍頭，都是把砍刀斜在肘後來砍，砍下去是又砍又切的，連脊椎骨都會砍斷的。大慧宗杲就回答師父說：「就像蘇東坡講的，一生當劊子手，有幸遇到一個肥漢剮，正可以說是『何幸如之』。」就是這個道理。假使你弘法時，雖然也許還沒有成就四果、三果，也有可能還只是在初果位，但是畢竟你有佛菩提的智慧；有一天也許遇到一個肥漢——就是已經證得非非想定的人，你可以告訴他我見的內涵，教導他怎麼斷我見；當他聽完了，如果是聲聞種性人，他將會向你請求：「我想要現在就入涅槃，可不可以？」如果旁邊沒有人，你就說：「暫緩！暫緩！」如果來了一大堆觀眾，你就說：「汝自知時！」意思是說，你自己知道什麼時候可以入涅槃。他一聽就知道現在可以了，就當眾入涅槃了。那你想，你的法會不會很快就大弘起來？一定會呀！咦！你怎麼會搖頭？是不認同他的種性嗎？因為眾生看到你度了這個人，只說上一席話，這個徒弟馬上成為阿羅漢，隨即就入無餘涅槃——這個法眞的厲害！眾生會這麼想：佛陀之風再現。眾生對你的法就有信心了，而那個人也就是你的肥漢，專門送給你來「剮」的。

所以解脫道中並非如印順所說每一個人都次第證的，阿含中講的已有很多種狀況了；有人一悟成爲俱解脫，也有人一悟成爲慧解脫，那是因爲他們本來就已經有四禪八定了，或是本就發起初禪而離開欲界貪了，也有可能已經得二禪，這時只要幫他斷了我見，我慢相不存在了，當場就成爲慧解脫阿羅漢了；所以不是全都次第證的，只有鈍根人才是次第證的。但是對一般鈍根人來講，當然是要次第證；就是先斷我見，我見斷了以後，接著努力進修想要離開三界，因此他就變成薄貪瞋癡的薄地二果人了。這個斯陀含，努力再進修，有一天終於確實斷除了欲界愛，發起初禪了，這時就成爲最基本的三果人。然後努力再把五下分結的微細部分斷除，然後進修五上分結的修斷，最後是有漏與無明漏也都斷盡了，那他就成爲四果人、慧解脫了，這是次第證。

可是次第證也不一定這樣就圓滿了，有的人成爲慧解脫以後，他繼續再修四禪八定，把滅盡定證得；甚至於爲了示現他的威德力，來向眾生顯示佛法是多麼勝妙，所以他再進修五神通，使自己成爲三明六通者，這樣也是次第證。所以解脫道不是像印順所講的，一定是次第證。如果依印順的講法，那麼四阿含就會變成「此經非彼經、彼經非此經」，得要互相非議了。如果眞的能用這一部經非議另一部經，另一部經也可以回過頭來非議這一部經，那麼四阿含諸經的問題可就大了！所以說，法無定法，只要你佛法通達了，要先見道或要先修道，就由著你去玩。可是印順不瞭解這個道理，才會說一定要怎麼樣去配置，一定要如何次第進修，其實是不對的。

因此，解脫道不一定是次第證的，但是一定要把次第證的道理告訴大家，免得誤會了，就把修證阿羅漢的完整內容給遺漏掉。有的人是修得很好的，問題是他對某一部分還沒有斷、還沒有實證，所以被牽扯住而不能上進。因此佛說法時都是應機示教，不一定說同一種方法。有時對某一個人說：「你只要把欲界愛斷除，就可以證阿羅漢。」果然斷除欲界貪以後，眞的就成阿羅漢了；可是別人欲界貪斷了也都沒有用，永遠只是一個證得初禪的凡夫而已，因爲他的我見沒有斷，所以 佛就告訴他說：「你只要斷我見就夠了。」因爲他對三界境界都不貪愛、都不喜樂，所以我見一斷，立刻成爲阿羅漢。有的人瞋恚心比較大，只剩下瞋心未斷，就告訴他斷瞋；瞋一斷，五上分結都不存在了，也成爲阿羅漢了。所以法無定法，其實有很多差別。但是印順把它侷限在一個次第上，就會把佛法變成闕漏而不圓滿，法就容易被毀壞，這個部分大家都要瞭解。

再來看經文：「**阿羅漢、辟支佛觀察時，得不受後有，觀第一蘇息處涅槃地**。」這幾句經文，印順怎麼註解呢？請看補充資料，印順說：【得解脫樂時，「作是念：我離生死恐怖，不受生死苦」。離生死恐怖，約現法心得安樂說；不受生死苦，約當來不感苦果說。又**前句明盡智**，**次句明無生智**。二乘於**金剛喻定**斷四住煩惱，於下一念得盡智，知生死已了。次念得無生智，知後不再生。】（正聞出版社．印順法師著《勝鬘經講記》p.186～p.187）對印順這些文字，我作了以下兩點評論：「連等覺菩薩之證境都不可說是金剛喻定，何況是二乘人？但印順處處以己意說金剛喻定的究竟法無我是三乘所共，可見他對大乘佛果的看法了！只因爲本經正說二乘無金剛喻定，印順便只能隨順而說二乘無此定。」

這意思是說，印順連二乘法的盡智與無生智都誤會了！盡智是「我生已盡」之智慧，不是「離生死恐怖」之意；謂剛強凡夫樂著三界者都不起生死恐怖之想，死既不懼，生亦無恐，反而樂生；心性怯懦者則懼死而不畏生，故從少小年紀便學生而不學死，故名愛、樂、欣、喜阿賴耶。是故離生死恐怖並不是盡智，而以具有我生已盡之智慧名爲盡智也！有盡智者非必能爲人說法，因無解脫知見；譬如阿羅漢周利槃特伽受供之後，轉請舍利弗尊者爲施主說法，自己不能說，謂其受供當時唯有盡智而無無生智故。「不受生死苦」，既是盡智境界，也是無生智境界，不可如印順單單定位爲無生智也！無生智者謂能以不再受生之智慧爲人宣說，謂已通達二乘無生之智慧而發起他受用功德者。若如周利槃特伽早期唯有自受用功德而不能爲人宣說生死已盡之智慧，則名盡智而非無生智，生死已盡、亦已離生死恐怖故，然而仍缺無生智。故印順對聲聞十智的最後二智亦已嚴重誤會也！

至於印順所說「二乘於金剛喻定斷四住煩惱」，但二乘聖人其實不得金剛喻定，因爲不證金剛法性的如來藏故。不但理證上如此，本經的〈無邊聖諦章〉中也如是說：「世尊！金剛喻者，是第一義智；世尊！非聲聞、緣覺不斷無明住地初聖諦智是第一義智。」四阿含諸經中的法義也證明，證阿羅漢果者不需要證得入胎識。這已顯示印順是有意特地高抬二乘證境。

接著我們來一一辨正。印順說：「得解脫樂時，『作是念：我離生死恐怖，不受生死苦』。離生死恐怖，約現法心得安樂說；不受生死苦，約當來不感苦果說。又前句明盡智，次句明無生智。」這還是在講剛剛那句經文，可是印順這個說法還是有問題的，因爲印順連二乘法的盡智與無生智都誤會了！盡智是「我生已盡」的智慧，它不是「離生死恐怖」的意思；也就是說剛強凡夫、樂著於三界的人，心中都不會生起生死恐怖的想法，他們連死都不怕，生更沒有恐懼；反而是喜歡生，不喜歡無生；所以去學校學習如何在社會上生活的人都叫作學生，從來不叫作學死。因爲世人都是想要學習生存而不想要學習滅度。即使是學佛了，覺得沒忌諱了，還是不可以如此問：「某某親教師，你的學死有多少人？」不能這樣問，因爲一般人很忌諱，都還要說：「你現在的學生有多少人？」假使你問：「你現在的學死有多少人？」人家也聽不懂。

如果你的學生們聽到你對外這樣說：「我有一百位學死。」可能學生也會氣你。這就是世俗人的心想顛倒，所以世俗人都樂生、不樂死。如果一個醫院或者療養院叫作樂死療養院，保證連一個人都沒有，還沒開張就要關門大吉了。所以印順說盡智與無生智是離生死恐怖之想，這根本是廢話；因爲阿羅漢們都怕再有生死，而眾生從來沒有對生死眞的恐怖過。如果眞要講恐怖，只是對死有恐怖，都是喜歡生。從來沒有人會慶死，只會慶生；所以一向都是只有慶生宴，沒有慶死宴。對於生與死全部都恐怖的（特別是恐怖生），那是阿羅漢，眾生是沒有眞正恐怖過的，所以印順的說法是不對的。

譬如說，心性比較怯懦的人，他怕死，卻不畏懼出生；所以從少小年紀就學生而不學死，都是學著要怎麼生活、生存，本質都是愛樂生死。由這個緣故，離開生死的恐怖，並不是盡智，而是般若智。盡就是後有永盡，以後不會再有出生了，就是後有永盡的智慧，那就是盡智。可是盡智只是聲聞十智中的第九個，這時還沒有無生智，只知道把自己滅盡了就出生死苦：我反正就是不去投胎，什麼境界我都不去，我就要把自己滅掉。是後有永盡。可是如何使人無生？他不一定能講。所以有的阿羅漢是只有盡智的，只到第九智爲止，像周利槃特伽早期就是這樣的人；所以人家供養他，因爲他是阿羅漢，讓人種福田；可是受供完了應該爲施主說法時，就請舍利弗來幫他說法，因爲他沒有無生智。也就是說，爲什麼能夠無生？他不很清楚。因此說，有盡智的人，不一定能爲人說解脫道的智慧，他只知道怎樣不再去受生，是後有永盡，所以有盡智。

想要親證無生，就必須要先瞭解我執斷盡的原理，以及免除一切後有種子現行的道理，才能夠有無生智，不再受生死苦。這樣的阿羅漢就不一樣，不但有盡智的智慧境界，同時也有無生智的智慧，是因爲他有解脫知見的智慧，不是只證解脫而已。得盡智的人只證解脫，沒有解脫知見；但是得無生智的人既證解脫也具足解脫知見，所以他能爲人宣說解脫之道，因此不可以像印順一樣，單單把它定位爲無生智。這意思就是說，二乘聖人他如果說「我不受後有」，那要看他是不是有無生智；如果他只有盡智，說「我生已盡，不受後有」，仍然是不能爲人解說解脫的原理，他就是只有盡智的人。這部分，印順還沒有分清楚。

印順又說：「**二乘於金剛喻定斷四住煩惱。**」他在既有的錯誤判教之下，一定會這樣講，他的一貫說法是：成佛之道等於聲聞解脫道。成佛時既然有金剛喻定，當然二乘人成爲阿羅漢時就是證得金剛喻定，所以他認爲俱解脫阿羅漢得滅盡定時就是發起了金剛喻定。這就是印順處心積慮要表達的意思，印順絕不承認有佛菩提道，只承認有解脫道，而解脫道就是成佛之道，因此他說二乘也有金剛喻定。印順說的二乘金剛喻定是斷什麼煩惱呢？是斷四住地煩惱。換句話說就是斷見惑與思惑，這就是印順對金剛喻定的定義。

但問題是：二乘聖人其實沒有得金剛喻定，阿羅漢也不是佛。因為他們都沒有證得金剛法性的如來藏，怎能說有證得金剛喻定？大乘菩薩在七住位中，已經證得無餘涅槃的本際，了知無餘涅槃中就是如來藏獨住的境界。菩薩在思惑還沒有斷盡之前，就已經很清楚地觀察到無餘涅槃中的境界了，這是你們明心後就可以現觀的。但這樣實證金剛心的你們，尚且不能稱為金剛喻定，何況二乘阿羅漢不知道無餘涅槃中的本際，還不知道涅槃中的金剛心何在，印順怎能說他們已證得金剛喻定呢？

不單如此，初地滿心菩薩對五分法身已經得一分了——五分法身已證得十分之一；乃至到達等覺地圓滿的妙覺位時，五分法身的十分都已具足了，但仍然還沒有金剛喻定。親證如來藏後，將近二大阿僧祇劫才能修到妙覺地，根本不是一世即能成就四果的阿羅漢所能想像；因為淺如七住菩薩的般若總相智慧，阿羅漢就想像不來了，何況等覺、妙覺地？連妙覺地都不敢說有金剛喻定，何況是二乘聖人還沒有證得金剛心，連七住菩薩的般若境界都不懂，怎麼能夠說有金剛喻定呢？所以印順的說法還是錯得很嚴重的，不但理證上的現觀是如此，即使是印順所註解的這部《勝鬘經》中就已經有講過：二乘人所證根本不是金剛喻定。因爲在後面〈無邊聖諦章〉中已經有這麼說：「世尊！金剛喻者，是第一義智；世尊！非聲聞、緣覺不斷無明住地初聖諦智是第一義智。」印順並非沒有讀過這段經文，這已經顯示印順是故意高抬二乘證境，來混淆大乘證境而想要把二者混同爲一。印順既然註解這一部經，後面經文也已這麼明白的說出來了：「二乘無學聖人所證的根本就不是第一義智。」印順怎麼可以說阿羅漢有金剛喻定？可是印順明知不是如此，卻硬要這麼解釋，所以我說印順不老實。印順是處處在說謊的，經文明明不是像他這樣講的，印順卻可以顛倒過來講一大堆，把讀者迷亂以後，再扭曲過來，變成與經文相反的意思。當讀者讀到頭痛時，就無法了知他的手法了。

經文說：「是故三乘即是一乘，得一乘者得阿耨多羅三藐三菩提，阿耨多羅三藐三菩提者即是涅槃界，涅槃界者即是如來法身。得究竟法身者，則究竟一乘，無異如來，無異法身；如來即法身，得究竟法身者，則究竟一乘，究竟者即是無邊不斷。」這幾句經文，印順怎麼註解的？我把它分成三點來講，請看補充資料，印順說：【但一乘，是三乘中的大乘——即無二唯一大乘呢？還是於聲聞、緣覺、菩薩——三乘之外另有一乘呢？這就有異說了。其實，對二說一，或對三說一，是一樣的。如手中只有一顆荔枝，而對小孩說：我手裡有三樣果子，有梅有杏有荔枝。等到伸開手來，手中只有一顆荔枝，**餘二皆無**。這即如法華經說的：『唯此一事實，餘二則非真』。但也可以說，並無三果，唯有一果。以初說有三果，開手時只有一枚。如法華經說：『但以一佛乘故為眾生說法，無有餘乘，若（第）二若（第）三』。由此看來，**簡三說一，與簡二說一，根本是一樣的**，並沒有什麼矛盾。】（正聞出版社．印順法師著《勝鬘經講記》p.13）

從文字表面來看，印順好像都沒有錯，當然你們已經知道他錯在哪裡了。可是若只從文字表面來看，印順似乎是沒有錯的，挑不出毛病的，但其實他的問題很大。先來看我對他這一段註解的評論：**【印順此意是說：大乘佛菩提就是二乘菩提，所以大乘法與二乘法並沒有不同之處。因此他以聲聞解脫道作爲菩薩所修的佛菩提道，只以二處不同來區分大乘與二乘法：一、大乘菩薩同證解脫而不取涅槃，世世在人間度化眾生。二、菩薩世世度化眾**

生，同時淨化習氣種子；習氣斷盡就成佛了。

這種說法從表面看來似乎合於 佛說，其實卻與 佛說的義理大相違背。佛說的是：二乘解脫道是從大乘佛菩提道中析出部分來說，本屬大乘佛菩提道中的小部分佛法，所以從大乘法來看二乘法，本來不外於大乘法；離大乘法就無二乘法可說了，所以說是唯一佛乘。

但印順引喻失當，不符佛意：佛在法華中說的三車喻，是說對大乘人則以牛車勸喻，發其菩提心；但對緣覺根性人則以鹿車誘其發心，對聲聞乘人則以羊車誘其發心；等到發心以後，卻不送羊車、鹿車而改送他們大白牛車。所以先引誘聲聞緣覺人修學二乘法而得解脫果，然後在第二轉法輪時期就對二乘人宣說佛菩提道，漸次引入大乘法中。然而二乘法是本已包含在大乘法中了，所以二乘法只是大乘法中的一小部分，不能外於大乘法而成立、而存在，所以說「唯一佛乘」。這與印順將二乘法等同大乘佛菩提法，然後說唯一佛乘就是聲聞解脫乘，二者是大異其趣的；所以他說「簡三說一，與簡二說一，根本是一樣的，並沒有什麼矛盾」，其實是大相矛盾的；只是初機學人不知印順的盲點，只從他所說的似是而非的說法加以信受，接受了他的錯誤思想，不知印順是盲研瞎究的佛學研究者；若不改變，三大阿僧祇劫後仍然不脱破法、謗法的本質。

由此緣故，佛於初始説法的《長阿含經》中説：過去諸佛有一會説法者，純一大乘法；亦有二會説法者，先説二乘，後説般若及方廣種智妙法；亦有三會説法者，先説二乘法，次説般若，後説方廣種智妙法。然後説：「我今一會説法，弟子千二百五十人。」都是聲聞眾，因爲那時尚未開始度菩薩眾。亦如阿含部之《七佛經》卷一：「我今一會説法，一千二百五十苾芻得阿羅漢果。」此時是初轉法輪第一會説法，故説「今」時「一會説法」，尚未到第二會的般若時、也還未到第三會的方廣時故；當時所度者也都是聲聞眾，尚未度得菩薩眾。如是，「我『今』一會説法，度阿羅漢」聖句，即已宣示以後將會再有二會、三會説法，度菩薩眾。由此可徵第二會的般若諸經、第三會的方廣唯識系列諸經，當然都是 釋迦佛親口所説。所以，唯一佛乘的意思，是將二乘法攝歸大乘法的。】

我們接下來詳細一點解説印順的矛盾在什麼地方。印順這一段話的意思是説：「大乘佛菩提就是二乘菩提，所以大乘法與二乘法並沒有不同之處。」因此印順以聲聞解脱道作爲菩薩所修的佛菩提道，只從二個不同之處來區分大乘與二乘法：第一、大乘菩薩同證解脱而不取涅槃，世世在人間度化眾生。

第二、菩薩世世度化眾生，同時淨化習氣種子；習氣斷盡就成佛了，菩薩不必證第八識如來藏及一切種智。這就是印順的意思所在了。

印順這種唯一佛乘的說法，從表面上看來似乎合於佛說，其實是與佛說的義理大相違背的。因為 佛說的是：二乘解脫道是從大乘佛菩提道中分析出一部分來說，本來是屬於大乘佛菩提道中的小部分佛法；所以從大乘法來看二乘法，本來就不外於大乘法。如果離開大乘法就沒有二乘法可說了，二乘法其實只是大乘成佛之道中的一小部分佛法，本來就是大乘中的局部法義，諸佛所傳的本來就是成佛之道，因此說諸佛的法是**唯一成佛之道——唯一佛乘**。可是印順引喻失當——而且是曲解 佛的譬喻，不符合 佛的意思。佛在法華中說的**三車喻**是說：對大乘人用牛車作譬喻，來引發菩提心；但是對於緣覺根性的人，就用鹿車來誘惑他們發起求解脫的心；對於聲聞種姓人，就用羊車來勸誘他們發心；等到發心以後，卻都改送他們大白牛車，所以先引誘聲聞、緣覺人修學聲聞法、緣覺法而證得解脫果，然後在第三轉法輪時期就對二乘人宣說佛菩提道，引入大乘法中。可是二乘法本來就包含在大乘法中了，所以二乘法只是大乘法中的一小部分，不能外於大乘法而成立、而存在，所以諸佛的法道其實就是一個成佛之道——唯一佛乘。這與印順將二乘法取代大乘佛菩提而說聲聞道就是唯一佛乘——成佛之道的說法，是大異其趣的。印順以解脫道來取代佛菩提，說一乘道就是解脫道，這跟 佛的《法華經》三車譬喻眞義，正是剛好顚倒的。

所以他說「**簡三說一，與簡二說一，根本是一樣的，並沒有什麼矛盾**」，意思是唯一佛乘就是聲聞阿羅漢們所修的解脫道，沒有佛菩提道可修、可證；他的解釋是與 佛的本意大相矛盾的，是完全曲解的。只是初機學人不能瞭解他的盲點與扭曲，所以從他所說的似是而非的說法中加以信受，接受了他的錯誤思想，卻不知他是：**盲研瞎究的佛學研究者，三大阿僧祇劫以後他仍然沒有辦法脫離破法、謗法的本質。除非他有修除他的邪見種子**。由這個道理，佛在初始說法的《長阿含經》中說：過去諸佛有一會說法者，那就是純一大乘法；也有二會說法的，是先說二乘，然後說般若（即方廣種智的妙法）；也有三會說法的，譬如 毗婆尸佛（就是前一佛），是先說二乘法，然後說般若，最後說方廣種智妙法。而 世尊宣講阿含解脫道時，還沒有到第二、第三轉法輪時期，於是說明：「**我現在所講阿含解脫道是第一會說法，**

只度聲聞阿羅漢。」意思是說：現在所說的解脫道並不是全部佛法。所以說：「我今一會說法，弟子一千二百五十人。」這是《長阿含‧大本經》就是這麼講的。請問：世尊說祂講《大本經》的時候，是一會說法度一千二百五十阿羅漢，這個一千二百五十阿羅漢的一會說法是幾年？只有十幾年，因爲不是一次說法就度得一千二百五十人。所以第一會（也就是聲聞會），總共十餘年度得一千二百五十位聲聞人，這樣說爲聲聞會的一會說法，言外之意是很清楚表示：我還有二會、三會等法還沒有宣說。由此可見長阿含是在聲聞會的後期講的，因爲那時候已經具足一千二百五十阿羅漢了。

接著，譬如阿含部《七佛經》的卷一：「我今一會說法，一千二百五十苾芻得阿羅漢果。」這就是初轉法輪的第一會說法，所以說「今」時「一會說法」，顯然是還沒有到第二會的般若時、也還沒有到第三會的方廣時故；所度的也都是聲聞眾，還沒有度得菩薩眾。所以，「我今一會說法，度阿羅漢」，這金言聖句，就已經宣示阿含期講完以後一定會有第二會、第三會說法來度菩薩眾。由此可證明第二會的般若諸經、第三會的方廣唯識系列諸經，當然都是 釋迦佛親口所說。所以，唯一佛乘的意思其實就是說：我說要給你們羊車、鹿車，其實眞正想要給你們的是大白牛車；可是因爲你們這些二乘人的根性只喜歡羊車、鹿車，我就告訴你們說：「我在外面有羊車、鹿車要送給你們。」如今你們出到火宅外面來了，我還是送給你們二乘人大白牛車。大白牛車就是唯一佛乘，沒有羊車與鹿車——沒有聲聞乘與緣覺乘。所以說，聲聞乘與緣覺乘，都只是方便說法，誘引二乘人實證解脫以後轉入唯一的大乘成佛之法中，這才是**唯一佛乘**的眞義。

但印順的說法卻變成這樣：「**外面有大白牛車、鹿車、羊車，但是你們出來外面以後，我給你們的統統是羊車。**」因爲他所謂的唯一佛乘是聲聞解脫道，而解脫道只是佛所說的羊車。《法華經》講的唯一佛乘的三車譬喻，印順說他引用的是《法華經》，讓你確信不疑：**只有一乘**。而法華所說的**一乘**——大白牛車，印順卻用羊車取代了，將羊車告訴你說：這就是大白牛車。印順把羊車指爲大白牛車，這個說法跟古時的趙高有什麼不同？都一樣是**指鹿爲馬**。可是佛在法華中說的是：等你們二乘解脫道完成了，可以出三界了，我再告訴你們：**其實我要送給你們二乘人大白牛車，這可以使你們成佛**。印順說的卻是：等你們修行完成二乘解脫道以後就可以成佛，大乘與緣覺乘是方便說，成佛就是羊車——聲聞解脫道。印順是這樣移花接木的。

可是星雲、聖嚴、證嚴、昭慧……等人顯然都沒有發覺到這一點，才會繼續盲目支持印順，在印順死後還要幫他出一本《永光集》來充充場面；所以現在印順的著作又多了一本，是四十二本了。但是，被我指證是錯謬的法以後，出再多本也是沒有什麼作用的，即使能再爲印順增加一百本還是沒有用的。這意思是說，印順說的法，問題很多也很大；而印順擅長包裝，以很婉轉的曲解作爲漂亮的包裝以後，讓學人無法發覺到印順的問題所在。

同樣這段經文：**「彼先所得地，不愚於法，……；是故三乘即是一乘，得一乘者得阿耨多羅三藐三菩提，……」**印順這樣子曲解說：【依《般若經》等說，（彼）先所得地，即三乘所證的境地(1)。經說：阿羅漢與辟支佛的智德斷德，都是菩薩無生法忍(2)。所以論到誰能信受甚深般若波羅密時，即說見諦——即初果，及阿羅漢，是能信受的。若不能信受，《法華經》說，他們是未得謂得的增上慢人。所以，如後世小乘學者，否認大乘，這正可以證明他們，並沒有自證的覺境(3)。無論依《法華經》的過去因地，或依《般若經》的現在證地，二乘都自知是不究竟的，能深信大乘成佛法門的。然見道證果而住於二乘果，未能進學大乘，確乎也是有的。如舍利弗、目犍連等，在法華會前，不知道自己也是菩薩(4)。】（正聞出版社．印順法師著《勝鬘經講記》p.188～p.189。文中（彼）字及數目字是平實導師所加，以便辨正時比對。）

我對他這段說法，作了評論：「（1）此處經文中「彼先所得地」的彼字，無關乎《般若經》的說法，而是單指阿羅漢證聲聞果時。（2）二乘聖人的證境也是菩薩無生法忍果的證境所攝，但只是無生法忍果中的一部分，不等於菩薩的無生法忍果證境，印順所說又在高指解脫道了！（3）印順這個說法是正確的，只有尚未證果的二乘中人，才會自認他們的解脫是究竟解脫。（4）所以後來的十大聲聞也有許多人是自知為菩薩再來的，只因胎昧遮障、暫不自知。既然十大聲聞在第一會說法的阿含期只學到了解脫道而不知佛菩提道，當知般若及方廣唯識經典，都是第二會、第三會說法的眞正經典。」

從印順對這段經文的註解來看，文字表面似乎是沒有錯的，但仍然大有問題。我們先來看他前面的三句：「依《般若經》等說，先所得地，即三乘所證的境地。」他這樣註解的目的，就是要讓人家誤以為三乘聖人所證的都一樣。這就是印順註解大乘經之目的。請看我寫的第一點：印順這一句話中所說的「先所得地」就是經文的「彼」字所講的聲聞緣覺；其實，這句「彼先所得地」的**彼**字，無關乎《般若經》的說法，而是單指阿羅漢、辟支佛證得二乘果時是「不愚於法，不由於他」。經文中這個彼字所講的，與《般若經》全然無關，可是印順硬要牽扯在一起，讓大家覺得：**其實三乘菩提就是解脫道，《般若經》講的也是阿含解脫道；三乘道就是一道——只有二乘解脫道**。然而勝鬘夫人說的「先所得地」之前有一個**彼**字，印順故意省略，讓人忘記這個**彼**字是指二乘人。然而這個**彼**是指二乘人，無關菩薩，也無關於成佛之道。二乘人所證的是阿羅漢、辟支佛證的聲聞果、緣覺果，與佛菩提果無關；印順是故意混淆在一起，用以誤導眾生。

再接下來兩句，印順說：「**經說：阿羅漢與辟支佛的智德斷德，都是菩薩無生法忍**。」也是同一種混淆的用意。請看我第二點的說明：二乘聖人的證境也是菩薩無生法忍果的證境所攝，但只是無生法忍果中的一小部分，不等於菩薩的無生法忍果證境，印順在這裡又在高抬解脫道了！解脫果所攝的阿羅漢果、辟支佛果，利根人精進修學一世就可以證得了，遲鈍的人精進修學四生也可以證得。這是講精進的人，在有眞正善知識的指導下。可是菩薩的無生法忍果，單說初地的入地心就好，從初住位修到第七住，才終於能夠混到一個明心，很高興終於眞的開悟了，但這是一大阿僧祇劫的三十分之七，不是短短一世完成的。至於菩薩初地的入地心，則是一大阿僧祇劫才能完成的；這都不是像阿羅漢果一生就可以完成，你說這二者怎能相等呢？這還只談修證完成的時間，還沒有談到修證內容的大差異。可是印順卻把二乘所證的高抬等於八地菩薩的無生法忍，所以印順是處心積慮處處把他個人的想法灌輸給大家：**解脫道就是佛菩提道，阿羅漢就是佛，唯一佛乘就是聲聞乘。**而印順自己也如此相信，所以當印順認爲對解脫道眞的懂了，就認爲自己已經成佛了，便同意把他的傳記副書名叫作《看見佛陀在人間》，而印順的根本問題就出在這裡。

可是印順這個心態，是在死前才這樣的嗎？其實是在六、七十歲時就有這個想法，所以他有一本書（好像是有關印度經典結集的那一本）（編案：《原始佛教聖典之集成》），有這樣寫著：**後代的佛弟子依照佛所開示的法去修學佛法，他們後來也可以證得佛的境界，他們實證後寫出來的經典也是佛法。這是在暗示大眾：當你依照經典的境界去修學，你一世中也可以證得 釋迦佛的境界，**

而你寫出來的經典也可以叫作佛法，或是被稱爲佛經。意思是：你若是證悟了，也可以寫經典。這就是印順底意思。所以他的傳記副書名爲《看見佛陀在人間》，是自居佛位，並不是死前才這樣想的，而是死前的三、四十年就已經這樣想的，因爲他那本書顯然不是到這個八、九十歲才寫的，應該是六、七十歲時就寫成了。

印順處心積慮要把三乘合爲一乘，而這個一乘的內容是聲聞解脫道，不是佛菩提道，這就是印順的想法與作爲。可是問題來了：每一個人依照 佛所說的去修行，一世就可以成佛，那麼 佛陀授記說「當來下生彌勒尊佛，是在五千六百萬年後下生成佛」，是不是亂授記？是跟大家開玩笑亂說的嗎？印順的意思卻似乎是這樣的。所以印順的說法問題很大，可是印順從來不考慮這些問題，一心一意要用西藏密宗應成派中觀的六識論來誤導大家，全力否定八識論而支持「意識不滅」的邪見，讓藏密的雙身法意識境界取得「合理」的生存空間。

印順又說：「所以論到誰能信受甚深般若波羅蜜時，即說見諦——即初果，及阿羅漢，是能信受的。若不能信受，《法華經》說，他們是未得謂得的增上慢人。所以，如後世小乘學者，否認大乘，這正可以證明他們，並沒有自證的覺境。」印順的心態與說法還是有同樣的問題，所以印順的這個說法是文字表面正確，但是內裡完全錯誤。正確的部分是說，只有尚未證果的二乘中人才會自認為他們的解脫是究竟解脫，可是阿羅漢不敢這樣想，不敢說自己是究竟解脫的。但他講的卻跟《法華經》中所說的不同。印順說的是：論到誰能信受甚深般若波羅蜜時，那麼所證的就是初果及阿羅漢。他說能夠這樣信受的人就不是增上慢人。所以，你們如果說：證得甚深般若波羅蜜時不是證初果、阿羅漢果，而是證得菩薩第七住位。那麼你就是增上慢人，印順的意思就是這樣。

印順的意思是說：你們如果主張說：「證得般若波羅蜜時不是證阿羅漢果，而是證菩薩果。」那你就是增上慢者。這就是印順的說法。所以，印順的意思是要暗示你說：大乘經典是全面錯誤的，當你修學禪宗、或者修學法相唯識宗，或者修學大乘任何一宗，當你開悟時仍然是證初果乃至阿羅漢果，不可以是證菩薩果。凡是主張開悟是證得菩薩五十二階位的人，就是未得謂得的增上慢人。可是《法華經》講的與他所講的正好相反，《法華經》

說的是：當你證得菩薩果位時，你就沒有增上慢了，你就可以信受《法華經》說的「阿羅漢不是佛」。這與印順講的剛好相反。這樣，你們看印順這個人有老實嗎？眞的不老實。印順文學底子很好，並沒有文字障，這證明印順知道《法華經》的義理並不是他所講的意思，可是他偏要扭曲成那個意思。

印順又說：「**無論依《法華經》的過去因地，或依《般若經》的現在證地，二乘都自知是不究竟的，能深信大乘成佛法門的。然見道證果而住於二乘果，未能進學大乘，確乎也是有的。如舍利弗、目犍連等，在法華會前，不知道自己也是菩薩。**」我們來看第四點，我是這樣評論他的：後來的十大聲聞也有許多人是自知爲菩薩再來，只因胎昧遮障、暫不自知。既然十大聲聞在第一會說法的阿含期只學到解脫道而不知佛菩提道，當知般若及方廣唯識經典必定是第二會、第三會說法的眞正經典。所以從印順自己所講的這一句話去作反證，也可以證明第二會、第三會講的是般若與唯識，確定是佛說。所以印順否定大乘經典，其實也是自相矛盾的。可是他的門徒們都不曾、也不會發覺到這個事實，而印順自己也沒有智慧發覺這個說法是正在打自己的嘴巴，而且在打自己嘴巴時卻是不知不覺、麻木不仁的。

同樣一段經文，印順又是如何註解的：【楞伽經也說：說有聲聞、緣覺、菩薩三乘種姓，說有三乘差別，是為初學者而施設的。證入無差別法性，都無所得，即知三乘即是一乘。】（正聞出版社．印順法師著《勝鬘經講記》p.190）他的意思在告訴你什麼？意思是說，《楞伽經》告訴你有聲聞、緣覺、菩薩三乘，但《楞伽經》這個說法只是方便說，不是正確的說法，這就是印順的心態。所以印順認爲法華所說的唯一佛乘，這個一乘就是解脫道、就是聲聞乘，一佛乘就是聲聞乘。

請看我怎麼評論他：「但是唯有菩薩證得無差別法性，聲聞聖人必須轉入大乘而證如來藏以後，方能證得無差別法性，這時方可說是一乘。二乘聖人在未證得如來藏的眞如法性的平等性以前，其實都還是不知道三乘即是一乘的。」只有菩薩證得無差別法性，聲聞乘人必須轉入大乘而證如來藏以後，才能證得無差別法性，這時才可以說他修證的法是唯一佛乘。二乘聖人在未證得如來藏的眞如法性的平等性以前，其實還是不知道三乘就是一乘的。因爲眞正的平等法性是如來藏，除此以外別無平等法性。所有阿羅漢的證境都是蘊處界斷滅空，都要靠如來藏來支持，二乘涅槃才能有平等法性。

依二乘法去修證解脫道，並不是眞實平等法性，因爲從阿羅漢來看一切眾生時，他們會發覺眾生跟他們不一樣：自己有斷我見、我執，可以入無餘涅槃，而眾生不能斷我見、我執，不能入無餘涅槃。所以不是平等法性。因爲聲聞、緣覺所修證的是蘊處界空，從蘊處界來看，他們與眾生是不平等的。可是菩薩證如來藏以後，再來看自己證得如來藏而成爲實義菩薩，證得本來自性清淨涅槃，可是同時也住在生死中；再看眾生時，發覺眾生也一樣住在生死中，不論是凡夫或下至螞蟻、螻蟻，他們根本沒有智慧可說，可是他們的眞心如來藏卻與自己的如來藏一樣本來就在涅槃中。因爲菩薩所依的是如來藏，當菩薩比對自己的如來藏與眾生的如來藏時，證明都是本來自性清淨涅槃，都是平等的；也都是不需要去修證，不需要斷我見、我執就已經是涅槃了。這才是眞實平等法性，是眾生與自己平等無二，沒有差別可說。

但阿羅漢是從蘊處界來看自己與眾生，當他們從蘊處界來看時，二者顯然是不平等的，印順怎麼可以說二乘人也證得無差別法性？所以印順這一小段話仍然是謊言。因爲他故意告訴你：**大乘法的《楞伽經》才說有三種部眾：**聲聞、緣覺、菩薩。但事實是這樣嗎？其實不然！在初轉法輪的四阿含中，有二、三十個地方說有三乘部眾，不是只有大乘經才這麼講的；所以印順這個人不老實，處處謊言。四阿含中明明講過有三乘菩提、三乘法、三種部眾，有二、三十處這麼講，印順卻故意要誤導你，讓你誤以為：**只有大乘經中才講三乘部眾，原始佛教不講三乘部眾，所以三乘部眾是後人創造大乘經時才編造出來的。**

他的厲害就在這裡，他的高招也在這裡；除非你有深入探究三乘經典，否則就會被印順欺瞞了。我們必須要一一戳破印順這些謊言，所以在《阿含正義》書中特地為這個題目專立一節來講三乘部眾、三乘菩提，證明四阿含中有多少處講了三乘部眾，證明印順說的都是謊話。諸位從這些辨正中可以看出印順這個人心思是多麼細膩，善於處處運用暗示性的說法，讓人接受他的看法。有多少人會用這種婉轉的手法讓你錯認為「**三乘部眾只有大乘經裡面才有**」？只有印順做得到。可是你若想要評論他，又不容易，因為印順不曾說「**阿含沒有講三乘部眾**」，他只說**大乘經中才說有三乘部眾**，卻會讓你產生**原始佛法沒有講三乘部眾**的想法，這就是印順手腕高超的地方。怪不得會有很多人被印順的思想玩弄於股掌之間，到現在還脫離不了。把印順對這段經文扭曲的註解辨正過了，接著要進入下一段了。

【「世尊！如來無有限齊時住，如來應等正覺，後際等住；如來無限齊，大悲亦無限齊；安慰世間無限，大悲無限安慰世間；作是說者，是名善說如來。若復說言『無盡法、常住法，一切世間之所歸依』者，亦名善說如來。是故於未度世間、無依世間，與後際等作無盡歸依、常住歸依者，謂如來應等正覺也。」】

講記：勝鬘夫人又說：「世尊！如來沒有『限齊時』住，而是常住的，如來應供等正覺是與後際平等而住的。」這意思是說，如來的住世並沒有**限齊時**。如來與阿羅漢不一樣，阿羅漢有限齊時，只在限齊時中安住於人間；過了這個限齊時，阿羅漢就入滅而不在世間了。限齊，是說限定一個處所或者一段時間。限齊時，是只到預先限定的時間為止；那個時間點到了，就叫作限齊時到。阿羅漢都是限齊時住，也就是說，在他的壽命終了前，一般是會繼續住於人間的，所以壽命終了前的時間就是阿羅漢的限齊時。在這一段時間安住於人間，就是限齊時住，阿羅漢都是這樣有限齊時住。如來當然也是應供，是等正覺，但如來沒有限齊時住，是永遠住於十方三界中來利樂眾生永無窮盡的，所以如來應供等正覺是與後際平等而住的。

後際是一直延續下去而沒有限齊的。前際有沒有限齊時呢？也沒有。因爲前際也是無始，不能說它有一個開始。往前推比時是無邊無際，往後推比時也是無邊無際，而如來是後際等住。等就是平等，如來與後際平等而住。換句話說，一切如來都不會入無餘涅槃的，入涅槃只是一種示現。印順對這一點很不喜歡，因爲阿羅漢都有入涅槃、都有滅盡的時候，偏偏如來全都沒有滅盡的時候。如來既沒有滅盡，印順想要把佛菩提道等同解脫道，想要把阿羅漢等同於佛，就不能成立了。印順對這一點很不滿，因爲這會顯示印順的敗闕，會使印順「以解脫道取代佛菩提道」的建立無法圓滿，一定會產生牴觸，所以印順對這一點很不滿意。但是經中這麼說，印順也無可奈何；於是就以「**如來已經滅度……只留下弟子對佛永恆的懷念**」一類文字，表示釋尊已經灰飛煙滅，世間再也沒有　釋尊存在了。但這段經文意思是說，如來應供等正覺是與後際平等而住的，這就是**如來常住**；可是讀印順的《妙雲集》時，會發覺印順處處在斥責**如來常住**，所以處處告訴你說如來常住即是外道神我、梵我的思想。

接下來，勝鬘夫人說：「如來沒有限齊時而安住於三界中，祂繼續不斷地利樂眾生，所以說如來的大悲也是沒有限齊的，世間永遠都存在著如來的大悲。因爲如來是後際等住，如來是無限齊時住，所以大悲也無限齊，當然如來安慰世間也就沒有限齊了。以如來的大悲沒有限齊的眞相來安慰世間，所以盡未來際所有的世間有緣眾生都會有如來在照顧，這樣成就如來常住。如果能夠這樣說法的人，就是善說如來的人。」換句話說，印順正是不善說如來底人。因爲印順說：如來常住是外道神我思想。依照勝鬘夫人的說法，印順正是不善說如來底人。不善說如來的印順，卻來註解如來常住的大乘經典而加以扭曲，卻也有許多人相信，眞的是末法時期的五濁眾生。

勝鬘夫人又說：「如果有人又這麼說：『無盡法、常住法，一切世間之所歸依。』這樣說的人也是善說如來。」換句話說，如果所說的是有盡法，非常住法，而說是一切世間所應歸依，這就是不善說如來。譬如把解脫道拿來取代佛菩提道，當然不是無盡法；因爲聲聞、緣覺只有住世一世，捨壽時就必須滅盡五蘊而入無餘涅槃，不再來世間利樂眾生，當然是有盡法。有盡法就不是常住法了，因爲是限齊時住；只在壽盡之前才住於人間，這樣就不能安慰世間無限了。阿羅漢的安慰世間是有限的，有限的安慰就不是大悲無限，所以印順以聲聞解脫道取代常住世間的佛菩提道，是使佛菩提道變成有盡法而非常住法，如此說爲一切世間之所歸依，眞是不善說如來。

接著勝鬘夫人說：「由於這個緣故，如來對於未度世間、無依世間，把自己的後際平等來作爲這些世間的無盡歸依、常住歸依，這樣的聖者就是如來應供等正覺。」換句話說，如來由於與後際平等而住，所以祂的大悲也就沒有限齊；如來用無盡法、常住法來作世間的歸依，所以對於還沒有得度的一切五陰世間，對於還沒有得度的一切無依世間，如來是把自己的後際平等常住，作爲這些未度世間、無依世間的無盡歸依，也作爲這些眾生們的常住歸依；要這樣才能叫作如來應供等正覺，所以成佛以後永遠不許入無餘涅槃。如果是把解脫道修證完成所證得的阿羅漢來作爲世間的歸依，對於未度世間、無依世間等眾生，顯然是不可能作爲歸依的，因爲尚未得度之世間，不可能在一世中就被全部度成阿羅漢，而且不度者一直是絕大多數。

能在一世中被度爲阿羅漢的人永遠都是極少數；佛陀有那麼多弟子，在世時也只度得一千二百五十人成阿羅漢，顯然那些未度世間而且會成爲無依世間的人數，永遠都是絕大多數。阿羅漢既然只住世一世，不再受生於人間，即不能與後際平等而作爲這些人的無盡歸依，也不能作爲這些人的常住歸依。印順怎能說阿羅漢們等於如來、即是如來呢？顯然他們不是如來，只是阿羅漢。可是印順卻說阿羅漢就是如來，當然我們不能同意，因爲阿羅漢不可能成爲眾生的無盡歸依、常住歸依。阿羅漢只能作眾生的一世歸依，不是無盡歸依；阿羅漢捨壽時一定會取涅槃，不是常住於三界中，所以也不可能是眾生的常住歸依。只有如來是眾生的無盡歸依、常住歸依，那麼阿羅漢當然不可能是佛，所以印順的見解與佛法實際的差異是很大的。

關於這一段經文，印順又怎麼註解？印順說：【所以法華經說：如來壽量如微塵不可盡，「壽命無量阿僧祇劫，常住不滅」。或以為佛入涅槃，即息化而不再化度世間。而大乘說，成佛證大涅槃，是盡未來際常在的。常住，是超越於時間性的。而起用於時間中的，是無盡——恒。】（正聞出版社．印順法師著《勝鬘經講記》p.195）

我對印順這一段註解，作了如下的評論：「印順在此處說『如來沒有時劫限齊的常住』，別處卻又說如來已經滅度而不在了，因此佛弟子就創造了大乘經典，作為對佛的永恆懷念。他常常這樣自相矛盾。」印順在這裡說「如來沒有時劫限齊的常住」，可是在別的地方卻又說：如來已經滅度而不在了，佛弟子為了懷念如來，因此而創造了大乘經典，作為對 佛陀的永恆的懷念。這顯然是與他註解這一段經文時所說的話自相矛盾。印順常常像這樣自己打了嘴巴還不知道，因為常常這樣曲解而成為習慣了，所以也就麻木不仁了，這就是他的寫照！印順在解釋經文時，因為經文有這麼講：「如來是常住。」他不能反對，所以在這裡就依文解義，說大乘法中有說如來常住；可是講到別處時，讀者已經忘了這一段註解，印順就翻轉過來說「如來常住是外道思想」。又因為印順的註解極其簡略，讀者也不容易讀懂，只好相信印順的說法，於是往往會跟著印順的口氣而說：「大乘經其實是外道法，如來常住其實就是外道神我思想。」於是印順就達成目的了。

再來看補充資料，印順說：【佛果所有的功德，今不攝屬道諦，攝屬於常住涅槃的滅諦，為滅諦所有的一切德用，如來攝得無漏無為的常住體用，所以唯佛為歸依處。】（正聞出版社．印順法師著《勝鬘經講記》p.196）我對他這一段註解，作了如下的評論：「1．不以滅盡諸法爲涅槃。2．佛果亦攝道諦，非唯二乘法有道諦。3．既有常住性的體與用，當知佛陀入滅後不是斷滅，有體亦有神用，佛弟子何須創造經典來對佛作『永恆的懷念』？印順前後自違，豈非自己掌嘴？」

我們再來細說印順的過失：第一、印順在這裡也不以滅盡諸法爲涅槃，因爲印順現在是依這部經的經文而講佛陀的常住，所以在這裡就不得不如此說：不可以講滅盡諸法叫作涅槃。第二點、佛果其實也是含攝道諦的，不是只有滅諦而已，因爲道諦並不只屬於阿含的二乘法才有。可是印順想要讓大眾認爲佛果即是滅諦，也是滅盡一切法的，實質是與二乘法完全一樣的。可是二乘法有道諦，印順在這裡只說二乘法有道諦，故意不說大乘法也有道諦，讓大眾錯認爲：大乘法似乎是沒有道諦，所以眞正的道諦只在二乘法解脫道中，所以二乘聲聞解脫道即是大乘道。第三個問題，既然印順說有常住性的體與用，就應當要知道佛陀入滅後不是斷滅，必然是有體也有神用的。佛弟子——菩薩們——早就已經知道 佛陀有體也有用，當然是常住法，當然是眾生的無盡歸依，又何必自己創造經典來作爲對 佛陀的永恆懷念呢？

所以印順自己所說往往是前後互相違背，也都等於是自己掌嘴。

【「法者即是說一乘道，僧者是三乘眾；此二歸依，非究竟歸依，名少分歸依。何以故？說一乘道法，得究竟法身，於上更無，說一乘法身。三乘眾者有恐怖，歸依如來，求出、修學，向阿耨多羅三藐三菩提，是故二依非究竟依，是有限依。若有眾生，如來調伏；歸依如來，得法津澤；生信樂心，歸依法、僧，是二歸依非此二歸依，是歸依如來。歸依第一義者，是歸依如來，此二，歸依第一義，是究竟歸依如來，何以故？無異如來、無異二歸依。如來即三歸依，何以故？說一乘道，如來四無畏，成就師子吼說。若如來隨彼所欲而方便說，即是大乘，無有三乘。三乘者入於一乘，一乘者即第一義乘。」】

講記：勝鬘夫人說：「佛法所說的法就是說唯一佛乘的法門。僧寶則是有三乘眾。」前一段經文講的是**佛**，這一段經文是講**法**與**僧**，合為三寶。**法**，是講唯一佛乘的法，就是成佛之道，講的是佛菩提的實修方法；無二亦無三，二乘、三乘都是要攝歸一乘道——佛菩提道。**僧**，可就有三乘眾的不同了；

三乘眾，譬如菩薩也是僧的一種，只要你眞正的開悟了，就有實相般若智慧，那就是僧；不管你有沒有剃頭髮出家，都叫作僧。既然有三乘菩提，當然就會有三種僧，當然大乘法中也一定有僧，所以在大乘法中叫作菩薩僧。菩薩僧又有二種表相，一是剃髮出家的菩薩，譬如佛世的彌勒菩薩、地藏王菩薩，現比丘身；另一種是出家而不剃髮的菩薩，譬如文殊、普賢、觀音、勢至，現居士身，仍然是出家人。又如大乘經中說的菩薩摩訶薩，也就是明心以上的菩薩，統名菩薩僧。在大乘法以外還有兩種僧，譬如無佛之世的辟支佛也是僧，佛世的阿羅漢也是僧。在佛世，在家弟子證得阿羅漢以後，雖不出家、不剃髮，也是僧；所以在家阿羅漢入滅時，佛一樣會要求諸出家阿羅漢們共同前往供養在家的阿羅漢屍身，共同爲他荼毗。這樣，由於方便說法而有三乘部眾，所以就有三種僧。

勝鬘夫人說：「三寶中的這兩個歸依——法歸依與僧歸依——就是歸依於法、歸依於僧；這二種歸依並不是究竟的歸依，歸依法與僧，只是少分歸依。爲什麼這樣說呢？因爲說唯一佛乘的道諦法門，能夠獲得究竟的法身——也就是證得無垢識自心如來。從無垢識的智慧境界，假使再要往上去推尋，就沒有任何一法可以增上、可以親證了；到這裡就是至高無上的智慧境界了，不是法歸依與僧歸依所達到的，還是要仰仗於佛才能達到，所以才說是一乘法身。」這個一乘法身，講的是諸佛的境界，所以法歸依、僧歸依並不究竟，一定是歸依於佛才是究竟歸依，而且法與僧也是要靠佛來傳授而有，因爲不可能先有僧寶弘傳佛法之後才出生了佛。

「僧衆共有三乘之差別，但是三乘僧衆都是仍然有恐怖的，所以都要歸依於如來，才能出離分段生死與變易生死，才能修學佛法而趣向無上正等正覺，所以說歸依法與歸依僧，都不是究竟的歸依，都是有限的歸依，不是究竟的歸依。如果有衆生被如來所調伏了，歸依於如來，得到佛法的津潤與利益，心中生起了信受與愛樂，因此而歸依於法、歸依於僧，其實這兩種歸依仍然不是歸依法與歸依僧，推究其本質仍然是歸依於如來。」因爲法由如來，僧也從如來而生，所以法歸依、僧歸依，其實仍然是歸依於佛。

「歸依第一義的人，其實也是歸依於如來。所以說歸依法與歸依僧，這兩種也是歸依第一義，而第一義的歸依就是究竟歸依如來。爲何這麼說呢？因爲歸依法與歸依僧，其實不異於歸依如來；而歸依於如來也不異於歸依法、歸依僧，所以如來就是三歸依——歸依如來時就具足三歸依了。爲什麼這麼說呢？因爲所謂的一乘道，其實是說如來的四種無所畏懼，而成就了師子吼所說的道理。」所以唯一佛乘的法道，一定是依如來地的四種無畏而成就了破斥凡、小的邪見說法時所說的獅子吼。

「假使如來隨著眾生心中之所欲而方便說法，其實都是歸屬於大乘法，其實並沒有三乘法可以說。而三乘法所謂的佛菩提、緣覺菩提、聲聞菩提，其實本來都是從唯一佛乘中分析出來講的，三乘菩提都應該攝歸一佛乘，所以唯一佛乘的道理其實就是第一義乘。」

這樣語譯完了，我們再回頭來看這一段經文的義理。眞正的佛法就是一乘道，如同《長阿含經》中 佛陀說：過去諸佛也有一會說法的，也有二會說法的，也有三會說法的。假使眾生根性都很好，不屬於五濁惡世，那就可以一會說法。可是眾生如果根性很差，那就必須三會說法。未來 彌勒尊佛是幾會說法呢？並不是一會說法，也不一定是三會說法。剛剛有人說：「龍華三會，所以是三會說法。」其實不對，因爲龍華三會都是聲聞會，不是菩薩會，請別誤會了。很多人都是一知半解，包括印順法師在內。在《長阿含》

中 佛授記說：彌勒菩薩將來在龍華樹下三會說法。可是 佛也說：龍華三會都是聲聞會，所度都是阿羅漢，不是菩薩。大家都沒注意到另一句話，佛對於龍華三會，特別說了四個字：「**聲聞三會。**」請問：彌勒菩薩難道會只作龍華三會的聲聞法會嗎？有可能嗎？這樣，眞相就很清楚了。

可是到那個時候，彌勒菩薩龍華三會廣度聲聞人時將很輕鬆，只需龍華樹下三會說法，聲聞三會就圓滿了。不必像 世尊一樣，都是憑著兩條腿行走奔波，一、二百里路也都是用腳走的；阿含期就這樣行腳整整講了十二年，才度得一千二百五十位阿羅漢。可是 彌勒菩薩只在龍華樹下說法三次（都是聲聞法會），每一次都是九十幾億人成爲阿羅漢。那時的阿羅漢們現在住在哪裡？就住在我們娑婆世界，正是到今天始終都無法見道的人，就是在那時應該要證阿羅漢的人。譬如慈濟的幾百萬眾，法鼓山的幾十萬眾，中台山、佛光山的信眾也都一樣，這些人只要不毀謗正法與賢聖，都是將來龍華三會時可以證阿羅漢果的，到那時候他們能不能明心呢？還不知道！但是一定可以在那時證得阿羅漢果。

可是你想：如果現在能夠明心，到那時候證阿羅漢果一定更沒問題。因爲也許在這一生，或者再來人間幾世行菩薩道，縱使不想證果，可是將要進入初地時，自然而然就會有上品的三果功德。（不必刻意去追求二果，自然就會有，何必刻意去求？）那時想要取證阿羅漢果，是易如反掌的，所以不必等到 彌勒尊佛下生時才證阿羅漢果。對菩薩來講，解脫果只是副產品，菩薩根本不看重聲聞果。這也有現成例子，譬如我並沒有在修解脫道，可是我還是有解脫果；但我從來不理會這個解脫果，所以我從來不會告訴你說：我有什麼解脫果。因爲那只是副產品，根本不重要的東西；假使誰想要，並且也能要得到的話，我就送給他。

這就像碾米廠，碾出來時有穀皮，也有米糠。我們小時候，這些都是沒人要的東西，所以我們小時候常常去碾米廠免費裝取米糠，回家餵雞鴨。解脫果在大乘法中同樣只是副產品，菩薩從來不看重，只看重五十二個位階的實證。解脫果的親證，我們在《阿含正義》中也會很詳細解說：若是明心了以後來讀，把七輯讀完時，一定會發覺其實沒什麼困難，只是有沒有決心要去實證而已。那時你會想：這麼簡單的解脫果，留到以後再來修吧！反正隨時要都可以隨時有。可是若要探討眞正的法，還是要回歸佛菩提。

至於二乘道所修證的解脫果，在 彌勒尊佛來人間時，演說三次，每一次都有九十幾億人成爲阿羅漢。所以，在龍華樹下聽 彌勒尊佛講完聲聞菩提時，就都是阿羅漢。這個聲聞三會說法完了，接下來，要不要度菩薩眾呢？（眾答：要。）當然一定要呀！那時人壽八萬四千歲，知識也夠好了，世間法的教訓也學得夠多了，否則活不了八萬四千歲，所以人的品質都是很好的。在五濁惡世中要怎麼提升人的品質？很困難的，也是不可能的任務；因爲大師們連自己都提升不了，還暗地裡修雙身法呢！但是那時不用去提升，人本來就會那麼好。到那時，我想：彌勒菩薩可能不必把佛菩提再分兩會來說，不必演說三賢位的般若，再來演說十地的種智；可能會把佛菩提的般若與種智合在一起說，我認爲將來 彌勒菩薩可能會是二會說法：第一會的聲聞法會分成三會演說，接下來就是佛菩提的五十二位階佛法，所以也有可能二會說法。

到底這話準不準呢？到時候我們一起在 彌勒尊佛座下再來看看。如果你那時想起來：「以前蕭老師講過的事，我們現在看看是不是眞的二會說法？」也許我講錯了，但我的判斷應該是二會說法；但龍華樹下的聲聞法，會分成三次演說。如果我未來很多、很多、很多劫以後成佛了，遇到是八萬四千歲的眾生，應該也會是二會說法。這意思就是說，我們有能力證得阿羅漢道，但這個阿羅漢道其實只是大乘法中的一個很小部分，只是大乘法中的副產品；對菩薩來講，這根本不重要。只有一心想要證解脫果的聲聞種性人，才會覺得這很重要，可是菩薩都會認爲這並不重要。所以如果有人歸依於阿羅漢，那是少分歸依——少分的歸依僧，不是究竟的歸依僧。眞正的歸依僧，應當要歸依菩薩僧。

我們正覺同修會從來不教你們歸依聲聞僧，只教你們要供養聲聞僧而不歸依聲聞僧，一定要歸依大乘菩薩僧。大乘菩薩僧有兩種：一種在家，一種出家。你只能歸依這兩種菩薩僧，**不許歸依聲聞僧**；否則就無法發起自己的菩薩性，**這一點大家要很注意**。如果能這樣歸依僧，才是眞實歸依僧。可是這個歸依僧，不論是在家或是出家的菩薩僧，他們是不是仍然都歸依佛？（眾答：是。）是嘛！仍然都是歸依佛，所以究竟的歸依還是歸依佛。

也許你說：「**我歸依三乘菩提。**」歸依三乘菩提也沒錯呀！可是對菩薩來講，二乘菩提只是副產品，是你修學佛菩提過程中自然而有的，你根本不用去修它：隨著你的佛菩提證境繼續增上，到了某一個程度時，解脫道的功德自然會出生；你根本不必去修它，它自然就有了。這樣去修，當然是歸依於佛菩提，歸依佛菩提中就已經有聲聞菩提了，所以聲聞菩提不重要，當你歸依佛菩提時就已經同時函蓋聲聞菩提的歸依了。可是你如果刻意要歸依聲聞菩提，不去歸依佛菩提——不歸依眞實佛法而只歸依解脫道的法，那你就同時失掉了菩薩種性，也失去了佛菩提的親證因緣。可是如果歸依大乘法時，當然就都具足歸依三乘菩提了，那才是圓滿的歸依於法。可是歸依大乘法以後，這大乘法是由誰具足證？由誰傳出來的？當然還是佛，所以歸依大乘菩提的結果，還是不究竟的歸依；因此歸依了大乘法以後，仍然還是要歸依於佛，因爲法由佛說、法由佛出，佛是法主、法根、法王，所以我們都要依止於佛。所以說依止於佛才是究竟的歸依，如果只是歸依法、歸依僧，卻不歸依佛，那都只是少分歸依，不是究竟歸依。

「說一乘道法，得究竟法身，於上更無，說一乘法身」：近代學佛人的悲哀，就是不斷被惡知識誤導。這些誤導佛弟子的大師們所作的誤導，歸納爲最簡單的二類，就是誤會禪宗的開悟標的，以及否定第八識的應成派中觀六識論者。前者是常見法，落入意識境界中；後者亦是常見法，但本質是斷見法。前者誤以爲禪宗的開悟標的是離念靈知心，所以每日靜坐求離念；當那些大師們終於坐到離開妄想雜念時，就自稱開悟了。這是以定爲禪，落入意識境界中，不離常見外道範圍。後者則是藏密應成派中觀的六識論邪見者，無視於自身中的第八識不斷運作來支持自己，只因爲無法證得第八識，就極力否定自己身中第八識的存在；否定的結果，就是落入斷滅論中，因爲意識是生滅法。在這種情況下，他們就不得不另立想像法來避免落入斷滅見中，以免受到正見者的譏評，卻又落入常見中。

世尊下生人間示現成佛時，爲降伏信力不具足者，一一親歷外道法，都是隨學隨證，然後再爲外道之師說明仍然不是涅槃境界。然後再經過六年苦行，示現苦行不能證得智慧、苦行不能使人成佛；最後放棄苦行，改爲不苦不樂行，然後推求佛道，方才能夠成佛。當 世尊坐在吉祥草上，立誓說：「若不能證悟成佛，即不起此座。」於是開始了爲眾生探究生老病死等苦的根源，就有了四聖諦的思惟；但四聖諦要依名色而有，若無蘊處界即無四聖諦可說。於是向前探究生從何來，就這樣開始了十因緣的逆觀：老病死等苦都因爲有生的緣故，生從有來，有從取來，……乃至六入從名色來；再從名色再往前推時，推究的結果是：**名色是從另一個識來，這個識是出生名色、出生意根的究竟法，因爲色法不可能出生心，虛空也不可能出生心，只有心識才有可能出生意根及前六識等七個心**。所以十因緣法的逆觀，就到這裡爲止，最後一支就是名色緣識生。

推究出這個結論以後，再往前推尋就推究不到任何一法了，沒有任何一法可得，所以說，三界所有法就到這個根本識爲止，不能超過這個識而有任何一法可得，所以說「**齊識而還，不能過彼**」：沒辦法超過**那個本識**。然後又檢查回來，因爲本識所以有名色，因爲名色所以就有了觸……等，乃至有生老病死苦。沒有錯，眞的就是從那個本識演變發展而有老病死，所以這個本識就確定了。確定了之後再由十二因緣去探討：爲什麼這個本識會一世又一世出生名色？因爲緣於過去世的識陰——有過去世的識陰，所以就有往世的身口意行；這個身口意行爲什麼會不斷的出現來熏習產生識陰的貪愛？都是因爲無明，因爲不知道本識才是眞實的，總是把五陰、六入、十八界當作眞實法。正是因爲無明而誤認蘊處界名色實有，執著不捨就會有世世的識陰造作諸行，使得本識不斷出生名色而有種種生死苦。無明之前就什麼都沒有了，就是因爲無明才由本識出生一切；由於無明而不知道本識會出生名色，錯認名色是常住的實有法，所以生死就不斷絕。然後再一一檢查回來，確認十二有支都正確了，這就是因緣法。

成爲阿羅漢與辟支佛以後，接下來就是要確定本識的存在了。本識究竟何在？當然就是禪宗的明心了。所以找到本識時就明心了，是到了半夜（因緣觀的探討是探討很久的，探討到傍晚結束了，接著當然是要探討本識的所在，才能確定因緣觀的正確性），當　世尊探討到半夜時，以手按地，那時明心了。明心了以後發覺：原來衆生的一切種子都在眞心中——都在本識裡面。正因爲一切種子都在本識中，又因爲無明的緣故，所以才會有名色的出生，本識就是因此而出生了名色。這時算是成佛了嗎？還沒有！因爲這時候有大圓鏡智了，而平等性智與妙觀察智也具足了，可是成所作智還沒有出現。就這樣繼續深入探討，到了夜後分東方魚肚白，快要天明的時分，那時火星最亮；當　世尊看到火星時就眼見佛性了，所以成所作智出生了，這時才是究竟成佛。從這個過程，諸位可以看到一件事實：**在五濁惡世中，因緣觀是不可能**

使人成佛的，一定要先找到名色的根源本識；這樣明心以後，直到夜後分目睹火星，那時眼見佛性才算成佛，五濁惡世的因緣觀沒有辦法使人成佛。

可是成佛以後思索著要如何度眾生，才發覺眞的很困難，因爲成佛的內容與原理，眞的很難爲眾生解說，又如何能度眾生呢？突然生起一念：「乾脆入涅槃算了。」可是大梵天等待太子成佛已經等很久了，絕對不樂意看見世尊入涅槃，所以就來三請 佛陀住世、轉法輪。受請了之後怎麼辦？只好思索著：這因緣法這麼深，佛菩提又更深，要如何度眾生呢？只好思索方便度化的方法：如何讓眾生知道五陰十二處十八界是多麼虛妄？因此就施設出四聖諦來，就從五陰的苦集滅道來說，從六入的苦集滅道來說，所以才會有初轉法輪爲五比丘宣說五陰的內容，然後再講色陰如何是苦、色陰的集、色陰的滅以及滅色陰之道；乃至一一說到識陰的苦、識陰的集、識陰的滅與道，這樣先成立二乘聲聞的四諦法。後來度人多了以後，再爲他們講十因緣與十二因緣觀。這樣初轉法輪時期十二年過了，大眾都對 佛陀有大信心了，再來講般若；由須菩提作因緣，一步一步由淺至深來說。

可是諸位看看三乘菩提的內涵，從 世尊不以四聖諦悟道而成佛，再從世尊不以因緣觀的通達而成佛，乃至因緣觀通達之後明心了卻還沒有成佛，還要再有眼見佛性的實證才能發起成所作智，才終於成佛。這樣看來，這三乘菩提是哪個部分最究竟呢？當然還是要到了最後身菩薩位時的明心和見性才能成佛，並不是在因緣觀實證上面就可以成佛的；凡是五濁惡世時的成佛，都是如此示現的。至於聲聞道的四聖諦實證，就更談不上是成佛之道了，所以說三乘道其實也只是一乘道而已。一乘道的究竟修證仍然是得究竟法身，還是要回到明心時所證的無垢識來說；因爲見性時所發起的佛地隨順佛性的功德，還是要從無垢識爲體而產生的神用。這個究竟法身就是無垢識的境界，到了無垢識的佛性實證境界時，若再要向前推究或者向前修證，已經都沒有一法可修、沒有一法可證了；一切法都圓滿具足實證了，一切種智圓滿具足了，這時才是圓滿佛果了。正因爲這個道理，所以勝鬘大人說：「**說一乘道法，得究竟法身，於上更無，說一乘法身。**」無垢識就是自心如來，所以成佛是依靠證得無垢識，而不是依靠證解因緣觀，因爲因緣觀只能從理上推到一定是有一個本識存在，這個本識是出生名色等萬法的心，但還是無法親證的；所以因緣觀完成之後，還得要依靠參禪的方法，才能實證本識及眼見佛性而成佛。由此可見，二乘解脫道是絕對無法使人成佛的，印順不該以二乘解脫道來取代大乘的成佛之道；更何況印順所認知的解脫道，又是錯誤的解脫道，實修之後仍然無法證得二乘果。

佛法其實沒有三乘可說，三界所有的佛法，其實就只是一乘道：可以使人成就佛地境界的唯一大乘。可是佛地的成就非常困難，如果是一開始就爲眾生說：所謂的佛法就是成佛之道，而成佛之道要從斷我見及明心開始，但是整個修行過程是三大阿僧祇劫。你想五濁惡世的眾生有誰會相信？因爲：明心以後要到成佛的境界幾乎是遙遙無期，而人的生命不過短短的幾十年，大不了一百多年，而且來世還有隔陰之迷，我怎能信得過你？對於五濁惡世的少聞寡信眾生而言，只有一個辦法：讓他們先實證出離三界的境界，來取得眾生的大信。若不如此，無法使眾生對 佛陀產生大信；所以只好先講解聲聞道，先讓眾生親自證實出離三界是可能的。

一旦有人親自證實：人確實可以出離三界，確實可以離開生死苦。對 佛陀有了大信，當然就可以在親證阿羅漢果以後，發起菩提心來眞修菩薩道，不再畏懼三大阿僧祇劫的生死苦，所以必須先施設聲聞道。但是爲大家宣講聲聞道的目的，無非就是爲了生起他們的大信，然後轉入菩薩道中修學成佛之道。所以說**其實佛法本來沒有三乘道，三乘道都是從唯一佛道裡面方便分解出來，讓眾生起信之用的**。因此一乘道才是究竟道，而一乘道是成佛之道——佛菩提道，不是解脫道。當一乘道修學到佛地，證得無垢識了，再上去就沒有任何一法可證：沒有更高的境界，沒有更深妙的智慧。所以說「**於上更無，說一乘法身**」。正因爲三界萬法最終只能到這裡爲止，再也沒有辦法往上修證：再也沒有別的法可修、沒有別的法可斷、沒有別的法可證了。因此說，所有的法都匯歸到法身，而法身就是無垢識；不論是三乘菩提或是唯一佛乘，都是依這個法身無垢識而建立的，因此而「**說一乘法身**」。

要如何才能修到無垢識的境界？那就是佛法——告訴我們如何去達到佛地的智慧境界、解脫境界。這不是羅漢法——解脫道，解脫道最多只能使人成爲阿羅漢而不能使人成佛。成佛之法就是我們修道成佛的工具，而這個工具是佛告訴我們的，是佛傳給我們的；所以你歸依於法，仍然是要歸依於佛，佛才是究竟歸依。而歸依於僧，僧只是三乘眾，這三乘眾的僧只是代佛宣教——代替佛陀為我們宣達法教，我們跟隨著三乘僧來修學。可是三乘法中的凡夫僧、勝義僧，其實終究還是從佛得法，而且也都不究竟。因此歸依僧的同時，仍然是要歸依佛陀，因此說要歸依於佛才是究竟歸依。

可是佛有沒有所歸？佛還是有所歸——歸依祂自己的如來自心、如來無垢識。諸佛仍然以自心如來為究竟法，如果沒有無垢識——自心如來，諸佛也都不可能存在，也沒有三乘菩提可說，所以說最後還是要歸依到**一乘法身**；因為法只是工具，一切法是唯心所生，一切諸佛也是唯心所生，三界萬法也是唯心所生，而出生諸法的第八識在阿賴耶識位、異熟識位都仍不究竟，都是要到佛地時才是最究竟；因此歸結到最後還是要回歸到無垢識來，因為諸佛也都以無垢識為歸依。諸佛不管是應身、化身都是有為法，雖然已經是純無漏了，但終究是有為法；而無垢識本身具足了無漏無為法，也具足了無漏有為法，這樣才能具足世出世間一切法，才能夠利樂三乘勝義僧、利樂一切有情，所以說最後還是要歸依到**一乘法身**。

而**一乘法身**要歸依於諸佛，才能談得到**一乘法身**，因為我們無法領納或者了知一乘法身無垢識的境界；所以想要進入佛地的菩薩們，最後還是要歸依於佛，而諸佛都歸依於自心如來無垢識。諸佛由此實證圓滿的緣故而無恐怖，成爲三乘眾究竟歸依的對象，所以勝鬘夫人說「三乘眾者有恐怖，歸依如來，求出、修學」。因爲，二乘聖人即使已經成爲阿羅漢了，乃至加修因緣觀而獲得辟支佛的功德，他仍然是要歸依於如來。

阿羅漢並不是完全無所懼的，阿羅漢有時候遇到外道時，也是無法降伏外道的，那時就要請菩薩來了。可是菩薩就無所懼嗎？也不盡然！因爲菩薩想要成佛也是很困難的，所以菩薩要親近十方諸佛。即使三地滿心以後在十方世界來來去去廣作佛事，也是要常常親近十方諸佛諮問法義，同時利樂眾生，所以菩薩僧也是有恐怖的。正因爲不知道何時能成佛，成佛的過程會不會產生偏差，所以也要歸依如來，因此說三乘眾都有恐怖，都要歸依於如來。所以，歸依於如來而求出三界生死，不論是求出分段生死或者變易生死，一樣都是求出生死，一樣都要依佛修學，才能成就阿羅漢果或菩薩果，乃至次第邁向無上正等正覺；所以歸依三乘眾時仍然不是究竟歸依，還是有限的歸依。因此緣故，歸依三乘聖眾時還是要同時歸依如來，還是要歸依究竟法。

如果有眾生由如來調伏了，歸依於如來而得到佛法的津潤，由此生起了大信心及愛樂心以後，才能歸依於法、歸依於僧。眾生都是先要由佛來調伏的，在佛還沒有示現於人間開始調伏之前，不會有佛教的出現，所以不會有佛法與賢聖僧。一切外道都是由佛出現之後調伏了，然後才有菩薩出現在人間；所以先有聲聞僧出現之後，才會有菩薩僧的出現。等覺菩薩、諸地菩薩都不會搶在佛的前頭來調伏眾生，因為那是佛陀出現在人間的因緣，不是僧眾的因緣。因為三地滿心以上的菩薩們，是有能力在某一些星球中示現八相成道的，可是都必須先向妙覺菩薩求教以後才敢去作示現的，沒有一個地上菩薩會冒冒失失隨便找一個星球就去八相成道，因為妙覺菩薩示現在人間的因緣是相當難得的，不能隨便去佔用那個機緣。

所以，將來你們修到三地滿心以後，有能力示現八相成道來激發眾生的大信心時，也不能造次去作。如果造次去作，那表示你的功德一定還不具足，未滿三地心，因為一切三地滿心菩薩都有這個智慧。雖然 馬鳴菩薩在《大乘起信論》中說，諸地菩薩能夠示現八相成道方便接引眾生；但是如果不懂先去請益即將示現在人間的妙覺菩薩，那表示智慧還不足以擔當三地滿心的智慧，他所說的三地滿心證量當然也是假的。所以說，在佛教已經不存在、失傳了，只剩下佛法的名相、只剩下如來的名相；也就是久遠以前的佛教已經只剩下傳說了，那時當然可以去某一個只剩下佛法傳說的星球中，重新創立一個佛教出來；前提是要先懂得觀察最後身菩薩來人間示現的因緣，絕對不許造次佔先；因爲人間的眾生都應該先由妙覺菩薩來人間示現成佛而調伏，除非妙覺菩薩認爲祂來人間示現成佛的機緣還不成熟。

所以說眾生通常應由佛調伏之後，三乘聖眾跟著再來擁護佛法，不能搶先來作調伏者。因此說，如果有眾生被佛調伏了，歸依如來以後，得到聲聞法的津澤，乃至得到大乘佛法的津澤，應該是秉承佛陀的意旨來受生，來爲佛陀的弘法作準備；到那時示現爲不懂佛法的眾生來聽聞佛法，一悟之下進入了諸地，然後爲佛陀作外護，或爲佛陀分擔弘法的家業，這才是菩薩應該作的事。不可以冒冒失失搶著先來示現成佛，否則佛陀來人間示現成佛的因緣就消失了。所以菩薩是應該在無佛之世，配合佛陀示現的因緣先去作預備。那你想：我如果修到三地滿心而沒有胎昧了，我怎麼可能再示現作一個凡人？那倒不必擔心，到三地滿心的時節，只要願意當佛陀的外護，就有能力暫時把它忘掉；然後由佛陀一句話，你悟了就重新進入三地、五地、八地，到時自然做得到。所以一定先由佛陀來調伏，然後大眾歸依如來，得到三乘法的津澤，生起了大信以及愛樂三乘菩提之心，再來具足歸依於佛、歸依於法、歸依於僧。

由此事實來看，歸依法與僧都不是究竟歸依，因爲歸依於法與僧，仍然不是究竟歸依法與歸依僧，仍然是要歸依如來；因爲法從如來，如來是法主、法本、法根、法王、法依，所以歸依如來才是究竟歸依。可是歸依如來，其實是歸依大乘佛法，是歸依唯一佛乘。唯一佛乘是講第一義諦，第一義諦所說內涵無非就是如來——就是自心如來，以及從自心如來所化現的應身如來、化身如來、報身如來。因此，歸依第一義諦，還是要歸依如來。所以這兩個法——法歸依與僧歸依，都是要歸依第一義，而第一義是究竟歸依如來。如果離開了第一義，就不是眞實的歸依如來了。爲什麼這樣說呢？因爲歸依於法、歸依於僧，其實都不異於歸依如來；可是歸依於如來，其實也就是歸依於法、就是歸依於僧；因此三歸依其實是一體的，不能分割。

假使有人說：「佛法僧不是究竟歸依，你們跟隨我這個上師，就要把我當作無上的歸依，我說的法超過三寶、超過三歸。」那我告訴你：這個人一定是外道。佛門中有沒有這種外道？有呀！那些在講四歸依的，並且把上師高推到三寶之上，那就是西藏密宗，正是外道。爲什麼說他們是外道？因爲是心外求法。當你們把密宗所講的佛菩提道，以及他們中心思想的密宗道，拿出來討論、研究、分析、歸納，你將會發覺：**他們應該叫作上師教、喇嘛教，不能稱爲佛教**。因爲他們的本質就是以上師爲最高歸依，不是以佛爲最高歸依；而且是依人而不依法，所以才會把上師高推到三寶之上。

所以假使有一天，正覺同修會提出來一個歸依，要求你們這樣立誓：「**將來我生生世世都要作正覺人。**」那我告訴你：**正覺的問題就出在這裡，這表示正覺的法有問題了，開始依人而不依法了**。沒有什麼正覺人啦！同樣都是佛弟子，歸依三寶就歸依三寶，沒有什麼佛光人、慈濟人、正覺人，不許有這回事！一切都以佛爲究竟歸依。而佛所說的法就是第一義諦，而第一義諦就是自心如來，自心如來就是佛的無垢識；而佛的無垢識顯現的報身、化身、應身是一體的，是不可分割的。一切菩提法從佛而來，一切三乘勝義僧、凡夫僧也都是從佛而生；所以只有佛弟子，不許有什麼正覺人、佛光人、慈濟人，這樣才是眞正的佛法。

如果哪一天，正覺同修會開始主張說：「大家都要發願生生世世當正覺人。」那就表示我們同修會已經出問題了，因爲這是在佛教、佛法之中搞分裂。佛法是整體的，佛教也應該是整體而不應該分裂的。只要有勝義僧在，所有的勝義僧都是你的僧歸依，不可以說：「**我只歸依正覺，我不歸依一切的勝義僧。**」這樣是不對的。假使哪一天他方世界來了一個大菩薩，你說：「**我不歸依你，我只歸依正覺的菩薩僧。**」那就錯了，因爲歸依僧是一體歸依的，不能夠加以分割。歸依佛也是一樣，不能夠說：「**我只歸依釋迦牟尼佛，我不歸依阿彌陀佛，我也不歸依藥師佛。**」所以，哪一天 阿彌陀佛覺得與你特別有緣，在定中、夢中來示現了，你說：「**我不理你，我是釋迦佛的弟子。**」這就表示你不懂歸依三寶的眞義。十方三寶是一體的，十方勝義僧也是一體的，而地球上的凡夫僧也應該是一體的。一切佛、一切佛法也都是一體的，不該只歸依 釋迦佛的佛法，不聽 藥師佛講的佛法；因爲「佛佛道同、法法道同」，一切勝義僧之道也都相同，放諸十方三世一切世界而皆準，放諸三世佛法而皆準，這樣才是眞實的佛法。

佛法是沒有差別的，諸佛都如是，十方三世也都如是，所以佛法不可能有演變。假使有人說：「**佛法經過多少年的演變，變成如此。**」你就知道那個人是外道，表示他不懂佛法；因爲解脫之道、緣覺之道、成佛之道都是永遠不會改變的，是法界中的實相。既然是法界中的實相，怎麼可能會有演變呢？佛法如果可以演變，就表示後來的佛勝過前面的佛，那麼問題又來了：顯然前面的佛不是無上正等正覺。而後面的佛所說的法還會再被演變，遲早會被後面的佛所超越，這樣的法可以叫作佛法嗎？當然不是佛法了！

可是有一部分人總是腦袋像漿糊一樣，由於沒有自己的見地，因此聽人家說：「**佛法是經過演變才成立的，所以現在變成如何、如何。**」那就表示那個會被演變的法一定不是佛法，眞正的佛法是不會演變的。即使到了兩千五百年後的今天，我們正覺同修會所傳的法，仍然跟原始佛法的四阿含相符，仍然跟原始佛法的第二轉法輪般若經相符，也跟原始佛法的第三轉法輪唯識經典相符合，到現在還是沒有演變。所以，以前我們在 佛陀座下所學的，到現在還是同樣這個法，從來沒有演變過。可是在二千五百年的佛教歷史中確實有變，那是什麼人在演變呢？是誤會佛法底人一世又一世地一再演變。從勝義僧所證的佛法來看，二千五百年前到現在一直都沒有演變過；可是悟錯的人們，會一代一代在演變。

這個正知見建立了以後，從此不再被那一些學術研究者的錯誤論調所迷惑；這樣建立了正知見以後，你才有資格去探討佛法的本質究竟是什麼。這樣子來探討到佛法的究竟本質時，佛菩提道就可以很正確、很清晰地建立起來。從此以後，就知道修學佛法的路是該怎麼走，就能爲眾生開闢出一條佛法修證的坦途大道。從此以後，在佛法中很清楚地了知自己現在正在哪一個階段，接下去應該如何走，要往哪一個方向去走；而其中的次第與內涵是什麼，就能爲眾生說明了。從此以後，眾生跟著你修學佛法，不論是解脫道、緣覺道或者是成佛之道，一步一步按部就班去走，這一世就不會空過，這樣才是眞正的佛法。

然後你會發覺自己所走的路、所證的道、所斷的惑，跟二千五百年前經中所說的一模一樣，不可能被人演變。既然是法界的實相，實相怎麼會演變呢？既然是眞實可以出離生死的解脫道，解脫道怎麼會演變呢？除非聲聞解脫道所證的涅槃有二類、三類、五類不同的境界，才會演變。可是解脫就只有一種：滅盡我執、滅盡蘊處界，自我完全不存在，成爲無餘涅槃。而這個無餘涅槃只有一種，又沒有二種、三種、八種，怎麼會有演變呢？所以會演變的現象，只能歸結到一個事實，就是他們都悟錯了——悟錯了二乘菩提或者悟錯了大乘菩提。因為悟錯了，所以下一代發覺上一代有問題——我師父那個法有問題，所以我現在演變以後就比以前更好。然後下下代又發覺上一代也有問題，又再度演變。那一些人的法義一直不斷演變，演變了幾百代以後，他們終究會發覺有一個法的傳承是從來都沒有演變的，那時他們就會回歸到那個沒有演變的正法傳承上面來。所以演變到最後，結果還是不會有演變，這樣才是眞實法，這是佛法弘傳過程中不變的眞理。

因此，當他們演變到最後發覺，原來還是要回歸到那個從來都沒有演變的正法命脈傳承上來。回歸到那裡時，他們自然會發覺三寶是不可分割的——一切的勝義僧與佛法、諸佛都是不可分割的，那就是實證第一義諦了。而第一義諦就是自心如來，自心如來經由應身、化身、報身來為眾生說法，但如來三身還是歸依到自心如來，所以佛寶才是究竟歸依處。因此，歸依法、歸依僧，其實不異於歸依佛，歸依佛之中就同時歸依法及歸依僧。因為法與僧都從佛而來，所以說如來其實就是三歸依的究竟歸依處。當你眞正歸依佛的時候就具足三歸依了，因爲法由佛來，僧也由佛來；所以說其實三乘道只有一乘道，就叫作成佛之道，不許用聲聞羅漢道來取代佛道。

因此諸佛如果是三轉法輪，那都是方便施設；而這個三轉法輪最後終究還是要由佛在廣度了三乘勝義僧以後，依著佛的四無所畏來作獅子吼。所以凡是講三乘道的諸佛在人間示現時，最後一定要講《法華經》。爲什麼一定要講《法華經》？目的就是在破斥二乘凡夫中的增上慢者，同時也在破斥凡夫們的見取見。因爲凡夫永遠會有見取見，他們見取見存在的時候，一定會以鬥諍爲業，他們會出來主張：「**佛誇大其辭啦！佛其實就是阿羅漢，我師父也是阿羅漢，佛陀跟我師父的證境是一樣的。**」這叫作增上慢，也叫作見取見。所以當釋迦佛在五濁惡世即將入滅前，阿羅漢們三請之後即將要開講法華時，聲聞法中的凡夫僧才會有很多人離席抗議。

將來你如果發大悲心、大願心，在這一種五濁惡世人壽百歲時來成佛，可得要有心理準備，當你準備開始宣講《法華經》時，一定會有很多聲聞凡夫退席。阿羅漢們不會退席，他們都不敢，因爲很清楚知道自己不是佛。可是他們座下的凡夫弟子——還沒有斷我見、斷三縛結的凡夫弟子，當你答應說要講《法華經》了，他們就會當場退席抗議，不相信你即將開講的法華正理，但這是正常的。然而是不是因爲他們退席就不講了？當然還是要講，要讓世間人知道阿羅漢不是佛。

莫說阿羅漢，連辟支佛都不是佛；莫說辟支佛，連辟支佛所畏懼的菩薩們都還不是佛。當你宣講《法華經》時，那就是在作獅子吼。獅子吼就是振聾發聵，把那些愚癡無聞的聲聞凡夫迷惑的心震醒，讓他們知道：**你所恭敬無比的阿羅漢在佛法中不算什麼**。對那些聲聞凡夫們而言，那是很大的刺激；但就是要刺激他們，讓他們警醒：**解脫道的究竟果在大乘佛法中仍然不入流**——**他們沒有辦法算入菩薩僧中**。所以當你講《法華經》時，就是獅子吼之說。這樣把聲聞凡夫們的增上慢破斥掉，才能夠使那些眾生們在心田中種下了將來與佛菩提相應的種子。他們這一世即使仍不相應，未來世漸漸地還是會相應的。

所以，獅子吼時固然使得那些聲聞凡夫們很痛苦，但還是應該要講。諸位想想看，當年 佛陀說法華時，五千個聲聞種性的凡夫當場退席，是不是很熱鬧？那聲勢當然也是蠻壯觀的。我們台北三個講堂坐滿了人，也才只是將近一千人；那你想，五千人當場退席，一定是很熱鬧吵雜的；可是 佛陀都不動心，只是靜靜地看著他們離開。等他們都離開了，留下來的人才是有資格聽《法華經》的人，所以才說剩下來的人都是**貞實**。

貞與實：貞就表示心地清淨，實是說他是飽滿的；貞與實就表示，留在現場聽聞法華的人都是沒有慢心而且是有修證底人。稻穀該收割的時候，如果還是直挺挺的，那就是空心的。如同空心大佬倌，總是空腹而高心，其實肚子裡面沒有料，可是往往會故意示現讓人覺得似乎很有錢；當他遇到眾生的時候總是趾高氣揚，總是要擺很大的排場。可是大菩薩們對凡夫眾生、對不懂佛法的眾生，一向都不會用下巴去看他們。這就是說，果實如果飽滿了，都不會往上揚，都是有點垂下來的；所以到了收割季節，農夫到了田裡一看，這些稻子一棵棵都往上揚，很高傲的樣子，就知道今年收成很差了。而沒有見道的凡夫大師們，正好就是像那五千聲聞凡夫弟子一樣；爲了讓他們未來世佛法修學的因緣比較好，當年 佛陀還是要獅子吼。那些聲聞凡夫們後來總是會漸漸聽聞到迴心阿羅漢們說明，未來才會開始轉變。

所以《法華經》宣講過程中一定要有 多寶如來的示現，否則很難建立凡夫眾生對佛菩提三大阿僧祇劫修行的信根與信力。成佛之道的極長遠歷程，若是只有一佛宣說，是單獨由 佛陀講出來，聲聞凡夫眾生不可能信受，所以必須要有 多寶如來示現證明。所以諸佛示現入涅槃前都會先講法華，宣講過程中由 多寶如來前來示現，證明佛菩提確實要三大阿僧祇劫，由祂親身來證明：在人間的佛陀說法是不虛妄的。如果是依照慈濟人、佛光人的想法：「我才不歸依你們，我只歸依慈濟、歸依佛光山。」那就完了，多寶如來也不需來示現了！因爲「我們只歸依釋迦牟尼佛，你來幹什麼？」所以那些都是錯誤的知見，因此必須要有人出來作獅子吼說：「佛法只有一種，不可能有所演變；十方諸佛是一體的，三寶是一體的，沒有哪一個三寶中的凡夫僧寶或者勝義僧寶可以自高於三寶之上。」假使有人把自己拉抬到三寶之上而傳授四歸依，我向你保證，那一定是外道，從來都不曾眞的知道佛法。即使他已在佛門中剃髮出家、受具足戒了，還是一個外道，因爲他是心外求法，根本不懂三寶的眞義。因此，如來宣說一乘道——唯一佛乘，就是獅子吼，是以四無畏來成就獅子吼。

因此，「**若如來隨彼所欲而方便說，即是大乘，無有三乘。三乘者入於一**

乘，一乘者即第一義乘。」譬如眾生的大信還不夠，就只能為他說解脫之道，生起他的大信；然後慢慢再說因緣法，最後再說佛菩提。其實二乘菩提也都是大乘法，只是從成佛之道中分析出來解說而已。所以其實十方三世一切諸佛所說都是唯一佛乘，沒有三乘法可說；三乘法都只是為了度眾的方便，所以分析出來說明。因此說，三乘法其實都是入於一乘法中，但是一乘法其實就是第一義乘。而第一義與二乘有什麼差別？第一義乘是圓滿的、是具足三乘道的；二乘法卻不能觸及第一義，所修、所證、所說、所學都不能及於第一義。因為二乘法只是方便道，只能讓人出離分段生死，不能觸及法界實相，何況能究竟法界的實相。

二乘道也不是究竟的解脫，因為變易生死的境界都無所知、都無所觸、都無所斷、都無所證，因此不能叫作第一義乘。所以第一義乘就是成佛之道，而成佛之道要以一切種智的具足圓滿來成就，一切種智的具足圓滿則是要從如來藏一切種子的親證來完成。而如來藏的一切種子是含攝在如來藏中的，所以成佛之道的首要就是親證如來藏，除此以外沒有成佛之道的見道可說。而斷我見只是證如來藏的初方便而已，因此，禪宗明心的證如來藏所引生般若智慧，才是第一義乘的見道智慧，除此以外無別大乘見道可言。所以第一義乘的見道就是明心，除了明心以外，沒有第一義乘的見道。這樣子，諸位就知道應該如何進入佛法大海之中。已進入佛法大海之中，才會知道要如何通達第一義乘，才會眞正懂得成佛之道的次第與內涵。

這一段經文講解到這裡，我們要再來看看，印順法師在這一段註解之中有些什麼問題。經文「**歸依第一義者，是歸依如來；此二，歸依第一義，是究竟歸依如來，何以故？無異如來、無異二歸依。**」請看補充資料，印順對這一段經文的註解說：【約歸依第一義說，「無」別「異」所歸的「如來」，也「無」別「異」的法僧「二歸依」，二在第一義諦中，是平等無別的，所以歸依「如來，即」是「三歸依」。依此，歸依佛法僧三，實即歸依眾生自己。佛法與外道的不同，也就在此。外道要歸依一外在的神，佛法歸依三寶，或歸依如來，而同是本身所具有的，**本具如來藏性**，即真歸依處。依此修行為僧；以此為修行，即法；修行圓滿成就，就是佛。所以，一切眾生本具如來**藏性**；歸依三寶，無非依如來藏性為本，而**使其顯發出來**，達到究竟。】（正聞出版社．印順法師著《勝鬘經講記》p.200） 我對他這一段註解的評論是：「1．

此處所說歸依三寶，絕非印順所說歸依眾生自己。勝鬘夫人此處說的其實是把三歸依合為一歸，歸依於佛；由此段經文之意可明。印順作了甚解，欲求勝妙，反違實義。2．如來藏而加一性字，其義大有不同：意謂如來藏並非本有，而以後修所成之性為如來藏之親證。」

從印順的文字中，可以看見他很清楚在暗示著：「你歸依佛，不如歸依你自己。」意思是這樣。他一直有意無意把佛陀人格化，一直想要滅掉佛格，這是印順的目的。印順想要告訴眾生說：我印順就是佛！印順心中卻不免會想到：可是我印順沒有證得四禪八定、五神通，沒有一切種智、大圓鏡智等，如何讓你們相信我印順就是佛？那我就把佛陀拉下來跟我一樣。印順的書中處處隱含著這種意味，處處這樣說，特地要把佛陀人格化。當阿羅漢人格化，辟支佛人格化，菩薩人格化，佛陀也人格化了，印順所建立的思想就可以成立了：凡夫的菩薩行一樣可以成佛，不必證悟明心或斷我執。

我記得以前現代禪李元松老師曾經對這一點提出了辯駁，印順很不服氣。可惜的是李老師並沒有畢竟其功，因為李老師認為：要有親證才能真的行菩薩行，經驗主義非常重要，所以凡夫菩薩行不可能使人成佛。但是印順畢竟還是棋高一著，因爲印順主張的是解脫道修行可以使人成佛，正好李老師主張的大乘開悟所證的果德也只是聲聞果而無菩薩果，所以印順丟了一句話就把李老師給撂倒了：「原來現代禪主張的禪宗開悟所證的果位也是聲聞阿羅漢果。」意味禪宗的開悟一樣只是聲聞道，二者似無差別。就這麼一句話，現代禪很不容易回應。可是我們出來弘法以後，印順就不能講話了，因爲我們講的是五十二個階位的證道，不單只是證得聲聞果；而且大乘見道是證如來藏，是印順所無知的法義與智慧境界，所以印順就沒轍了！這樣一來，印順若想要跟你們明心者對話，就無從對話了！因爲印順講的是在意識境界中，你們證的卻是如來藏實相法界；印順所講的意識層面，你們都知道；而你們所證的如來藏層面，印順完全不知道，那要如何與你們對話？

這也是今天釋昭慧的難處所在！所以當有人寫信給昭慧說：「我們印順導師的《妙雲集》中所說的法義，被蕭平實破斥到體無完膚，昭慧您是大德，爲什麼不出來獅子吼、破斥一下？身爲法師的您，應該要破邪顯正呀！應該要維護導師的正法呀！這是您的責任啊！」可是她不敢公開寫書回應，不過她還是私下在講大話。這是好幾年前的事了，那是在《楞伽經詳解．第三輯》

出版後不久的事。她怎麼答覆人家給她的信呢？她說：「蕭平實的書，我是從來不看的；他們有寄書來，我都把它丟到字紙簍。有種的話，請蕭平實放馬過來！」後來這封信輾轉來到我手裡了（我想，她一定想不到這封信後來會來到我手裡），所以我第四輯開始，把她開始寫進印順名字下面，這就是開始應她的要求而放馬過去——是一匹一匹小馬慢慢地放過去。

然後我們也把寄給她的書就此停寄了。（我們最早期是有每一本書出版，都會寄給佛教界一些比較重要的人物約有二十幾個人，後來慢慢增加到四十幾人，現在應該是有五十幾人了。可是從我看到那一封信開始，就吩咐不再寄給她，因爲她信中說把我們寄給她的書看都不看就丟進字紙簍中。如今她若想要偷偷讀我的書，得要託人偷偷去買）但是我開始在書上放一些小馬過去，現在已經不曉得放了幾十匹了，也沒看她放一匹馬過來。這個內容都將會在〈正覺電子報〉中分期公佈出來。這意思是說，她只能夠私底下籠罩人，空講一些漂亮話。眞要來對談，她還能談嗎？她是沒有本錢與我們對話的，因爲她所謂的見道不但是錯誤的，而且都是我們所能瞭解的，都是意識想像的境界。可是我們所說的大乘見道，是她們無法想像的。既然根本不知道我們的底細，要對談什麼？而她的底細都被我們知道了，她又怎麼敢來談？所以根本是無法對話的。

印順的落處我們很清楚，可是我們到底悟了什麼，他們完全摸不著邊，這就是印順法師的最大悲哀。在印順的想法中，那些所謂的開悟者——近百年來所謂的開悟者都是離念靈知，因此印順也自己認定是開悟了。但印順所「悟」的是直覺，也明白寫在書中：直覺就是眞心——直覺是不可思議的眞性。印順這樣想：我悟的跟你們禪宗祖師悟的一樣。但印順不曉得的是：近百年來，所謂的禪宗祖師都是悟錯的，唯一眞悟的土城老人廣欽老和尚，又不曾明講他悟個什麼。（廣欽老和尚都沒有用語言文字把他悟的內容講出來，可是我們一看就很清楚知道他悟了。）印順想：近代開悟的袁煥仙、南懷瑾（那時候聖嚴、惟覺法師都還沒有名氣），這些人都一樣是悟離念靈知心，不過就是這樣，我印順所悟的直覺還比你們勝妙。你們講的法還可以用意識心虛妄來破斥掉，我悟的直覺，你們沒辦法用意識把我破了。可是我們還是把他破了！直覺，其實只是意識心的心所法，那其實是更間接了。但印順並不知道自己的敗闕，當年意氣風發而自以爲成佛了！可是因爲既沒有五神通也沒有其他證量，與成佛顯然是有大差距的，那該怎麼辦？很簡單，把佛陀拉下來跟凡夫人類平等，自己就可以說是成佛了！所以印順刻意把佛陀人格化，目的就在這裡。但是這對印順根本就沒有利益，而印順這個心態，我們從他這一段說法中就可以很清楚地看出來。

再來看看他在第三行說：「依此，歸依佛法僧三，實即歸依眾生自己。」這是說他希望大家都歸依自己。但是，這段經文裡面所說的歸依三寶是歸依自心如來，諸佛也歸依自心如來。然而歸依自心如來，卻與印順所說的歸依自己完全不同，因為印順歸依自己時是歸依意識的粗心或者意識的細心自己；可是我們所謂的歸依自己——自歸依，是歸依自心如來、歸依於自己的第八識。而且我們說的這個自歸依還不是究竟歸依，還說這個自歸依要歸依第八識，而阿賴耶識還要經由修行轉變成異熟識，然後還要再轉變成無垢識，那才是究竟歸依，這才是我們說的自歸依。這樣的自歸依與印順所說意識細心的自歸依，相去不可以道里計。就好像一個愚癡人一直在說：「我的車是車，你的車也是車，當然是一樣的。」可是人家的車子是勞斯萊斯、法拉利，他的車子卻是用腳踩的自行車，這能說是一樣的車嗎？可是印順卻等同為一類。印順說的法是二乘法，並且是錯誤的二乘法；勝鬘夫人說的法是大乘法，不但函蓋了二乘法，並且是三乘法都正確。但印順對此差異是完全漠視的，因此印順的法才會出現重大瑕疵而完全成為戲論。

再來看第二個部分，印順一直強調說「如來藏性」，印順把如來藏再加上一個性字以後，這個義理是大不相同的。這也是故意在暗示你「如來藏是所生法」，因為凡是「性」一定從「體」生。那你想想，印順在大乘經典的結集中說：佛弟子依照佛所講的經典修行以後，也可以證得與佛相同的境界，因此他們說出來的法也是佛法，也算是佛經。這意思是說，佛弟子依照經典修行以後也可以在一世中成佛，這樣的佛弟子講出來的法就是佛經，所以不必去親證阿賴耶識、無垢識……等，那都是方便施設。印順的意思就是這樣，這就是印順要告訴大家的意思。

假使成佛所證的是如來藏性，而不是如來藏心體無垢識，那意思就是說：這個如來藏不是本有的，只要證得如來藏的體性就可以了，如來藏的體性，就是當你打坐時坐到沒有見聞覺知時，那就是證得如來藏性，這樣就是成佛了！那眞的太容易了！只要未到地定坐到過暗的境界就可以了，就成佛了。他的目的就是要暗示你：如來藏不是本有的，而是修行以後成就的清淨自性——直覺，這就叫作如來藏的親證；所以如來藏只是方便說，仍然是意識，只要把意識修行清淨就成佛了。印順的目的是要告訴你這一點，所以只要把意識心修行清淨以後就是證得如來藏性。因爲如來藏是本性清淨的，你只要修到清淨了，意識心就變成如來藏，這就是印順想要表達的意思。

可是這與佛法完全違背，因爲 佛說的如來藏本來清淨，說的是本來就已清淨，不是修行以後才清淨的。可是印順用染污性的意識心，修行變成清淨以後套進如來藏本來清淨中，告訴你說：染污都是熏習過來的，你只要把這個染污法去掉，就回到本來的清淨性。聽起來好像也有道理，可是眞的沒有道理，因爲是要修行清淨以後才變成「如來藏」，可是如來藏是還沒有開始修行而正在染污位之時，祂就本來已是清淨的，二者顯然完全不同。我們說的正是這樣的法，我們所證的是本來就清淨的，是與染污的意識同時並行存在而仍然示現爲清淨的。印順不信如來藏是本自清淨，不承認如來藏的實存，當然無法證得如來藏。到底蕭平實等人是悟個什麼？印順等人都弄不懂，因此十幾年來都不敢寫文章回應我們。終其一生意氣風發，不斷在「破邪顯正」的人，被我們評論以後竟然不敢寫篇短文回應一下，正是因爲他弄不懂；想要找我們的法義毛病卻又始終找不到，那該怎麼辦？只好默不作聲、絕不回應，這是最聰明的作法。所以別人問印順法師說：「這蕭平實怎麼樣？」他不評論，不評論就不會招來更大的羞愧。

可是昭慧太衝了，已經五十歲了還沒有學到什麼教訓；是因爲年輕就出家，沒有世間法的歷練，又自傲於追隨著作等身的印順，誤認印順是當代最懂佛學的大師，所以就不斷地亂講話、亂寫文字；於是她的資料輾轉來到我這裡，隱藏不了。她一而再、再而三的亂說話、亂登文字，亂登三次我還是接受的，可是第四次、第五次可就不行了。人家說：「可一不可再，可再不可三。」我說：「可一、可再、可三，不可四、五。」現在已經四、五了，所以我們準備公佈出來，要求她來講堂道歉。（編案：這是二〇〇六年四、五月所說）若是不來道歉，限定的兩個月時間過去而沒來道歉，我們會再等待兩個月；四個月內沒來道歉，後果就會出現——資料就會公佈出來。（編案：詳見〈正覺電子報〉第 33、34 期之公佈）這樣把昭慧的所有面子剝奪完了，昭慧已經不需要再照顧面子了，看能不能因此而回心轉意、願意被度而得救。如果昭慧已經再也沒有損失了，面子也不需照顧而願意學法了，就能得救了！否則，昭慧這一世又要像印順法師一樣，帶著謗法、謗賢聖的種子往生下一世去。（編案：後來昭慧提訟過程詳見〈正覺電子報〉第 53 期開始之連載報導。）

救這種人就只有使用金剛手段，如果金剛手段也救不了昭慧，那就只有仰賴 地藏王菩薩了。我想，這話過幾天就會傳到昭慧耳朵裡，看看她能不能因此得救。不管什麼人，只要有一點點機會就要救，但是救的方法可以不同，有時候用很慈悲的方式，有時候用很強烈的手段，就看對方是什麼人。對很剛強的眾生，大慈大悲的 觀世音菩薩就用祂後面那一個臉——忿怒金剛——還是要想辦法救。

現在回來看補充資料，經文「**若如來隨彼所欲而方便說，即是大乘，無有三乘。三乘者入於一乘，一乘者即第一義乘。**」印順法師對這一段經文是怎麼解釋的：【「三乘」，從唯一大乘所出生，所以又會「入於一乘」。這裡所說的「一乘」，「即」是「第一義乘」，即法身如來藏甚深不可思議的常德。】（正聞出版社．印順法師著《勝鬘經講記》p.201）我對印順這一段註解的評論是：「**印順此語，意謂大乘法是唯一佛乘中的局部法義，不等於唯一佛乘。然實大乘**

已具足唯一佛乘全法，不是唯一佛乘中的部分法。」

你從文字表義來看，印順並沒有過失。但是一般人可以發覺到的一個小過失，就是讀了印順的註解等於沒讀，因爲印順只是把經典的文字複述一遍而已，並沒講解經中的法義。如果可以這樣註解經典的話，我把《大藏經》從電子佛典下載來註解，我想大概只要一、兩年就可以註解完了；而大眾讀了註解卻等於是沒有註解，因爲只是用語體文複述一遍即已。但註解經典不應如此，既然要註解，註解出來的內涵一定要有利於佛子，能使人深入瞭解經典中的眞義，否則就不用註解了。

印順這一段註解，意思其實是說：**大乘法是唯一佛乘中的局部法義，不等於唯一佛乘。**因爲印順所說的佛法是只承認四阿含解脫道而不承認大乘佛菩提道的，印順所認定的佛法只是四阿含中的一部分，認爲大乘經典全部是後來的佛弟子對 佛的永恆懷念而寫出來的，所以唯一佛乘的法義就是四阿含所說底解脫道——而且印順是反對佛說而主張意識常住的「解脫道」。可是大乘其實早就是具足佛法的唯一佛乘的法，而不是只屬於唯一佛乘中的一小部分，因爲唯一佛乘是以大乘法來講的，而大乘法已經函蓋二乘法、具足全部佛法了！如果大乘法不是唯一佛乘，哪裡還會有唯一佛乘？所以印順的心態，如果有仔細去觀察，如果懂得印順的思想，是可以檢查到的。但要記住印順說法時的前提：**否定大乘而只承認聲聞解脫道，以聲聞凡夫法取代大乘賢聖法。**接下來要進入〈無邊聖諦章〉第六。

〈無邊聖諦章〉第六

【「世尊！聲聞、緣覺初觀聖諦，以一智斷諸住地；以一智四斷，知功德作證，亦善知此四法義。世尊！無有出世間上上智，四智漸至及四緣漸至；無漸至法，是出世間上上智。世尊！金剛喻者，是第一義智；世尊！非聲聞、緣覺不斷無明住地初聖諦智是第一義智。世尊以無二聖諦智，斷諸住地；世尊！如來應等正覺，非一切聲聞、緣覺境界；不思議空智，斷一切煩惱藏。世尊！若壞一切煩惱藏究竟智，是名第一義智；初聖諦智，非究竟智，向阿耨多羅三藐三菩提智。」】

講記：接著要講無邊聖諦了。聖諦爲何是無邊的？勝鬘夫人說：「世尊！聲聞、緣覺聖人，第一次來觀察聖諦時，他們是以一個智慧來斷除四種住地。由於是以一個世俗諦的智慧而斷四種煩惱，所以他們知道出離三界生死的功德，並且是可以印證自己確實已經親證了，他們也善於了知斷這四種煩惱的眞實法義。世尊！沒有一種出世間的上上智，是經由四種煩惱的次第斷除而漸漸到達的；也沒有一種出世間的上上智，是藉著斷除四種煩惱的因緣而漸漸完成的。沒有一個漸漸可以到達或者漸次修斷親證的法，可以說是出世間的上上智。世尊！以金剛爲譬喻的說法，這種智慧是第一義諦的智慧。世尊！不是聲聞、緣覺不斷無始無明住地的那一種初始的、入門的聖諦智可以說是第一義諦的智慧。世尊！您是以無二的、沒有另一個法可以相提並論的聖諦智慧，來斷除與無明住地同時存在的四種住地煩惱。世尊！如來應供等正覺，不是一切聲聞、緣覺所證得的境界。世尊不可思議的人空、法空智慧，是斷除一切煩惱的隨眠。世尊！如果斷壞了一切煩惱種子潛藏的究竟智慧，這才可以說是第一義諦的智慧。剛剛進入佛法中的聲聞、緣覺聖諦的智慧，不是究竟的智慧，那只是開始走向無上正等正覺智慧的基礎而已。」

這樣語譯以後，對某些人來說，可能仍然是有一些籠統。當然已經有很多人聽懂了，因爲二乘**四斷**的智慧以及大乘頓斷的智慧有所不同，這已經是你們很多人能現前加以觀察及證實的，因爲已經明心的緣故。所以，對還沒有證悟如來藏底人來講，還是應該詳細地解說。勝鬘夫人說，聲聞與緣覺等聖人在佛法中所現觀的聖諦，其實只是佛法中的局部智慧而已，只是解脫道的智慧。解脫道的智慧就是世俗諦的智慧，這一種世俗諦的智慧，永遠都是只有一種，就是把世俗法蘊處界的生住異滅作爲現觀的對象。阿含解脫道名爲世俗諦，之所以被稱爲世俗，是因爲所觀察的對象都是三界世俗法：五蘊、十二處、十八界、六入，除此以外就沒有別的現觀對象了。而蘊處界是三界中的世俗法，一切凡夫有情都有，這不是能存在於三界外的法，都是三界世俗中法，所以就稱爲世俗諦。

世俗諦是依蘊處界等世俗法來作觀行的，它爲什麼會被稱爲諦？這個世俗法，三界六道有情都有，只是多與少的差別而已。而它爲什麼稱爲諦呢？因爲這個世俗法蘊處界在三界六道中永遠都是無常的，無常所以苦，苦所以非我故空；無常、苦、空、非我，所以無我，所以蘊處界全部都是入胎識藉緣生起的，自性無常空，無實我常住。這是世俗法的眞諦，永遠無法推翻，所以這個世俗法的無常性、無我性、緣生性、壞滅性，就被稱爲世俗諦。但是世俗諦的無常、無我智慧只有一種，就是全面否定自己，把自己滅掉而不再受生於三界中，因爲自己若繼續存在就不可能出離三界生死。以這種解脫的智慧來作四種煩惱的斷除，也就是斷除見一處、欲界愛、色界愛、無色界愛等四種住地煩惱；四種住地煩惱漸次斷除完了，就是阿羅漢；捨報後不再受生而使自己永滅了，就是無餘涅槃，不再有生死等苦。

見一處住地的斷除，就是斷我見而斷三縛結，這是解脫道見道時斷；欲界愛、色界愛、無色界愛的斷除是解脫道的修道位所斷，即是思惑。見道斷除三結之後，經由修道來斷三界的貪愛，那是漸斷而不是頓斷。雖然二乘法中也有聞法之時立證四果的人，但那不是聲聞法的常道。一般聲聞法的解脫道是要從斷我見開始，我見斷了，三縛結不存在了，再來進修而使貪瞋癡淡薄了，成爲二果人；再進修而斷除欲界愛，發起初禪而進入三果之中。在三果中次第漸修，離開了色界愛，仍然是三果，再繼續進修而斷除了無色界愛，五上分結才算斷盡。這樣才算是眞正地出離了三界，這是正常的解脫道修證過程。這樣，由四種斷除煩惱的智慧而漸漸到達聲聞道的解脫果，所以說是**四智漸至**。二乘聖人也很清楚知道，以這一種世俗諦的智慧斷除了四住地煩惱時，當他們確實斷盡以後很清楚知道自己的解脫功德，很清楚知道自己不會再接受後有了，不會再去受生了，所以**自知自作證**；因此而善於知道這個**四智漸至**、**四緣漸至**的過程與內容，所以他們善知這四法的道理。然而這樣具足實證解脫道的斷我執，只是解脫道一種智慧罷了，仍然不曾涉及大乘法對法界實相的了知與實證；而這種智慧只是成佛之道的入門基礎罷了。所以勝鬘夫人說「初聖諦智，非究竟智」，只是作為未來迴小向大邁向佛道的基礎——**向阿耨多羅三藐三菩提智**——可以藉此解脫智慧而對大乘佛法深具信心，不再畏懼生死之苦，邁向無上正等正覺。

可是勝鬘夫人接著說，佛菩提道所證的是出世間的上上智，不是二乘的出世間智，因為佛菩提道是勝義諦而不是世俗諦。大乘法並不是以蘊處界世俗法的緣起性空作為觀察的對象，而是以法界實相——也就是世俗法的根源——來作觀行的對象。是從世俗法蘊處界的根源常住不滅，來觀察世俗法如何從實相法界中次第出生，來了知世俗法蘊處界為何是緣生的，又是如何生的，然後是如何變異乃至如何壞滅；又從法界實相來瞭解世俗法蘊處界為什麼出生以後會成長、如何成長，為什麼蘊處界成長以後，在世間法中不斷熏習之後會使後有種子增長廣大；為什麼增長廣大以後眾生不想老、不想死，而仍然繼續會老、會死；而實相法界如來藏為什麼是無我性，但無我性中有什麼功德支持眾生蘊處界的流轉，又有哪些是成佛之後才能全部了知的功能差別。是要從法界實相的親證來現觀這些內涵而證得法無我，這並不屬於三界中的世俗法所攝，不在二乘解脫道修證的範圍內，不是二乘解脫道的智慧所能知，所以稱爲出世間的上上智，跟二乘的出世間智並不相同。

這種出世間的上上智，不是經由二乘解脫道四住地無明的斷除來漸漸到達——**非四智漸至**，也不是經由四住地無明斷除的緣來漸漸完成的——**非四緣漸至**。凡是經由次第修證而證得底法，絕對不是出世間底上上智。所以次第禪觀的實修，不可能證得出世間上上智，只能證得二乘解脫道出世間智。

諸位也都聽說過，禪宗有一個很有名的十牛圖。現在我們用這幾句經文來檢查十牛圖所說的究竟有沒有道理？勝鬘夫人說：「**無有出世間上上智，四智漸至及四緣漸至；無漸至法，是出世間上上智。**」換句話說，般若的證悟，這個眞見道是一刹那間就解決的。親證這個實相心——親證無餘涅槃底本際時，同時即是親證本來自性清淨涅槃，是證悟當下就全證的。所以當你找到如來藏時，不可能如十牛圖所講底：**先找到如來藏的腳跡，然後找到如來藏的尾巴，然後再找到如來藏的腳，再找祂的肚子，找祂的脖子、頭以及頭上的角或者祂的鼻子。**根本沒有這回事！所以禪宗的開悟明心只有頓悟而沒有漸悟這回事。

這種出世間的上上智，是一悟之間，就全體親證本識如來藏的；如來藏心體是開悟當下就全體親證的，沒有分證如來藏的。如果要講漸悟，那是只有禪宗底明心頓悟以後才有漸悟，但是那個漸悟是慢慢地修學而次第了知如來藏的一切自性與功能，而不是證得如來藏心體。當你找到如來藏當下，就找到祂全部，是如來藏心體完全顯露在你眼前，沒有哪一分還遮掩著不讓你瞧見，這樣見道所生的般若實相智慧才是出世間上上智。將來你修學到最後身菩薩位，人間眾生得度的因緣成熟了，你來人間示現成佛時也是一樣，一悟就起了大圓鏡智，眼見佛性時一悟就生起了成所作智。這不是漸漸累積上來的，所以勝鬘夫人說：**沒有一個漸至法，是出世間上上智。**反觀阿含所講的二乘解脫道都屬於次第禪觀，都是藉緣漸修之法；除非是四禪八定具足底人，若不假藉蘊處界的生住異滅爲助緣而作次第修觀，就不可能證得解脫果；所以都是四智漸至之法，是斷除四住地煩惱（細說則是三縛結、五下分結、五上分結）而獲得底出世間智，所以是四緣漸至之法。第一義諦卻不是四智漸至、四緣漸至之法，而是頓悟如來藏所引生底法界實相智慧，不是世俗法蘊處界有關底生住異滅智慧。

關於這個出世間上上智，印順法師是怎麼註解的？我們來談一下，請看補充資料，印順說：【大乘以平等法性為第一義諦，所以也是理必頓悟的。本經以**漸**屬聲聞緣覺法，以**頓**屬如來法。**頓漸**的歧異，就是大乘與小乘的不同。】（正聞出版社．印順法師著《勝鬘經講記》p.204）我對印順這段註解的評論如下：「**此說最後身菩薩的頓悟成佛，非指三地以下菩薩之頓悟漸修也！**」

關於頓、漸，我記得幾年前，昭慧法師在她的《弘誓雙月刊》有談到一點：大乘禪宗所謂的開悟，是自由心證。大意如此。她的言外之意是說：禪宗的開悟沒有一個標準，師父說你開悟就是開悟了，說你沒悟那就沒悟了。她還提出另一個觀點：爲什麼大乘禪宗的開悟是屬於自由心證而沒有一個客觀的標準？因爲禪宗講開悟都是一念之間的事，如果沒有辦法頓悟，就永遠沒有開悟的機會，那就不如次第禪觀。次第禪觀有一個順序，讓你一步一步走到所要悟的境界來，可是禪宗講的都是一剎那之間就解決，一句話之間就解決了，那怎麼可以叫作開悟呢？這樣的開悟都是自由心證，有什麼憑藉？她的意思大約是如此。但問題是：凡屬於次第禪觀，永遠都是屬於世間法的範圍，不曾涉及法界的實相。

般若底證悟並不是禪定，雖然也被稱爲禪觀，但它只是靜慮而非禪定，是明白法界的眞相而不是修定。禪宗的禪觀是實相智慧的證悟，不屬於世間禪定的定境。既然不屬於定境，怎麼可能是次第漸進的呢？譬如修定，當然是欲界定、未到定，然後初禪、二禪、三禪、四禪……，這樣修上去，這是次第禪觀。又如五停心觀等法，也都有次第性。但如果是次第性的，一定是世間法，不是法界實相。然而大乘的開悟是悟得實相心，只是把祂找出來；這個實相心是本來就在的，不是一分努力修習以後才出現一分，而是悟得之時全體都分明顯現在你眼前，問題是有沒有那個智慧去找到祂。想要找到祂，所需要的是正知正見等等方法上的智慧，那就要依靠善知識教導，也就是禪宗的禪法。所以禪法不是禪，禪法只是幫助你找到實相心的方法。跟隨禪師身邊十幾年、二十幾年的目的，只是要經由他的開示來建立一個尋找實相心的正確知見與方法，禪法都是知見、方法。可是當你找到實相心時，那只是一念之間，所以沒有次第性。

譬如有一個物體是在你眼前而一直都被你忽略，你只曾聽到它的名字，卻不知那個物體就是人家叫你尋找的對象。長輩吩咐說：「你去把某一個物體找來給我！」於是去尋找，可是那個物體卻一直被你忽略過去，不知道它的存在，所以不曉得它是指哪一個物體，長輩就告訴你：「就在倉庫裡面，你去找呀！」可是你把倉庫翻遍了，從來不會想到是它！因爲它很平實，它一點都不顯眼，所以始終沒找到它。只好又回來向長輩說：「我找不到呀！到底它長什麼模樣？放在哪一個位置？」長輩就告訴你：長什麼模樣，什麼顏色，什麼形狀，大約多小、多大，放在倉庫的某一個位置。那你就去找，不就很容易找到了嗎？當你憑著長輩告訴你的那些訊息，去倉庫裡面那個位置去找：喔！原來是這個！一天到晚看見它而忽略它，從來都沒想到就是它。

當你找到它，一剎那間就全體看見了，不是先看到那個物體的十分之一，然後看到那個物體的二分、三分乃至十分，而是一見之時就已全體看見的。所以中國禪宗——大乘般若禪——的開悟，不是定境的修行，怎麼會是次第禪觀呢？勝鬘夫人也說：凡是次第禪觀，也就是四智漸至、四緣漸至的禪觀境界，都是屬於世間法上的觀行。因爲二乘人所證的菩提都是世間法，都在五蘊十二處十八界等世間法上面作觀行，所以要一步一步去證，要漸次斷我見、我執，那當然是屬於出離世間法底智慧。可是出世間上上智，卻是剎那之間悟入的，所以說：「無漸至法，是出世間上上智。」

但這不代表大乘法中就沒有次第修，因爲證悟實相是剎那間的事，可是剎那間證悟之後卻要次第進修，頓悟後是將近三大阿僧祇劫的進修，所以大乘法並不是某些人所想像的一悟就能成佛。可是頓悟的入道都是只有一剎那間的事，當你在自己五蘊十八界中，突然找到如來藏時，不免啞然失笑；一時講不出話來，就是覺得好笑：怎麼是祂？很難想像是祂。可是以祂作爲根本而追究下去以後才發現：原來萬法都從祂來，但祂卻平實得很。所以，次第禪觀不會是大乘聖者出世間底上上智，只是二乘聖人底出世間智。印順在這一段註解中，倒是對頓與漸有一點正確的認知，所以才會這麼說。

但是這個頓固然屬於如來法——就是菩薩法，但這個頓不代表一頓就成佛了，因爲這一頓只是開悟明心而已。就像廣欽老和尚以前在隨眾念佛，他那麼一頓也是悟了，那也是頓悟——標準的頓悟。而這個標準底頓悟只是一剎那間事，沒有次第性可說；可是這一悟之後，才知道有好多成佛之法都必須要次第修學、次第親證的。所以不能單純地說**頓就是如來法**，因爲如來法的頓悟只是入道而已，入道之後還是要漸修別相智及一切種智，並不是一頓悟就成佛了！所以印順說**頓就是如來法**，還是有過失的。

印順又說**漸屬於聲聞、緣覺法**，這倒也可以說得通；因爲聲聞、緣覺法的觀行是有次第性的，所以施設了四果的名目。即使是善來比丘，乍看之下似乎是頓成阿羅漢，但其實也仍然是漸修得來。因爲頓成阿羅漢，譬如說兩種人，第一種慧解脫，是本來就已經離開欲界愛，已經獲得離生喜樂定而發起初禪了，這時只要斷我見，並且有佛詳細開示我慢的內容而斷除了，當下可以成爲慧解脫的阿羅漢。如果是已經四禪、四空定都具足了，只要斷我見，就能當場取證滅盡定，也可以當場成爲進入無餘涅槃的示現者，那也是屬於頓。可是這種慧解脫或俱解脫的比丘，在聞 佛說法當下頓成慧解脫、俱解脫以前，卻是先已次第漸修四禪八定，降伏了無色界愛與色界愛，或已降伏了欲界愛，所以在斷我見時頓成慧解脫、俱解脫阿羅漢，這也是在見道之前，先經過前面一段實證禪定而降伏三界愛的修行過程才能成就的。所以，以漸法屬於聲聞與緣覺，印順這一句話基本上是沒有過失的。

但是頓漸之間的歧異，就是大乘與小乘法的所有不同所在嗎？這句話可就有大過失了，因為不論是頓或漸，都與三乘菩提法義及修證內容不相干；頓或漸，只是一種現象而不是過程與內容。在二乘菩提中，只要斷盡我見與我執就可以出離三界生死，獲得解脫道的極果，解脫道的究竟果就是阿羅漢，可是都不需要去求證菩薩所修底實相法。菩薩固然也同時擁有解脫道的證量，但菩薩在解脫道上是不用功修行的，只是把解脫道視作佛菩提道中的副產品而已。菩薩的佛菩提道所修的是明心、眼見佛性、修證一切種智，但是這三個法都不是二乘人所能修，也不是他們所需修的法。所以大小乘的歧異，不是在頓與漸來作區別的，而是在觀行的對象不同，也是在親證的內涵不同來區別的，而頓與漸只是現象，因此不是單從頓漸就可以作出區別的。

印順以頓和漸來區別大小乘的不同，意思是說：大乘是一悟就成阿羅漢，小乘是從初果、二果到三果、四果漸漸成就的，但所修的內容同樣是解脫道。印順底意思就是這樣。可是假使眞的如此，就不該有《勝鬘經》，也不該有《維摩詰經》的演述了。《勝鬘經》、《維摩詰經》中沒有一位聲聞人敢開口說法，佛的十大聲聞弟子全都受到 維摩詰大士的教訓或訓誨，而都不敢開口牴觸 維摩詰；這已顯示是修證的法義內容不相同，所以親證的內容也不相同，才會有這種現象的存在；而頓與漸，只是不同修證內容在過程中顯示出來底一種現象。否則應當諸菩薩所證、所斷都與阿羅漢們相同，那就應該法同一味，爲什麼阿羅漢已經是解脫道底究竟果了，竟然還無法與菩薩對談呢？

由此可見大乘與小乘的不同，不是因爲頓與漸的差別而作區分的；而是因爲所修證及所修斷的內涵不同，因此才會有大小乘的差異，所以印順的說法是有過失的。勝鬘夫人則是從悟入時的頓與漸底不同現象，來顯示大小乘實證內涵的差異。而且，大乘法不能只從表相來看，印順卻是只從表相來看三乘法，所以印順所看到的是：釋迦牟尼佛是一悟就成佛的，有許多阿羅漢也是一悟就成爲阿羅漢了。可是印順沒有看到的是：阿羅漢悟得聲聞菩提以後都不能成佛。印順也沒有看到：許多菩薩都開悟大乘菩提了，可是也都還沒有成佛。

印順爲什麼要說頓悟就是成佛呢？因爲印順不承認大乘的佛菩提，只承認二乘法聲聞、緣覺菩提，所以印順刻意把佛菩提的法義排除掉；只因爲佛菩提的法義是印順所不知道的，是印順無法實證的，所以要加以排斥。都是因爲佛菩提底內容印順無法親證，譬如頓悟明心是要證如來藏，還要進而眼見佛性，還要進修一切種智。而佛性是如來藏在六塵外的某一種作用，一切種子都含藏在如來藏中，都是要從實證如來藏著手的；但印順不能親證，又如何能眼見佛性及證得一切種子的智慧呢？所以印順不得不加以否定。

否定成功之後，就沒有人可以質疑印順是一個大乘法中還沒有見道的凡夫。如果要講聲聞道、緣覺道，憑著意識思惟，跟一般凡夫們一樣，可以講得頭頭是道；一般學佛人既然還沒有斷我見、證初果，所知所見絕不會超過印順，那麼他想要怎麼說，誰都無法挑戰他。所以，印順把大乘佛菩提的內涵排除掉，用二乘的解脫道和因緣觀來取代佛菩提而說爲大乘佛教，因此大乘佛法就開始被他通俗化、學術化了，因此就有人專門從事佛學學問的研究，以讀經研究作爲佛法的實證，佛法的層次當然隨著開始降低而不尊貴了。所以，三乘菩提並不是以頓漸來區分的，而是以修證的內涵來作區分的；而大乘佛菩提並不是靠意識思惟來證悟的，這個證悟是要有因緣的。

諸位來聽講《勝鬘經》這麼久了，當然大部分人是還沒有證悟的；還沒有證悟而能夠來聽這麼久，持續不斷，絕對不簡單。因爲像這麼深的法能夠這樣一直聽下來，得要有很大的耐心，還要加上求道心切，否則不可能一直聽下來而不走人。一般說來，這樣深的法是明心以後聽起來才會親切的，可是未明心而能繼續聽下來，眞的很不容易。因此我對諸位當然是讚歎的，這實在是很不容易的事情。還沒有找到如來藏之前，能聽這麼深的法，會覺得有一點像疲勞轟炸；可是你們能坐下來一直聽到現在，而且不退失，一定是求道心切的人才有可能。再加上我說法的時候，不斷地拿印順法師的錯誤說法作爲事例來比對、講解，如果心中對僧衣有所崇拜，一定越聽越不是滋味，早就走人了！但你們能繼續聽下來，眞的不容易，所以都應該被讚歎。

這個次第禪觀及頓與漸的問題，正是今天應成派中觀師迷惘之處。印順走在前頭，爲當代的應成派中觀師開闢了一條岔路，他們在這一條岔路上已經走了十幾年，有人則是已經走了三、四十年。如今一朝被蕭平實指稱是岔路，他們想：「我走了這麼久，雖然是岔路，放棄了也是可惜。乾脆就一直走下去，抱著一絲小小的希望：這岔路走到最後，會不會繞回來跟正路合併在一起？」可是這條岔路底方向是偏離正道的，走越遠就越偏離正道，而他們都不曉得。但因爲始終無法連接到正道來，所以只好有時這樣說：「其實我們對於如來藏常住的思想，也不是不能接受。」既然如此，何不早一點接受？既然今年（編案：這時是二〇〇六年六月）已經說「不是不可以接受」，那你乾脆就接受了，以後這一條岔路就開始轉彎而回來正道了，就不必再往偏差的方向行進了。

原因是：不論是在二乘法的解脫道，或者在大乘法的佛菩提中，都必須要承認有一個本住法——有一個常住的如來藏識永遠不滅——才能修學成就的。二乘法中也是如此，因爲在阿含中 佛曾經講過本識常住；如果不信有常住法，不信有眞實法常住不滅，我見就斷不了。（編案：詳見《阿含正義》舉證的阿含經文）但印順等人把常住的眞實法全面否定以後，能斷我見嗎？至於斷除我執，可就是奢談了。所以當然是不能斷我見，也無力斷我執，因爲恐怕將來我執斷盡以後入了無餘涅槃時會變成斷滅空。印順派的所有人，在意識層面相信蘊處界是虛妄的，可是深心之中不可能接受蘊處界虛妄，所以想要斷我見時就斷不了，怕落入斷滅空。但是我見若不能斷除，一世所修的解脫道就白修了，只好否定一般的意識心而又發明另一個意識細心常住，自以爲已斷我見；後來講到般若的時候就說：「滅相不滅，所以是眞如。」結果是換湯不換藥，仍然落在意識心**常見**之中。

印順等人是把 佛在三乘菩提中講萬法的根源本體推翻掉，然後自己再來建立一個想像中底萬法根源本體。這樣以想像所得的本體，來取代 佛說可知可證底本體，繞了一大圈回來以後一樣還是本體論，只是用新的不可實證的假本體論，來替換原有而可證的本體論而已。所以說，當印順否定了常住法時，我見就斷不了，就無可避免地會去發明或創立一個想像中才有的本體；然後說這個本體是不可知也不可證底，大家就不能質疑印順了！因為是不可知也不可證底：**你也不可知不可證，我印順也不可知不可證，那你就不能質疑我印順為什麼沒有證**。問題就全部解決了。

可是印順這樣只是在意識思惟層面解決了一時底問題，遇到證悟菩薩出現在人間時，印順底問題不但沒有解決，反而會更擴大；就好像口渴的人看見一杯水，那一杯水貼了一個紙條寫著「砒霜水」，可是口渴到不得了之時，心想：「**管他的，先把口渴解決了，毒發的事，等以後再說。**」印順是三十來歲時喝了那一杯砒霜水——應成派中觀邪見而種下了法毒，如今是七十年後救治不了而在台灣身亡，事實正是這樣。印順是三十來歲在四川接觸了藏密的應成派中觀，讀過了以後發覺：**證不證如來藏，見不見性的問題，都可以在應成派中觀裡面解決**。所以印順就把應成派中觀的六識論毒水喝了，暫時解決問題；可是印順漸漸毒發時卻沒有感覺出來，直到九十歲時在台灣被佛法醫師指出他中毒了，之後十幾年中自己救治不了也就死掉了。印順的法身慧命就這樣葬送掉了，都因爲不肯遵從佛法醫師的指示改邪歸正。

邪見誤人眞的很嚴重！到現在，仍然還有一些人聽到蕭平實三字時就說：「**我不要讀他的書，他的書有毒！**」可是他們不曉得自己每大都在喝大法師給的毒水，而我的書中充滿了甘露水，是要解除他們原來所中的毒；只因爲甘露水的味道與他們每天喝慣底毒水味道不同，所以就不想喝。眾生就這麼愚癡！能找得到幾位像諸位這樣知道「**原來的才是毒水，現在這個不同味道底水才是甘露水**」？所以次第禪觀與大乘禪觀的差異，我們必須要在這裡略作辨正；正因爲出世間上上智底證悟並不屬於聲聞禪的四智漸至，也不是聲聞禪漸斷四住煩惱的四緣漸至，因此他們主張以次第禪觀來實證大乘佛法，是一個錯誤的主張。

回到經文：「**世尊！金剛喻者，是第一義智；世尊！非聲聞、緣覺不斷無**

明住地初聖諦智是第一義智。」勝鬘夫人說：「**以金剛爲譬喻的智慧，才是世出世間上上智的第一義智慧。」**也許有人質疑說：「聲聞、緣覺的智慧，**爲什麼不是上上智第一義的智慧？」**勝鬘夫人這句話是說聲聞、緣覺所得的智慧是第二義，也就是說「不是究竟義」。這當然得要講清楚，總不能隨便指控人家是第二義，高抬自己是第一義，一定要有根據才能這樣說。聲聞、緣覺，爲何是第二義？因爲聲聞、緣覺的所證，是依世間法的蘊處界作觀行的對象，去觀行蘊處界的虛妄性、可斷性、不淨性。

由於這樣的觀察，斷除了我執，所以捨報後不再去受生，進入無餘涅槃，出離三界生死苦。但是，單從這個內容的瞭解，仍然無法證明二乘法是第二義，要從大乘佛菩提內涵的瞭解，才能回過頭來說：聲聞、緣覺智慧是第二義的智慧。這是由於菩薩所得底智慧，並不是只有在蘊處界的生住異滅來作觀行，菩薩還要向前去觀行：蘊處界固然是生住異滅而不應執著，可是蘊處界是從什麼地方出生的？而那個能出生蘊處界的法，我們應當如何究竟了知、具足親證？了知及親證以後，深入觀察這個出生蘊處界的法——如來藏，再上去就沒有任何一法可得，如來藏是最終法、最究竟法，確實是萬法根源，無一法不從祂生，過了此法就再也沒有一法可得了，所以這個法就是第一義諦。

這並不是在大乘法中才這樣說的，而是在阿含道中就已經是如此說了。我們以前常常舉例來說「名色由識生」，這是阿含道的說法，也就是說名與色是由第八識入胎識出生的。不但如此，在阿含道中 佛還特別以十因緣法來開示，說人類有老病死憂悲苦惱，是因爲有出生，而出生是從往世積集後有種子而來。這樣次第往上推，一直推到後來是有名色所以才會有觸，才會產生了出生等法，一切苦都是緣於名色而有。可是名色由哪裡來？往上推究底結果終於確定：名色是由本識、入胎識出生的。但是從那個本識再往前推究，已經沒有一法可得了；所以那個本識當然就是萬法的究竟諦，就是萬法的根源。所以 佛說十因緣觀只能推到第十支，推到本識以後就只能回到蘊處界來，因此說「齊識而還」。一切法最多只能推到本識爲止，再往前推就無一法可得了；所以 佛在「齊識而還」四字之後，特別說了「不能過彼」四個字。

也就是說，探討宇宙萬法時只能到本識爲止，推到本識如來藏以後就沒有辦法再向上探討到任何一法了，所以說萬法之中沒有任何一法可以超過本識——不能過彼。彼就是指那個本識。對緣覺來講，他們都是自己推知有本識存在才會有名色，名色即是生死眾苦的根本；而本識是他們的智慧所無法實證的，所以不說是「此」識，而說爲「彼」識——那個識。這樣看來，二乘法中已經很清楚地說明：**有識陰等六識存在，並且還有一個識陰六識出生的所依緣——六根之一的意根，那就共有七個識了；但是意根與識陰六識卻都是從「彼」識生——從那個識出生的，所以那個識當然即是一切法的根源。**緣覺這樣探究出來：一切法都不能超過那個識，那不就總共有八個識了嗎？所以八識論是在阿含道中就已經建立的，只是古時候的應成派中觀師佛護、月稱、安慧、般若趜多、寂天，傳到西藏的阿底峽，後來有宗喀巴，到今天的印順、星雲、昭慧、證嚴、聖嚴等人，都讀不懂四阿含，誤以爲阿含是六識論的經典。

實際上，八識論是在阿含道中就已經建立的（編案：詳見《阿含正義》中舉證的阿含部經文），不是第二、三轉法輪的大乘經典中才建立的，但是聲聞與緣覺都不必實證那個本識如來藏。所以從大乘法與二乘法的比較之中可以看出來，二乘法的觀行都是在世間法的五蘊、十二處、十八界中作觀行，緣覺法與聲聞法的不同則是在於緣覺自己有智慧來推知有一個第八識出生萬法，但是還沒有智慧能親證祂。而聲聞法中的阿羅漢們都沒有智慧推知有那個本識，可是隨從佛學時曾經從佛口親聞知道有那個本識，因此不害怕斷除我見與我執。他們只知道有一個常住法——能出生名色的識，是無餘涅槃中的本際，可是不必親證。

但菩薩是從見道入門時就必須親證了。眞正的開悟見道——明心——才能算是進入了大乘法的內門，開始出生般若實相智慧。還沒有見道以前的廣修六度萬行，不是依實相般若智慧在修行，都是外門廣修，不是內門廣修六度萬行。想要進入內門廣修六度萬行，必須先見道，而見道就是要證「彼」本識；而那個本識是二乘聖人所不能證得，那個本識也是世出世間萬法的根源，所以祂是實相法界，不屬於世間法界，不歸蘊處界——名也——所攝，反而能出生名色。二乘法只在世間法界上用心，三賢位中的第七住位菩薩所證實相法界，就已不是二乘無學聖人所知；而菩薩所證的實相，仍然必須到達佛地時才算是最究竟的實相法界。二乘聖人所修並不是彼本識底境界，而本識是實相法界，沒有一法能超越祂，是最究竟法，所以叫作第一義，實證本識而發起的實相智慧就稱爲第一義智。這樣相較之下，二乘人所證的斷我見、我執的智慧，都是由實相法界那個本識所生底蘊處界上面觀察生住異滅；只能在所生法上現觀生住異滅，而無法觀察究竟法實相法界，所以就稱爲第二義智，不是第一義智。

因此，勝鬘夫人接著說：「世尊！非聲聞、緣覺不斷無明住地初聖諦智是第一義智。」也就是說：並非聲聞、緣覺不斷無始無明的智慧可以稱爲第一義的智慧，因爲四聖諦只是三乘菩提中的初聖諦。意思是說：初聖諦智之後，還有菩薩所證的第二種般若智，還有諸地菩薩所證的第三種智慧——道種智。這樣就直接把二乘人所證的四諦智，判定爲修學佛法時最基本、最初應修的聖諦智；那是不必斷除無明住地的，二乘人對於無始無明是不破也不斷的，因此他們的聖諦智是第二義聖諦智，不是第一義聖諦智。世尊則是以不二的聖諦智來斷諸住地，換句話說，諸佛如來都是以實相智慧來斷除煩惱障所攝的四住地煩惱，不是依世俗諦的智慧來斷四住地煩惱的，菩薩們就依照這樣的內容來修學。

咱們正覺同修會弘揚底法正好就是這樣，你們來正覺同修會學的法，不是教導你如何在一生中取證阿羅漢果，而是教導你在這一生中如何明心、如何見性、如何熏習三賢位中的一切法。從來不以教導解脫道爲主，但是解脫道的智慧卻會自然而然生起，解脫底功德受用也會自然而然地獲得；因爲解脫法與受用是佛菩提道中本有的副產品，不必刻意去修它，隨著佛菩提的增進以後自然就會有。所以來到正覺同修會的主要任務就是要明心，明心時也會增益初果的見地，悟後進修以後自然會漸漸地發起二果的功德；乃至繼續進修之後發起了初禪，就能把五下分結斷除；那是很輕易的事情，都不困難。然後把三賢位中該學的般若別相智具足圓滿了，該修的福德也修夠了，就能在三果的取證下，加上廣大的福德及勇發十無盡願，這一世所修的三賢位應得的般若具足了，發起初分的道種智，就成爲初地菩薩了。

也許有人心中想：「這蕭老師說的比唱的好聽。」但是我告訴你：不論我用說的或者用唱的，內容都是一樣正確。因爲當你明心後三縛結都不在了，努力進修而貪瞋癡淡薄了，後來欲界貪確實斷除了，初禪就主動發起了。這時把阿含道的五下分結深入瞭解以後，不必幾天就可以斷除而成爲三果人。若能成爲最上品三果人，就是性障永伏如阿羅漢，這時只要努力修學般若，該修的努力去修；入地所需的福德如果有努力修集，把這三個條件具足了，正是萬事具備只欠東風：此時只要在佛像前勇敢地發起十無盡願，具足增上意樂時就是初地了，這是可以一步一步走到的。

該修的內容、該走的次第，在正覺同修會中都已鋪排好了，不會讓你們像以前一樣學佛一輩子還不曉得佛法是什麼：既不曉得解脫道該如何修，更不知道佛菩提該怎麼修。所以來到正覺同修會，正好就是佛菩提的行門；不必刻意去修解脫道，它只是佛菩提道修學過程中自然會出現的副產品。就像碾米場碾出來的固然是白米，但一定有副產品：一定會有粗糠與米糠。那些粗糠與米糠不必刻意去取、刻意去剝，只要把白米碾出來，不但有你想要的白米，連原本不想要的粗糠與米糠就都具足了。有的人是努力想要獲得解脫道的果實——米糠，卻要一顆一顆米在那邊剝，太辛苦了！我們是一大堆穀子倒進去，出來就有一大堆的白米——佛菩提果，並且也有許多米糠——聲聞果，這就是修學佛菩提的好處。但是雖然會有一大堆白米，也會有許多米糠，卻是要一大堆的穀子去碾，所以就要三大阿僧祇劫。這樣講解了，你們對佛菩提與解脫道的關係應該已有更深入的瞭解了。

二乘聖人不斷無明住地，只斷四種住地煩惱；這只是四智漸至、四緣漸至的法，屬於次第禪觀所攝，當然不是出世間上上智，只是出世間智罷了；所以是第二義智，不是第一義智。這是因爲所修、所斷無關乎法界的實相，只是與世俗界的生住異滅有關聯而已，可是世俗界如何從本識心藉緣而起，二乘聖人是無法知道的，所以他們不是眞正懂得緣起法的聖人。可是跟隨諸佛修學佛菩提，是用不二的第一義聖諦智來斷四住地煩惱，同時擁有第一義智。因此諸地菩薩一直都是把最後一分思惑——五上分結中的我慢，留到七地滿心時才終於斷盡了；此時改爲轉依大悲心及成佛度眾的悲願，依憑引發**如來無量妙智三昧**而繼續住持在三界中。這都不是二乘菩提所修的法，所以菩薩們隨佛修學，都是以第一義諦智來斷四住地煩惱，不是依二乘菩提的四諦智來斷四住地煩惱。因爲是以第一義諦智來斷的緣故，所以當然就得同時把所有的習氣種子全部斷盡了才能成佛。正因爲不是依分段生死的斷盡來修除四住地煩惱，所以勝鬘夫人說：世尊是以無二聖諦智斷諸住地。

佛菩提二主要道次第概要表——二道並修，以外無別佛法

佛菩提道——大菩提道

十信位修集信心——一劫乃至一萬劫

資糧位

初住位修集布施功德（以財施爲主）。
二住位修集持戒功德。
三住位修集忍辱功德。
四住位修集精進功德。
五住位修集禪定功德。
六住位修集般若功德（熏習般若中觀及斷我見，加行位也）。

外門廣修六度萬行

七住位明心般若正觀現前，親證本來自性清淨涅槃。
八住位於一切法現觀般若中道。漸除性障。
十住位眼見佛性，世界如幻觀成就。

見道位

一至十行位，於廣行六度萬行中，依般若中道慧，現觀陰處界猶如陽焰，至第十行滿心位，陽焰觀成就。
一至十迴向位熏習一切種智；修除性障，唯留最後一分思惑不斷。第十迴向滿心位成就菩薩道如夢觀。

內門廣修六度萬行

遠波羅蜜多

初地：第十迴向位滿心時，成就道種智一分（八識心王一一親證後，領受五法、三自性、七種第一義、七種性自性、二種無我法）復由勇發十無盡願，成通達位菩薩。復又永伏性障而不具斷，能證慧解脫而不取證，由大願故留惑潤生。此地主修法施波羅蜜多及百法明門。證「猶如鏡像」現觀，故滿初地心。

二地：初地功德滿足以後，再成就道種智一分而入二地；主修戒波羅蜜多及一切種智。滿心位成就「猶如光影」現觀，戒行自然清淨。

解脫道：二乘菩提

斷三縛結，成初果解脫

薄貪瞋癡，成二果解脫

斷五下分結，成三果解脫

入地前的四加行令煩惱障現行悉斷，成四果解脫，留惑潤生。分段生死已斷，煩惱障習氣種子開始斷除，兼斷無始無明上煩惱。

圓滿成就究竟佛果

近波羅蜜多

修道位

三地：二地滿心再證道種智一分，故入三地。此地主修忍波羅蜜多及四禪八定、四無量心、五神通。能成就俱解脫果而不取證，留惑潤生。滿心位成就「猶如谷響」現觀及無漏妙定意生身。

四地：由三地再證道種智一分故入四地。主修精進波羅蜜多，於此土及他方世界廣度有緣，無有疲倦。進修一切種智，滿心位成就「如水中月」現觀。

五地：由四地再證道種智一分故入五地。主修禪定波羅蜜多及一切種智，斷除下乘涅槃貪。滿心位成就「變化所成」現觀。

六地：由五地再證道種智一分故入六地。此地主修般若波羅蜜多——依道種智現觀十二因緣一一有支及意生身化身，皆自心眞如變化所現，「非有似有」，成就細相觀，不由加行而自然證得滅盡定，成俱解脫大乘無學。

七地：由六地「非有似有」現觀，再證道種智一分故入七地。此地主修一切種智及方便波羅蜜多，由重觀十二有支一一支中之流轉門及還滅門一切細相，成就方便善巧，念念隨入滅盡定。滿心位證得「如犍闥婆城」現觀。

大波羅蜜多

八地：由七地極細相觀成就故再證道種智一分而入八地。此地主修一切種智及願波羅蜜多。至滿心位純無相觀任運恆起，故於相土自在，滿心位復證「如實覺知諸法相意生身」故。

九地：由八地再證道種智一分故入九地。主修力波羅蜜多及一切種智，成就四無礙，滿心位證得「種類俱生無行作意生身」。

十地：由九地再證道種智一分故入此地。此地主修一切種智——智波羅蜜多。滿心位起大法智雲，及現起大法智雲所含藏種種功德，成受職菩薩。

等覺：由十地道種智成就故入此地。此地應修一切種智，圓滿等覺地無生法忍；於百劫中修集極廣大福德，以之圓滿三十二大人相及無量隨形好。

圓滿波羅蜜多

究竟位

妙覺：示現受生人間已斷盡煩惱障一切習氣種子，並斷盡所知障一切隨眠，永斷變易生死無明，成就大般涅槃，四智圓明。人間捨壽後，報身常住色究竟天利樂十方地上菩薩；以諸化身利樂有情，永無盡期，成就究竟佛道。

七地滿心斷除故意保留之最後一分思惑時，煩惱障所攝色、受、想三陰有漏習氣種子全部斷盡。

煩惱障所攝行、識二陰無漏習氣種子任運漸斷，所知障所攝上煩惱任運漸斷。

斷盡變易生死成就大般涅槃

佛子蕭平實 謹製

（二〇〇九、〇二 修訂）

（二〇一二、〇二 增補）

佛教正覺同修會〈修學佛道次第表〉

第一階段

＊以憶佛及拜佛方式修習動中定力。
＊學第一義佛法及禪法知見。
＊無相拜佛功夫成就。
＊具備一念相續功夫—動靜中皆能看話頭。
＊努力培植福德資糧，勤修三福淨業。

第二階段

＊參話頭，參公案。
＊開悟明心，一片悟境。
＊鍛鍊功夫求見佛性。
＊眼見佛性〈餘五根亦如是〉親見世界如幻，成就如幻觀。
＊學習禪門差別智。
＊深入第一義經典。
＊修除性障及隨分修學禪定。
＊修證十行位陽焰觀。

第三階段

＊學一切種智真實正理—楞伽經、解深密經、成唯識論…。
＊參究末後句。
＊解悟末後句。
＊透牢關—親自體驗所悟末後句境界，親見實相，無得無失。
＊救護一切眾生迴向正道。護持了義正法，修證十迴向位如夢觀。
＊發十無盡願，修習百法明門，親證猶如鏡像現觀。
＊修除五蓋，發起禪定。持一切善法戒。親證猶如光影現觀。
＊進修四禪八定、四無量心、五神通。進修大乘種智，求證猶如谷響現觀。

佛教正覺同修會 共修現況 及 招生公告 2017/12/21

一、共修現況：（請在共修時間來電，以免無人接聽。）

台北正覺講堂 103 台北市承德路三段 277 號九樓 捷運淡水線圓山站旁 Tel..**總機** 02-25957295（晚上）（**分機：九樓**辦公室 10、11；知客櫃檯 12、13。 **十樓**知客櫃檯 15、16；書局櫃檯 14。 **五樓**辦公室 18；知客櫃檯 19。**二樓**辦公室 20；知客櫃檯 21。）Fax..25954493

第一講堂 台北市承德路三段 277 號九樓

禪淨班：週一晚班、週三晚班、週四晚班、週五晚班、週六下午班、週六上午班（共修期間二年半，全程免費。皆須報名建立學籍後始可參加共修，欲報名者詳見本公告末頁。）

進階班：週一晚班、週三晚班、週四晚班、週五晚班（禪淨班結業後轉入共修）。

增上班：瑜伽師地論詳解：每月單數週之週末 17.50～20.50。平實導師講解，2003 年 2 月開講至今，預計 2019 年圓滿，僅限已明心之會員參加。

禪門差別智：每月第一週日全天 平實導師主講（事冗暫停）。

大法鼓經詳解 詳解末法時代大乘佛法修行之道。佛教正法消毒妙藥塗於大鼓而以擊之，凡有眾生聞之者，一切邪見鉅毒悉皆消殞；此經即是大法鼓之正義，凡聞之者，所有邪見之毒悉皆滅除，見道不難；亦能發起菩薩無量功德，是故諸大菩薩遠從諸方佛土來此娑婆聞修此經。平實導師主講，定於 2017 年 12 月底起，每逢周二晚上開講，第一至第六講堂都可同時聽聞，歡迎已發成佛大願的菩薩種性學人，攜眷共同參與此殊勝法會現場聞法，不限制聽講資格。本會學員憑上課證進入第一至第四講堂聽講，會外學人請以身分證件換證進入聽講（此為大樓管理處安全管理規定之要求，敬請諒解）；第五及第六講堂（B1、B2）對外開放，不需出示任何證件，請由大樓側門直接進入。

第二講堂 台北市承德路三段 267 號十樓。

禪淨班：週一晚上班。

進階班：週三晚班、週四晚班、週五晚班、週六下午班。禪淨班結業後轉入共修。

大法鼓經詳解：平實導師講解。每週二 18.50~20.50 影像音聲即時傳輸

第三講堂 台北市承德路三段 277 號五樓。

禪淨班：週六下午班。

進階班：週一晚班、週三晚班、週四晚班、週五晚班。

大法鼓經詳解：平實導師講解。每週二 18.50~20.50 影像音聲即時傳輸

第四講堂 台北市承德路三段 267 號二樓。

進階班：週一晚上班、週三晚上班、週四晚上班（禪淨班結業後轉入共修）。

大法鼓經詳解：平實導師講解。每週二 18.50~20.50 影像音聲即時傳輸

第五、第六講堂

念佛班 每週日晚上，第六講堂共修（B2），一切求生極樂世界的三寶弟子皆可參加，不限制共修資格。

進階班：週一晚班、週三晚班、週四晚班。

大法鼓經詳解：平實導師講解。每週二 18.50~20.50 影像音聲即時傳輸。第五、第六講堂爲**開放式講堂**，不需以身分證件換證即可進入聽講，台北市承德路三段 267 號地下一樓、地下二樓。每逢週二晚上講經時段開放給會外人士自由聽經，請由大樓側面梯階逕行進入聽講。**聽講者請尊重講者的著作權及肖像權，請勿錄音錄影，以免違法；若有錄音錄影被查獲者，將依法處理。**

正覺祖師堂 大溪鎮美華里信義路 650 巷坑底 5 之 6 號（台 3 號省道 34 公里處 妙法寺對面斜坡道進入）電話 03-3886110 傳眞 03-3881692 本堂供奉 克勤圓悟大師，專供會員每年四月、十月各三次精進禪三共修，兼作本會出家菩薩掛單常住之用。除禪三時間以外，每逢單月第一週之週日 9:00~17:00 開放會內、外人士參訪，當天並提供午齋結緣。教內共修團體或道場，得另申請其餘時間作團體參訪，務請事先與常住確定日期，以便安排常住菩薩接引導覽，亦免妨礙常住菩薩之日常作息及修行。

桃園正覺講堂（第一、第二講堂）：桃園市介壽路 286、288 號 10 樓（陽明運動公園對面）電話：03-3749363（請於共修時聯繫，或與台北聯繫）

禪淨班：週一晚上班（1）、週一晚上班（2）、週三晚上班、週四晚上班、週五晚上班。

進階班：週四晚班、週五晚班、週六上午班。

增上班：雙週六晚上班（增上重播班）。

大法鼓經詳解：平實導師講解。每週二晚上，以台北正覺講堂所錄 DVD 放映；歡迎會外學人共同聽講，不需出示身分證件。

新竹正覺講堂 新竹市東光路 55 號二樓之一 電話 03-5724297（晚上）

第一講堂：

禪淨班：週一晚上班、週五晚上班、週六上午班。

進階班：週三晚上班、週四晚上班（由禪淨班結業後轉入共修）。

增上班：單週六晚上班。雙週六晚上班（重播班）。

大法鼓經詳解：平實導師講解。每週二晚上，以台北正覺講堂所錄 DVD 放映。歡迎會外學人共同聽講，不需出示身分證件。

第二講堂：

禪淨班：週三晚上班、週四晚上班。

大法鼓經詳解：每週二晚上與第一講堂同時播放佛藏經詳解 DVD。

第三、第四講堂：裝修完畢，即將開放。

台中正覺講堂 04-23816090（晚上）

第一講堂 台中市南屯區五權西路二段 666 號 13 樓之四（國泰世華銀行樓上。鄰近縣市經第一高速公路前來者，由五權西路交流道可以快速到達，大樓旁有停車場，對面有素食館）。

禪淨班：週三晚上班、週四晚上班。

進階班：週一晚上班、週六上午班（由禪淨班結業後轉入共修）。

增上班：**增上班**：單週六晚上班。雙週六晚上班（重播班）。

大法鼓經詳解：平實導師講解。每週二晚上，以台北正覺講堂所錄 DVD 放映。歡迎會外學人共同聽講，不需出示身分證件。

第二講堂 台中市南屯區五權西路二段 666 號 4 樓

禪淨班：週一晚上班、週三晚上班、週六上午班。

進階班：週五晚上班（由禪淨班結業後轉入共修）。

大法鼓經詳解：每週二晚上與第一講堂同時播放佛藏經詳解 DVD。

第三講堂、第四講堂：台中市南屯區五權西路二段 666 號 4 樓。

嘉義正覺講堂 嘉義市友愛路 288 號八樓之一 電話：05-2318228

第一講堂：

禪淨班：週一晚上班、週四晚上班、週五晚上班、週六上午班。

進階班：週三晚上班（由禪淨班結業後轉入共修）。

增上班：單週六晚上班。雙週六晚上班（重播班）。

大法鼓經詳解：平實導師講解。每週二晚上，以台北正覺講堂所錄 DVD 放映。歡迎會外學人共同聽講，不需出示身分證件。

第二講堂 嘉義市友愛路 288 號八樓之二。

台南正覺講堂

第一講堂 台南市西門路四段 15 號 4 樓。06-2820541（晚上）

禪淨班：週一晚上班、週三晚上班、週四晚上班、週五晚上班、週六下午班。

增上班：**增上班**：單週六晚上班。雙週六晚上班（重播班）。

大法鼓經詳解：平實導師講解。每週二晚上，以台北正覺講堂所錄 DVD 放映。歡迎會外學人共同聽講，不需出示身分證件。

第二講堂 台南市西門路四段 15 號 3 樓。

大法鼓經詳解：每週二晚上與第一講堂同時播放佛藏經詳解 DVD。

第三講堂 台南市西門路四段 15 號 3 樓。

進階班：週二晚上班、週四晚上班、週六上午班（由禪淨班結業後轉入共修）。

大法鼓經詳解：每週二晚上與第一講堂同時播放佛藏經詳解 DVD。

高雄正覺講堂　高雄市新興區中正三路 45 號五樓 07-2234248（晚上）

第一講堂（五樓）：

禪淨班：週一晚班、週三晚班、週四晚班、週五晚班、週六上午班。

增上班：單週週末下午，以台北增上班課程錄成 DVD 放映之，限已明心之會員參加。

大法鼓經詳解：平實導師講解。每週二晚上，以台北正覺講堂所錄 DVD 放映。歡迎會外學人共同聽講，不需出示身分證件。

第二講堂（四樓）：

進階班：週三晚上班、週四晚上班、週六上午班（由禪淨班結業後轉入共修）。

大法鼓經詳解：每週二晚上與第一講堂同時播放佛藏經詳解 DVD。

第三講堂（三樓）：

進階班：週四晚班（由禪淨班結業後轉入共修）。

香港正覺講堂　☆已遷移新址☆

九龍觀塘，成業街 10 號，電訊一代廣場 27 樓 E 室。

（觀塘地鐵站 B1 出口，步行約 4 分鐘）。電話：(852) 23262231

英文地址：Unit E，27th Floor, TG Place, 10 Shing Yip Street, Kwun Tong, Kowloon

禪淨班：雙週六下午班 14:30-17:30，已經額滿。
雙週日下午班 14:30-17:30。
單週六下午班 14:30-17:30，已經額滿。

進階班：雙週五晚上班（由禪淨班結業後轉入共修）。

增上班：單週週末上午，以台北增上班課程錄成 DVD 放映之。

增上重播班：雙週週末上午，以台北增上班課程錄成 DVD 放映之。

大法鼓經詳解：平實導師講解。雙週六 19:00-21:00，以台北正覺講堂所錄 DVD 放映；歡迎會外學人共同聽講，不需出示身分證件。

美國洛杉磯正覺講堂　☆已遷移新址☆

825 S. Lemon Ave Diamond Bar, CA 91789 U.S.A.

Tel. (909) 595-5222（請於週六 9:00~18:00 之間聯繫）

Cell. (626) 454-0607

禪淨班：每逢週末 15：30~17：30 上課。

進階班：每逢週末上午 10：00~12：00 上課。

大法鼓經詳解：平實導師講解。每週六下午 13：00~15：00 以台北所錄 DVD 放映。歡迎各界人士共享第一義諦無上法益，不需報名。

二、招生公告　本會台北講堂及全省各講堂、香港講堂，每逢四月、十月下旬開新班，每週共修一次（每次二小時。開課日起三個月內仍可插班）；但美國洛杉磯共修處之禪淨班得隨時插班共修。各班共修期間皆爲二年半，全程免費，欲參加者請向本會函索報名表（各共修處皆於共修時間方有人執事，非共修時間請勿電詢或前來洽詢、請書），或直接從本會官方網站(http://www.enlighten.org.tw/newsflash/class)或成佛之道網站下載報名表。共修期滿時，若經報名禪三審核通過者，可參加四天三夜之禪三精進共修，有機會明心、取證如來藏，發起般若實相智慧，成爲實義菩薩，脫離凡夫菩薩位。

三、新春禮佛祈福 農曆年假期間停止共修：自農曆新年前七天起停止共修與弘法，正月 8 日起回復共修、弘法事務。新春期間正月初一～初七 9.00～17.00 開放台北講堂、正月初一~初三開放桃園、新竹、台中、嘉義、台南、高雄講堂，以及大溪禪三道場（正覺祖師堂），方便會員供佛、祈福及會外人士請書。美國洛杉磯共修處之休假時間，請逕詢該共修處。

密宗四大派修雙身法，是外道性力派的邪法；又以生滅的識陰作爲常住法，是常見外道，是假的藏傳佛教。

西藏覺囊巴以他空見弘揚第八識如來藏勝法，才是真藏傳佛教

佛教正覺同修會　弘法行事表

2017/12/07

1、**禪淨班**　以無相念佛及拜佛方式修習動中定力，實證一心不亂功夫。傳授解脫道正理及第一義諦佛法，以及參禪知見。共修期間：二年六個月。每逢四月、十月開新班，詳見招生公告表。

2、**進階班**　禪淨班畢業後得轉入此班，進修更深入的佛法，期能證悟明心。各地講堂各有多班，繼續深入佛法、增長定力，悟後得轉入增上班修學道種智，期能證得無生法忍。

3、**增上班 瑜伽師地論**詳解　詳解論中所言凡夫地至佛地等 17 師之修證境界與理論，從凡夫地、聲聞地……宣演到諸地所證無生法忍、一切種智之眞實正理。由平實導師開講，每逢一、三、五週之週末晚上開示，僅限已明心之會員參加。2003 年二月開講至今，預定 2019 年講畢。

4、**大法鼓經**詳解　詳解末法時代大乘佛法修行之道。佛教正法消毒妙藥塗於大鼓而以擊之，凡有眾生聞之者，一切邪見鉅毒悉皆消殞；此經即是大法鼓之正義，凡聞之者，所有邪見之毒悉皆滅除，見道不難；亦能發起菩薩無量功德，是故諸大菩薩遠從諸方佛土來此娑婆聞修此經。平實導師主講。定於 2017 年 12 月底開講，歡迎已發成佛大願的菩薩種性學人，攜眷共同參與此殊勝法會聽講。

本經破「有」而顯涅槃，以此名爲眞實的「法」；眞法即是第八識如來藏，《金剛經》《法華經》中亦名之爲「此經」。若墮在「有」中，皆名「非法」，「有」即是五陰、六入、十二處、十八界及內我所、外我所，皆非眞實法。若人如是俱說「法」與「非法」而宣揚佛法，名爲擊大法鼓；如是依「法」而捨「非法」，據以建立山門而爲眾說法，方可名爲眞正的法鼓山。此經中說，以「此經」爲菩薩道之本，以證得「此經」之正知見及法門作爲度人之「法」，方名眞實佛法，否則盡名「非法」。本經中對法與非法、有與涅槃，有深入之闡釋，歡迎教界一切善信（不論初機或久學菩薩），一同親沐 如來聖教，共沾法喜。由平實導師詳解。不限制聽講資格。

5、**精進禪三**　主三和尚：平實導師。於四天三夜中，以克勤圓悟大師及大慧宗杲之禪風，施設機鋒與小參、公案密意之開示，幫助會員剋期取證，親證不生不滅之眞實心——人人本有之如來藏。每年四月、十月各舉辦二個梯次；平實導師主持。僅限本會會員參加禪淨班共修期滿，報名審核通過者，方可參加。並選擇會中定力、慧力、福德三條件皆已具足之已明心會員，給以指引，令得眼見自己無形無相之佛性遍布山河大地，眞實而無障礙，得以肉眼現觀世界身心悉皆如幻，具足成就如幻觀，圓滿十住菩薩之證境。

6、**不退轉法輪經**詳解　本經所說妙法極爲甚深難解，時至末法，已然無有知者；而其甚深絕妙之法，流傳至今依舊多人可證，顯示佛學眞是義學而非玄談，其中甚深極妙令人拍案稱絕之第一義諦妙義，平實導師將會加以解說。待《大法鼓經》宣講完畢時繼續宣講此經。

7、**阿含經**詳解　選擇重要之阿含部經典，依無餘涅槃之實際而加以詳解，令大眾得以現觀諸法緣起性空，亦復不墮斷滅見中，顯示經中所隱說之涅槃實際—如來藏—確實已於四阿含中隱說；令大眾得以聞後觀行，確實斷除我見乃至我執，證得**見到**眞現觀，乃至**身證**……等眞現觀；已得大乘或二乘見道者，亦可由此聞熏及聞後之觀行，除斷我所之貪著，成就慧解脫果。由平實導師詳解。不限制聽講資格。

8、**解深密經**詳解　重講本經之目的，在於令諸已悟之人明解大乘法道之成佛次第，以及悟後進修一切種智之內涵，確實證知三種自性性，並得據此證解七眞如、十眞如等正理。每逢週二 18.50~20.50 開示，由平實導師詳解。將於《大法鼓經》講畢後開講。不限制聽講資格。

9、**成唯識論**詳解　詳解一切種智眞實正理，詳細剖析一切種智之微細深妙廣大正理；並加以舉例說明，使已悟之會員深入體驗所證如來藏之微密行相；及證驗見分相分與所生一切法，皆由如來藏—阿賴耶識—直接或展轉而生，因此證知一切法無我，證知無餘涅槃之本際。將於增上班《瑜伽師地論》講畢後，由平實導師重講。僅限已明心之會員參加。

10、**精選如來藏系經典**詳解　精選如來藏系經典一部，詳細解說，以此完全印證會員所悟如來藏之眞實，得入不退轉住。另行擇期詳細解說之，由平實導師講解。僅限已明心之會員參加。

11、**禪門差別智**　藉禪宗公案之微細淆訛難知難解之處，加以宣說及剖析，以增進明心、見性之功德，啓發差別智，建立擇法眼。每月第一週日全天，由平實導師開示，僅限破參明心後，復又眼見佛性者參加（事冗暫停）。

12、**枯木禪**　先講智者大師的《小止觀》，後說《釋禪波羅蜜》，詳解四禪八定之修證理論與實修方法，細述一般學人修定之邪見與岔路，及對禪定證境之誤會，消除枉用功夫、浪費生命之現象。已悟般若者，可以藉此而實修初禪，進入大乘通教及聲聞教的三果心解脫境界，配合應有的大福德及後得無分別智、十無盡願，即可進入初地心中。親教師：平實導師。未來緣熟時將於正覺寺開講。不限制聽講資格。

註：本會例行年假，自 2004 年起，改爲每年農曆新年前七天開始停息弘法事務及共修課程，農曆正月 8 日回復所有共修及弘法事務。新春期間（每日 9.00~17.00）開放台北講堂，方便會員禮佛祈福及會外人士請書。大溪區的正覺祖師堂，開放參訪時間，詳見〈正覺電子報〉或成佛之道網站。本表得因時節因緣需要而隨時修改之，不另作通知。

佛教正覺同修會　贈閱書籍 目錄　　2015/09/29

1.**無相念佛**　平實導師著　回郵 10 元
2.**念佛三昧修學次第**　平實導師述著　回郵 25 元
3.**正法眼藏—護法集**　平實導師述著　回郵 35 元
4.**真假開悟簡易辨正法&佛子之省思**　平實導師著　回郵 3.5 元
5.**生命實相之辨正**　平實導師著　回郵 10 元
6.**如何契入念佛法門**（**附**：印順法師否定極樂世界）平實導師著　回郵 3.5 元
7.**平實書箋**—答元覽居士書　平實導師著　回郵 35 元
8.**三乘唯識**—如來藏系經律彙編　平實導師編　回郵 80 元
（精裝本　長 27 cm　寬 21 cm　高 7.5 cm　重 2.8 公斤）
9.**三時繫念全集**—修正本　回郵掛號 40 元（長 26.5 cm×寬 19 cm）
10.**明心與初地**　平實導師述　回郵 3.5 元
11.**邪見與佛法**　平實導師述著　回郵 20 元
12.**菩薩正道**—回應義雲高、釋性圓…等外道之邪見　正燦居士著　回郵 20 元
13.**甘露法雨**　平實導師述　回郵 20 元
14.**我與無我**　平實導師述　回郵 20 元
15.**學佛之心態**—修正錯誤之學佛心態始能與正法相應　孫正德老師著　回郵35元
附錄：平實導師著**《略說八、九識並存…等之過失》**
16.**大乘無我觀**—《悟前與悟後》別說　平實導師述著　回郵 20 元
17.**佛教之危機**—中國台灣地區現代佛教之真相（附錄：公案拈提六則）
平實導師著　回郵 25 元
18.**燈　影**—燈下黑（覆「求教後學」來函等）　平實導師著　回郵 35 元
19.**護法與毀法**—覆上平居士與徐恒志居士網站毀法二文
張正圜老師著　回郵 35 元
20.**淨土聖道**—兼評**選擇本願念佛**　正德老師著　**由正覺同修會購贈**　回郵 25 元
21.**辨唯識性相**—對「紫蓮心海《辯唯識性相》書中否定阿賴耶識」之回應
正覺同修會 台南共修處法義組 著　回郵 25 元
22.**假如來藏**—對法蓮法師《如來藏與阿賴耶識》書中否定阿賴耶識之回應
正覺同修會 台南共修處法義組 著　回郵 35 元
23.**入不二門**—公案拈提集錦 第一輯（於平實導師公案拈提諸書中選錄約二十則，
合輯爲一冊流通之）平實導師著　回郵 20 元
24.**真假邪說**—西藏密宗索達吉喇嘛《破除邪說論》真是邪說
釋正安法師著　回郵 35 元
25.**真假開悟**—真如、如來藏、阿賴耶識間之關係　平實導師述著　回郵 35 元
26.**真假禪和**—辨正釋傳聖之謗法謬說　孫正德老師著　回郵 30 元

27.**眼見佛性**—駁慧廣法師眼見佛性的含義文中謬說

游正光老師著　回郵 25 元

28.**普門自在**—公案拈提集錦 第二輯（於平實導師公案拈提諸書中選錄約二十則，合輯爲一冊流通之）平實導師著　回郵 25 元

29.**印順法師的悲哀**—以現代禪的質疑為線索　恒毓博士著　回郵 25 元

30.**識蘊真義**—現觀識蘊內涵、取證初果、親斷三縛結之具體行門。

—依《成唯識論》及《唯識述記》正義，略顯安慧《大乘廣五蘊論》之邪謬

平實導師著　回郵 35 元

31.**正覺電子報** 各期紙版本　免附回郵　每次最多函索三期或三本。

（已無存書之較早各期，不另增印贈閱）

32.**現代人應有的宗教觀**　蔡正禮老師 著　回郵 3.5 元

33.**遠惑趣道**—正覺電子報般若信箱問答錄　第一輯　回郵 20 元

34.**遠惑趣道**—正覺電子報般若信箱問答錄　第二輯　回郵 20 元

35.**確保您的權益**—器官捐贈應注意自我保護　游正光老師 著　回郵 10 元

36.**正覺教團電視弘法三乘菩提 DVD 光碟 (一)**

由正覺教團多位親教師共同講述錄製 DVD 8 片，MP3 一片，共 9 片。有二大講題：一爲「三乘菩提之意涵」，二爲「學佛的正知見」。內容精闢，深入淺出，精彩絕倫，幫助大眾快速建立三乘法道的正知見，免被外道邪見所誤導。有志修學三乘佛法之學人不可不看。（製作工本費 100 元，回郵 25 元）

37.**正覺教團電視弘法 DVD 專輯 (二)**

總有二大講題：一爲「三乘菩提之念佛法門」，一爲「學佛正知見（第二篇）」，由正覺教團多位親教師輪番講述，內容詳細闡述如何修學念佛法門、實證念佛三昧，以及學佛應具有的正確知見，可以幫助發願往生西方極樂淨土之學人，得以把握往生，更可令學人快速建立三乘法道的正知見，免於被外道邪見所誤導。有志修學三乘佛法之學人不可不看。（一套 17 片，工本費 160 元。回郵 35 元）

38.**佛藏經** 燙金精裝本　每冊回郵 20 元。正修佛法之道場欲大量索取者，請正式發函並蓋用大印寄來索取（2008.04.30 起開始敬贈）

39.**喇嘛性世界**—揭開假藏傳佛教譚崔瑜伽的面紗　張善思 等人合著

由正覺同修會購贈　回郵 20 元

40.**假藏傳佛教的神話**—性、謊言、喇嘛教　張正玄教授編著　回郵 20 元

由正覺同修會購贈　回郵 20 元

41.**隨　緣**—理隨緣與事隨緣　平實導師述　回郵 20 元。

42.**學佛的覺醒**　正枝居士 著　回郵 25 元

43.**導師之真實義**　蔡正禮老師 著　回郵 10 元

44.**淺談達賴喇嘛之雙身法**—兼論解讀「密續」之達文西密碼

吳明芷居士 著　回郵 10 元

45.**魔界轉世**　張正玄居士 著　回郵 10 元

46.**一貫道與開悟**　蔡正禮老師 著　回郵 10 元

47.**博愛**—愛盡天下女人　正覺教育基金會 編印　回郵 10 元

48.**意識虛妄經教彙編**—實證解脫道的關鍵經文　正覺同修會編印　回郵 25 元

49.**邪箭囈語**—破斥藏密外道多識仁波切《破魔金剛箭雨論》之邪說

陸正元老師著　上、下冊回郵各 30 元

50.**真假沙門**—依 佛聖教闡釋佛教僧寶之定義

蔡正禮老師著　俟正覺電子報連載後結集出版

51.**真假禪宗**—藉評論釋性廣《印順導師對變質禪法之批判

及對禪宗之肯定》以顯示真假禪宗

附論一：凡夫知見 無助於佛法之信解行證

附論二：世間與出世間一切法皆從如來藏實際而生而顯

余正偉老師著　俟正覺電子報連載後結集出版　回郵未定

52.**假鋒虛焰金剛乘**—揭示顯密正理，兼破索達吉師徒《般若鋒兮金剛焰》。

釋正安 法師著　俟正覺電子報連載後結集出版

★ 上列贈書之郵資，係台灣本島地區郵資，大陸、港、澳地區及外國地區，請另計酌增（大陸、港、澳、國外地區之郵票不許通用）。尚未出版之書，請勿先寄來郵資，以免增加作業煩擾。

★ 本目錄若有變動，唯於後印之書籍及「成佛之道」網站上修正公佈之，不另行個別通知。

函索書籍請寄：佛教正覺同修會　103 台北市承德路 3 段 277 號 9 樓
台灣地區函索書籍者請附寄郵票，無時間購買郵票者可以等值現金抵用，但不接受郵政劃撥、支票、匯票。大陸地區得以人民幣計算，國外地區請以美元計算（請勿寄來當地郵票，在台灣地區不能使用）。欲以掛號寄遞者，請另附掛號郵資。

親自索閱：正覺同修會各共修處。　★請於共修時間前往取書，餘時無人在道場，請勿前往索取；共修時間與地點，詳見書末正覺同修會共修現況表（以近期之共修現況表爲準）。

註：正智出版社發售之局版書，請向各大書局購閱。若書局之書架上已經售出而無陳列者，請向書局櫃台指定洽購；若書局不便代購者，請於正覺同修會共修時間前往各共修處請購，正智出版社已派人於共修時間送書前往各共修處流通。 郵政劃撥購書及 大陸地區 購書，請詳別頁正智出版社發售書籍目錄最後頁之說明。

成佛之道 網站：http://www.a202.idv.tw　正覺同修會已出版之結緣書籍，多已登載於 成佛之道 網站，若住外國、或住處遙遠，不便取得正覺同修會贈閱書籍者，可以從本網站閱讀及下載。　書局版之《宗通與說通》亦已上網，台灣讀者可向書局洽購，售價 300 元。《狂密與眞密》第一輯~第四輯，亦於 2003.5.1.全部於本網站登載完畢；台灣地區讀者請向書局洽購，每輯約 400 頁，售價 300 元（網站下載紙張費用較貴，容易散失，難以保存，亦較不精美）。

＊＊假藏傳佛教修雙身法，非佛教＊＊

正智出版社 籌募弘法基金發售書籍目錄 2018/05/13

1.**宗門正眼**—公案拈提 第一輯 重拈 平實導師著 500元

因重寫內容大幅度增加故，字體必須改小，並增爲576頁 主文546頁。比初版更精彩、更有內容。初版《禪門摩尼寶聚》之讀者，可寄回本公司免費調換新版書。免附回郵，亦無截止期限。（2007年起，每冊附贈本公司精製公案拈提〈超意境〉CD一片。市售價格280元，多購多贈。）

2.**禪淨圓融** 平實導師著 200元（第一版舊書可換新版書。）

3.**真實如來藏** 平實導師著 400元

4.**禪—悟前與悟後** 平實導師著 上、下冊，每冊250元

5.**宗門法眼**—公案拈提 第二輯 平實導師著 500元
（2007年起，每冊附贈本公司精製公案拈提〈超意境〉CD一片）

6.**楞伽經詳解** 平實導師著 全套共10輯 每輯250元

7.**宗門道眼**—公案拈提 第三輯 平實導師著 500元
（2007年起，每冊附贈本公司精製公案拈提〈超意境〉CD一片）

8.**宗門血脈**—公案拈提 第四輯 平實導師著 500元
（2007年起，每冊附贈本公司精製公案拈提〈超意境〉CD一片）

9.**宗通與說通**—成佛之道 平實導師著 主文381頁 全書400頁售價300元

10.**宗門正道**—公案拈提 第五輯 平實導師著 500元
（2007年起，每冊附贈本公司精製公案拈提〈超意境〉CD一片）

11.**狂密與真密 一～四輯** 平實導師著 西藏密宗是人間最邪淫的宗教，本質不是佛教，只是披著佛教外衣的印度教性力派流毒的喇嘛教。此書中將西藏密宗密傳之男女雙身合修樂空雙運所有祕密與修法，毫無保留完全公開，並將全部喇嘛們所不知道的部分也一併公開。內容比大辣出版社喧騰一時的《西藏慾經》更詳細。並且函蓋藏密的所有祕密及其錯誤的中觀見、如來藏見……等，藏密的所有法義都在書中詳述、分析、辨正。每輯主文三百餘頁 每輯全書約400頁 售價每輯300元

12.**宗門正義**—公案拈提 第六輯 平實導師著 500元
（2007年起，每冊附贈本公司精製公案拈提〈超意境〉CD一片）

13.**心經密意**—心經與解脫道、佛菩提道、祖師公案之關係與密意 平實導師述 300元

14.**宗門密意**—公案拈提 第七輯 平實導師著 500元
（2007年起，每冊附贈本公司精製公案拈提〈超意境〉CD一片）

15.**淨土聖道**—兼評「選擇本願念佛」 正德老師著 200元

16.**起信論講記** 平實導師述著 共六輯 每輯三百餘頁 售價各250元

17.**優婆塞戒經講記** 平實導師述著 共八輯 每輯三百餘頁 售價各250元

18.**真假活佛**—略論附佛外道盧勝彥之邪說（對前岳靈犀網站主張「盧勝彥是證悟者」之修正） 正犀居士（岳靈犀）著 流通價140元

19.**阿含正義**—唯識學探源 平實導師著 共七輯 每輯300元

20.**超意境** CD 以平實導師公案拈提書中超越意境之頌詞，加上曲風優美的旋律，錄成令人嚮往的超意境歌曲，其中包括正覺發願文及平實導師親自譜成的黃梅調歌曲一首。詞曲雋永，殊堪翫味，可供學禪者吟詠，有助於見道。內附設計精美的彩色小冊，解說每一首詞的背景本事。每片 280 元。【每購買公案拈提書籍一冊，即贈送一片。】

21.**菩薩底憂鬱** CD 將菩薩情懷及禪宗公案寫成新詞，並製作成超越意境的優美歌曲。 1.主題曲〈菩薩底憂鬱〉，描述地後菩薩能離三界生死而迴向繼續生在人間，但因尚未斷盡習氣種子而有極深沈之憂鬱，非三賢位菩薩及二乘聖者所知，此憂鬱在七地滿心位方才斷盡；本曲之詞中所說義理極深，昔來所未曾見；此曲係以優美的情歌風格寫詞及作曲，聞者得以激發嚮往諸地菩薩境界之大心，詞、曲都非常優美，難得一見；其中勝妙義理之解說，已印在附贈之彩色小冊中。 2.以各輯公案拈提中直示禪門入處之頌文，作成各種不同曲風之超意境歌曲，值得玩味、參究；聆聽公案拈提之優美歌曲時，請同時閱讀內附之印刷精美說明小冊，可以領會超越三界的證悟境界；未悟者可以因此引發求悟之意向及疑情，眞發菩提心而邁向求悟之途，乃至因此眞實悟入般若，成眞菩薩。 3.正覺總持咒新曲，總持佛法大意；總持咒之義理，已加以解說並印在隨附之小冊中。本 CD 共有十首歌曲，長達 63 分鐘。每盒各附贈二張購書優惠券。每片 280 元。

22.**禪意無限** CD 平實導師以公案拈提書中偈頌寫成不同風格曲子，與他人所寫不同風格曲子共同錄製出版，幫助參禪人進入禪門超越意識之境界。盒中附贈彩色印製的精美解說小冊，以供聆聽時閱讀，令參禪人得以發起參禪之疑情，即有機會證悟本來面目而發起實相智慧，實證大乘菩提般若，能如實證知般若經中的眞實意。本 CD 共有十首歌曲，長達 69 分鐘，每盒各附贈二張購書優惠券。每片 280 元。

23.**我的菩提路**第一輯　釋悟圓、釋善藏等人合著　售價 300 元

24.**我的菩提路**第二輯　郭正益、張志成等人合著　售價 300 元

25.**我的菩提路**第三輯　王美伶等人合著　售價 300 元

26.**我的菩提路**第四輯　陳晏平等人合著　售價 300 元

27.**鈍鳥與靈龜**—考證後代凡夫對大慧宗杲禪師的無根誹謗。
平實導師著 共 458 頁 售價 350 元

28.**維摩詰經講記** 平實導師述 共六輯 每輯三百餘頁 售價各 250 元

29.**真假外道**—破劉東亮、杜大威、釋證嚴常見外道見　正光老師著　200 元

30.**勝鬘經講記**—兼論印順《勝鬘經講記》對於《勝鬘經》之誤解。
平實導師述　共六輯　每輯三百餘頁　售價 250 元

31.**楞嚴經講記** 平實導師述 共 **15** 輯，每輯三百餘頁 售價 300 元

32.**明心與眼見佛性**—駁慧廣〈蕭氏「眼見佛性」與「明心」之非〉文中謬說
正光老師著　共 448 頁　售價 300 元

33.**見性與看話頭** 黃正倖老師 著，本書是禪宗參禪的方法論。
內文 375 頁，全書 416 頁，售價 300 元。

34.**達賴真面目**—玩盡天下女人 白正偉老師 等著 中英對照彩色精裝大本 800 元
35.**喇嘛性世界**—揭開假藏傳佛教譚崔瑜伽的面紗　張善思 等人著　200 元
36.**假藏傳佛教的神話**—性、謊言、喇嘛教　正玄教授編著　200 元
37.**金剛經宗通**　平實導師述　共九輯　每輯售價 250 元。
38.**空行母**—性別、身分定位，以及藏傳佛教。
珍妮·坎貝爾著 呂艾倫 中譯 售價 250 元
39.**末代達賴**—性交教主的悲歌　張善思、呂艾倫、辛燕編著 售價 250 元
40.**霧峰無霧**—給哥哥的信　辨正釋印順對佛法的無量誤解
游宗明 老師著　售價 250 元
41.**第七意識與第八意識？**—穿越時空「超意識」
平實導師述　每冊 300 元
42.**黯淡的達賴**—失去光彩的諾貝爾和平獎
正覺教育基金會編著　每冊 250 元
43.**童女迦葉考**—論呂凱文〈佛教輪迴思想的論述分析〉之謬。
平實導師 著 定價 180 元
44.**人間佛教**—實證者必定不悖三乘菩提
平實導師 述，定價 400 元
45.**實相經宗通**　平實導師述　共八輯　每輯 250 元
46.**真心告訴您(一)**—達賴喇嘛在幹什麼？
正覺教育基金會編著　售價 250 元
47.**中觀金鑑**—詳述應成派中觀的起源與其破法本質
孫正德老師著　分為上、中、下三冊，每冊 250 元
48.**藏傳佛教要義**—《狂密與真密》之簡體字版　平實導師 著 上、下冊
僅在大陸流通　每冊 300 元
49.**法華經講義**　平實導師述　共二十五輯　每輯 300 元
已於 2015/05/31 起開始出版，每二個月出版一輯
50.**西藏「活佛轉世」制度**—附佛、造神、世俗法
許正豐、張正玄老師合著　定價 150 元
51.**廣論三部曲**　郭正益老師著　定價 150 元
52.**真心告訴您(二)**—達賴喇嘛是佛教僧侶嗎？
—補祝達賴喇嘛八十大壽
正覺教育基金會編著　售價 300 元
53.**次法**—實證佛法前應有的條件
張善思居士著　分為上、下二冊，每冊 250 元
54.**涅槃**—解說四種涅槃之實證及內涵　平實導師著 上下冊 各 350 元
預定 2018/09/30 出版上冊，11 月底出版下冊
55.**廣論之平議**—宗喀巴《菩提道次第廣論》之平議　正雄居士著
約二或三輯　俟正覺電子報連載後結集出版　書價未定
56.**末法導護**—對印順法師中心思想之綜合判攝　正慶老師著　書價未定

57.**菩薩學處**—菩薩四攝六度之要義　陸正元老師著　出版日期未定。
58.**八識規矩頌**詳解　○○居士 註解　出版日期另訂　書價未定。
59.**印度佛教史**—法義與考證。依法義史實評論印順《印度佛教思想史、佛教史地考論》之謬說　正偉老師著　出版日期未定　書價未定
60.**中國佛教史**—依中國佛教正法史實而論。○○老師 著　書價未定。
61.**中論正義**—釋龍樹菩薩《中論》頌正理。
孫正德老師著　出版日期未定　書價未定
62.**中觀正義**—註解平實導師《中論正義頌》。
○○法師（居士）著　出版日期未定　書價未定
63.**佛藏經講記**　平實導師述　出版日期未定　書價未定
64.**阿含經講記**—將選錄四阿含中數部重要經典全經講解之，講後整理出版。
平實導師述　約二輯　每輯300元　出版日期未定
65.**寶積經講記**　平實導師述　每輯三百餘頁 優惠價300元　出版日期未定
66.**解深密經講記**　平實導師述 約四輯　將於重講後整理出版
67.**成唯識論略解**　平實導師著　五～六輯　每輯300元　出版日期未定
68.**修習止觀坐禪法要講記**　平實導師述　每輯三百餘頁
將於正覺寺建成後重講、以講記逐輯出版　出版日期未定
69.**無門關**—《無門關》公案拈提　平實導師著　出版日期未定
70.**中觀再論**—兼述印順《中觀今論》謬誤之平議。正光老師著 出版日期未定
71.**輪迴與超度**—佛教超度法會之真義。
○○法師（居士）著　出版日期未定　書價未定
72.《**釋摩訶衍論**》**平議**—對偽稱龍樹所造《釋摩訶衍論》之平議
○○法師（居士）著　出版日期未定　書價未定
73.**正覺發願文**註解—以真實大願為因 得證菩提
正德老師著　出版日期未定　書價未定
74.**正覺總持咒**—佛法之總持　正圜老師著　出版日期未定　書價未定
75.**三自性**—依四食、五蘊、十二因緣、十八界法，說三性三無性。
作者未定　出版日期未定
76.**道品**—從三自性說大小乘三十七道品　作者未定　出版日期未定
77.**大乘緣起觀**—依四聖諦七真如現觀十二緣起 作者未定　出版日期未定
78.**三德**—論解脫德、法身德、般若德。　作者未定　出版日期未定
79.**真假如來藏**—對印順《如來藏之研究》謬說之平議　作者未定 出版日期未定
80.**大乘道次第**　作者未定　出版日期未定　書價未定
81.**四緣**—依如來藏故有四緣。　作者未定　出版日期未定
82.**空之探究**—印順《空之探究》謬說之平議　作者未定 出版日期未定
83.**十法義**—論阿含經中十法之正義　作者未定　出版日期未定
84.**外道見**—論述外道六十二見　作者未定　出版日期未定

正智出版社有限公司書籍介紹

禪淨圓融：言淨土諸祖所未曾言，示諸宗祖師所未曾示；禪淨圓融，另闢成佛捷徑，兼顧自力他力，闡釋淨土門之速行易行道，亦同時揭櫫聖教門之速行易行道；令廣大淨土行者得免緩行難證之苦，亦令聖道門行者得以藉著淨土速行道而加快成佛之時劫。乃前無古人之超勝見地，非一般弘揚禪淨法門典籍也，先讀為快。平實導師著 200元。

宗門正眼—**公案拈提**第一輯：繼承克勤圜悟大師碧巖錄宗旨之禪門鉅作。先則舉示當代大法師之邪說，消弭當代禪門大師鄉愿之心態，摧破當今禪門「世俗禪」之妄談；次則旁通教法，表顯宗門正理；繼以道之次第，消弭古今狂禪；後藉言語及文字機鋒，直示宗門入處。悲智雙運，禪味十足，數百年來難得一睹之禪門鉅著也。平實導師著 500元（原初版書《禪門摩尼寶聚》，改版後補充為五百餘頁新書，總計多達二十四萬字，內容更精彩，並改名為《宗門正眼》，讀者原購初版《禪門摩尼寶聚》皆可寄回本公司免費換新，免附回郵，亦無截止期限）（2007年起，凡購買公案拈提第一輯至第七輯，每購一輯皆贈送本公司精製公案拈提〈超意境〉CD一片，市售價格280元，多購多贈）。

禪—悟前與悟後：本書能建立學人悟道之信心與正確知見，圓滿具足而有次第地詳述禪悟之功夫與禪悟之內容，指陳參禪中細微淆訛之處，能使學人明自眞心、見自本性。若未能悟入，亦能以正確知見辨別古今中外一切大師究係眞悟？或屬錯悟？便有能力揀擇，捨名師而選明師，後時必有悟道之緣。一旦悟道，遲者七次人天往返，便出三界，速者一生取辦。學人欲求開悟者，不可不讀。　平實導師著。上、下冊共500元，單冊250元。

眞實如來藏：如來藏眞實存在，乃宇宙萬有之本體，並非印順法師、達賴喇嘛等人所說之「唯有名相、無此心體」。如來藏是涅槃之本際，是一切有智之人竭盡心智、不斷探索而不能得之生命實相；是古今中外許多大師自以爲悟而當面錯過之生命實相。如來藏即是阿賴耶識，乃是一切有情本自具足、不生不滅之眞實心。當代中外大師於此書出版之前所未能言者，作者於本書中盡情流露、詳細闡釋。眞悟者讀之，必能增益悟境、智慧增上；錯悟者讀之，必能檢討自己之錯誤，免犯大妄語業；未悟者讀之，能知參禪之理路，亦能以之檢查一切名師是否眞悟。此書是一切哲學家、宗教家、學佛者及欲昇華心智之人必讀之鉅著。　平實導師著　售價400元。

宗門法眼—**公案拈提**第二輯：列舉實例，闡釋土城廣欽老和尚之悟處；並直示這位不識字的老和尚妙智橫生之根由，繼而剖析禪宗歷代大德之開悟公案，解析當代密宗高僧卡盧仁波切之錯悟證據，並例舉當代顯宗高僧、大居士之錯悟證據（凡健在者，爲免影響其名聞利養，皆隱其名）。藉辨正當代名師之邪見，向廣大佛子指陳禪悟之正道，彰顯宗門法眼。悲勇兼出，強捋虎鬚；慈智雙運，巧探驪龍；摩尼寶珠在手，直示宗門入處，禪味十足；若非大悟徹底，不能爲之。禪門精奇人物，允宜人手一冊，供作參究及悟後印證之圭臬。本書於2008年4月改版，增寫為大約500頁篇幅，以利學人研讀參究時更易悟入宗門正法，以前所購初版首刷及初版二刷舊書，皆可免費換取新書。平實導師著 500元（2007年起，凡購買公案拈提第一輯至第七輯，每購一輯皆贈送本公司精製公案拈提〈超意境〉CD一片，市售價格280元，多購多贈）。

宗門道眼—**公案拈提**第三輯：繼宗門法眼之後，再以金剛之作略、慈悲之胸懷、犀利之筆觸，舉示寒山、拾得、布袋三大士之悟處，消弭當代錯悟者對於寒山大士……等之誤會及誹謗。亦舉出民初以來與虛雲和尚齊名之蜀郡鹽亭袁煥仙夫子——南懷瑾老師之師，其「悟處」何在？並蒐羅許多眞悟祖師之證悟公案，顯示禪宗歷代祖師之睿智，指陳部分祖師、奧修及當代顯密大師之謬悟，作爲殷鑑，幫助禪子建立及修正參禪之方向及知見。假使讀者閱此書已，一時尚未能悟，亦可一面加功用行，一面以此宗門道眼辨別眞假善知識，避開錯誤之印證及歧路，可免大妄語業之長劫慘痛果報。欲修禪宗之禪者，務請細讀。平實導師著 售價500元（2007年起，凡購買公案拈提第一輯至第七輯，每購一輯皆贈送本公司精製公案拈提〈超意境〉CD一片，市售價格280元，多購多贈）。

楞伽經詳解：本經是禪宗見道者印證所悟眞僞之根本經典，亦是禪宗見道者悟後起修之依據經典；故達摩祖師於印證二祖慧可大師之後，將此經典連同佛缽祖衣一併交付二祖，令其依此經典佛示金言、進入修道位，修學一切種智。由此可知此經對於眞悟之人修學佛道，是非常重要之一部經典。此經能破外道邪說，亦破佛門中錯悟名師之謬說，亦破禪宗部分祖師之狂禪：不讀經典、一向主張「一悟即成究竟佛」之謬執。並開示愚夫所行禪、觀察義禪、攀緣如禪、如來禪等差別，令行者對於三乘禪法差異有所分辨；亦糾正禪宗祖師古來對於如來禪之誤解，嗣後可免以訛傳訛之弊。此經亦是法相唯識宗之根本經典，禪者悟後欲修一切種智而入初地者，必須詳讀。　平實導師著，全套共十輯，已全部出版完畢，每輯主文約320頁，每冊約352頁，定價250元。

宗門血脈—**公案拈提**第四輯：末法怪象—許多修行人自以爲悟，每將無念靈知認作眞實；崇尚二乘法諸師及其徒眾，則將外於如來藏之緣起性空—無因論之無常空、斷滅空、一切法空—錯認爲佛所說之般若空性。這兩種現象已於當今海峽兩岸及美加地區顯密大師之中普遍存在；人人自以爲悟，心高氣壯，便敢寫書解釋祖師證悟之公案，大多出於意識思惟所得，言不及義，錯誤百出，因此誤導廣大佛子同陷大妄語之地獄業中而不能自知。彼等書中所說之悟處，其實處處違背第一義經典之聖言量。彼等諸人不論是否身披袈裟，都非佛法宗門血脈，或雖有禪宗法脈之傳承，亦只徒具形式；猶如螟蛉，非眞血脈，未悟得根本眞實故。禪子欲知佛、祖之眞血脈者，請讀此書，便知分曉。平實導師著，主文452頁，全書464頁，定價500元（2007年起，凡購買公案拈提第一輯至第七輯，每購一輯皆贈送本公司精製公案拈提〈超意境〉CD一片，市售價格280元，多購多贈）。

宗通與說通：古今中外，錯誤之人如麻似粟，每以常見外道所說之靈知心，認作眞心；或妄想虛空之勝性能量爲眞如，或錯認物質四大元素藉冥性（靈知心本體）能成就吾人色身及知覺，或認初禪至四禪中之了知心爲不生不滅之涅槃心。此等皆非通宗者之見地。復有錯悟之人一向主張「宗門與教門不相干」，此即尚未通達宗門之人也。其實宗門與教門互通不二，宗門所證者乃是眞如與佛性，教門所說者乃說宗門證悟之眞如佛性，故教門與宗門不二。本書作者以宗教二門互通之見地，細說「宗通與說通」，從初見道至悟後起修之道、細說分明；並將諸宗諸派在整體佛教中之地位與次第，加以明確之教判，學人讀之即可了知佛法之梗概也。欲擇明師學法之前，允宜先讀。平實導師著，主文共381頁，全書392頁，只售成本價300元。

宗門正道—公案拈提第五輯：修學大乘佛法有二果須證解脫果及大菩提果。二乘人不證大菩提果，唯證解脫果；此果之智慧，名爲聲聞菩提、緣覺菩提。大乘佛子所證二果之菩提果爲佛菩提，故名大菩提果，其慧名爲一切種智函蓋二乘解脫果。然此大乘二果修證，須經由禪宗之宗門證悟方能相應。而宗門證悟極難，自古已然；其所以難者，咎在古今佛教界普遍存在三種邪見：1.以修定認作佛法，2.以無因論之緣起性空—否定涅槃本際如來藏以後之一切法空作爲佛法，3.以常見外道邪見（離語言妄念之靈知性）作爲佛法。如是邪見，或因自身正見未立所致，或因邪師之邪教導所致，或因無始劫來虛妄熏習所致。若不破除此三種邪見，永劫不悟宗門眞義、不入大乘正道，唯能外門廣修菩薩行。平實導師於此書中，有極爲詳細之說明，有志佛子欲摧邪見、入於內門修菩薩行者，當閱此書。主文共496頁，全書512頁。售價500元（2007年起，凡購買公案拈提第一輯至第七輯，每購一輯皆贈送本公司精製公案拈提〈超意境〉CD一片，市售價格280元，多購多贈）。

狂密與眞密：密教之修學，皆由有相之觀行法門而入，其最終目標仍不離顯教經典所說第一義諦之修證；若離顯教第一義經典、或違背顯教第一義經典，即非佛教。西藏密教之觀行法，如灌頂、觀想、遷識法、寶瓶氣、大聖歡喜雙身修法、喜金剛、無上瑜伽、大樂光明、樂空雙運等，皆是印度教**兩性生生不息思想之轉化，自始至終皆以如何能運用交合淫樂之法達到全身受樂**爲其中心思想，純屬欲界五欲的貪愛，不能令人超出欲界輪迴，更不能令人斷除我見；何況大乘之明心與見性，更無論矣！故密宗之法絕非佛法也。而其明光大手印、大圓滿法教，又皆同以常見外道所說**離語言妄念之無念靈知心**錯認爲佛地之眞如，不能直指不生不滅之眞如。西藏密宗所有法王與徒眾，都尚未開頂門眼，不能辨別眞僞，以**依人不依法、依密續不依經典**故，不肯將其上師喇嘛所說對照第一義經典，純依密續之藏密祖師所說爲準，因此而誇大其證德與證量，動輒謂彼祖師上師爲究竟佛、爲地上菩薩；如今台海兩岸亦有自謂其師證量高於 釋迦文佛者，然觀其師所述，猶未見道，仍在觀行即佛階段，尚未到禪宗相似即佛、分證即佛階位，竟敢標榜爲究竟佛及地上法王，誑惑初機學人。凡此怪象皆是狂密，不同於眞密之修行者。近年狂密盛行，密宗行者被誤導者極眾，動輒自謂已證佛地眞如，自視爲究竟佛，陷於大妄語業中而不知自省，反謗顯宗眞修實證者之證量粗淺；或如義雲高與釋性圓…等人，於報紙上公然誹謗眞實證道者爲「騙子、無道人、人妖、癩蛤蟆…」等，造下誹謗大乘勝義僧之大惡業；或以外道法中有爲有作之甘露、魔術……等法，誑騙初機學人，狂言彼外道法爲眞佛法。如是怪象，在西藏密宗及附藏密之外道中，不一而足，舉之不盡，學人宜應愼思明辨，以免上當後又犯毀破菩薩戒之重罪。密宗學人若欲遠離邪知邪見者，請閱此書，即能了知密宗之邪謬，從此遠離邪見與邪修，轉入眞正之佛道。

平實導師著 共四輯 每輯約400頁（主文約340頁）每輯售價300元。

宗門正義—公案拈提第六輯：佛教有六大危機，乃是藏密化、世俗化、膚淺化、學術化、宗門密意失傳、悟後進修諸地之次第混淆；其中尤以宗門密意之失傳，爲當代佛教最大之危機。由宗門密意失傳故，易令世尊本懷普被錯解，易令世尊正法被轉易爲外道法，以及加以淺化、世俗化，是故宗門密意之廣泛弘傳與具緣佛弟子，極爲重要。然而欲令宗門密意之廣泛弘傳予具緣之佛弟子者，必須同時配合錯誤知見之解析、普令佛弟子知之，然後輔以公案解析之直示入處，方能令具緣之佛弟子悟入。而此二者，皆須以公案拈提之方式爲之，方易成其功、竟其業，是故平實導師續作宗門正義一書，以利學人。全書500餘頁，售價500元（2007年起，凡購買公案拈提第一輯至第七輯，每購一輯皆贈送本公司精製公案拈提〈超意境〉CD一片，市售價格280元，多購多贈）。

心經密意—心經與解脫道、佛菩提道、祖師公案之關係與密意。二乘菩提所證之解脫道，實依第八識心之斷除煩惱障現行而立解脫之名；大乘菩提所證之佛菩提道，實依親證第八識如來藏之涅槃性、清淨自性、及其中道性而立般若之名；禪宗祖師公案所證之眞心，即是此第八識如來藏；是故三乘佛法所修所證之三乘菩提，皆依此如來藏心而立名也。此第八識心，即是《心經》所說之心也。證得此如來藏已，即能漸入大乘佛菩提道，亦可因證知此心而了知二乘無學所不能知之無餘涅槃本際，是故《心經》之密意，與三乘佛菩提之關係極爲密切、不可分割，三乘佛法皆依此心而立名故。今者平實導師以其所證解脫道之無生智及佛菩提之般若種智，將《心經》與解脫道、佛菩提道、祖師公案之關係與密意，以演講之方式，用淺顯之語句和盤托出，發前人所未言，呈三乘菩提之眞義，令人藉此《心經密意》一舉而窺三乘菩提之堂奧，迥異諸方言不及義之說；欲求眞實佛智者、不可不讀！主文317頁，連同跋文及序文…等共384頁，售價300元。

宗門密意—**公案拈提第七輯**：佛教之世俗化，將導致學人以信仰作爲學佛，則將以感應及世間法之庇祐，作爲學佛之主要目標，不能了知學佛之主要目標爲親證三乘菩提。大乘菩提則以般若實相智慧爲主要修習目標，以二乘菩提解脫道爲附帶修習之標的；是故學習大乘法者，應以禪宗之證悟爲要務，能親入大乘菩提之實相般若智慧中故，般若實相智慧非二乘聖人所能知故。此書則以台灣世俗化佛教之三大法師，說法似是而非之實例，配合眞悟祖師之公案解析，提示證悟般若之關節，令學人易得悟入。平實導師著，全書五百餘頁，售價500元（2007年起，凡購買公案拈提第一輯至第七輯，每購一輯皆贈送本公司精製公案拈提〈超意境〉CD一片，市售價格280元，多購多贈）。

淨土聖道—兼評日本本願念佛：佛法甚深極廣，般若玄微，非諸二乘聖僧所能知之，一切凡夫更無論矣！所謂一切證量皆歸淨土是也！是故大乘法中「聖道之淨土、淨土之聖道」，其義甚深，難可了知；乃至眞悟之人，初心亦難知也。今有正德老師眞實證悟後，復能深探淨土與聖道之緊密關係，憐憫眾生之誤會淨土實義，亦欲利益廣大淨土行人同入聖道，同獲淨土中之聖道門要義，乃振奮心神、書以成文，今得刊行天下。主文279頁，連同序文等共301頁，總有十一萬六千餘字，正德老師著，成本價200元。

起信論講記：詳解大乘起信論**心生滅門**與**心眞如門**之眞實意旨，消除以往大師與學人對起信論所說**心生滅門**之誤解，由是而得了知眞心如來藏之非常非斷中道正理；亦因此一講解，令此論以往隱晦而被誤解之眞實義，得以如實顯示，令大乘佛菩提道之正理得以顯揚光大；初機學者亦可藉此正論所顯示之法義，對大乘法理生起正信，從此得以眞發菩提心，眞入大乘法中修學，世世常修菩薩正行。平實導師演述，共六輯，都已出版，每輯三百餘頁，售價250元。

優婆塞戒經講記：本經詳述在家菩薩修學大乘佛法，應如何受持菩薩戒？對人間善行應如何看待？對三寶應如何護持？應如何正確地修集此世後世證法之福德？應如何修集後世「行菩薩道之資糧」？並詳述第一義諦之正義：五蘊非我非異我、自作自受、異作異受、不作不受……等深妙法義，乃是修學大乘佛法、行菩薩行之在家菩薩所應當了知者。出家菩薩今世或未來世登地已，捨報之後多數將如華嚴經中諸大菩薩，以在家菩薩身而修行菩薩行，故亦應以此經所述正理而修之，配合《楞伽經、解深密經、楞嚴經、華嚴經》等道次第正理，方得漸次成就佛道；故此經是一切大乘行者皆應證知之正法。平實導師講述，每輯三百餘頁，售價各250元；共八輯，已全部出版。

真假活佛—略論附佛外道盧勝彥之邪說：人人身中都有眞活佛，永生不滅而有大神用，但眾生都不了知，所以常被身外的西藏密宗假活佛籠罩欺瞞。本來就眞實存在的眞活佛，才是眞正的密宗無上密！諾那活佛因此而說禪宗是大密宗，但藏密的所有活佛都不知道、也不曾實證自身中的眞活佛。本書詳實宣示眞活佛的道理，舉證盧勝彥的「佛法」不是眞佛法，也顯示盧勝彥是假活佛，直接的闡釋第一義佛法見道的眞實正理。眞佛宗的所有上師與學人們，都應該詳細閱讀，包括盧勝彥個人在內。正犀居士著，優惠價140元。

阿含正義—唯識學探源：廣說四大部《阿含經》諸經中隱說之眞正義理，一一舉示佛陀本懷，令阿含時期初轉法輪根本經典之眞義，如實顯現於佛子眼前。並提示末法大師對於阿含眞義誤解之實例，一一比對之，證實唯識增上慧學確於原始佛法之阿含諸經中已隱覆密意而略說之，證實 世尊確於原始佛法中已曾密意而說第八識如來藏之總相；亦證實 世尊在四阿含中已說此藏識是名色十八界之因、之本—證明如來藏是能生萬法之根本心。佛子可據此修正以往受諸大師（譬如西藏密宗應成派中觀師：印順、昭慧、性廣、大願、達賴、宗喀巴、寂天、月稱、……等人）誤導之邪見，建立正見，轉入正道乃至親證初果而無困難；書中並詳說三果所證的**心解脫**，以及四果**慧解脫**的親證，都是如實可行的具體知見與行門。全書共七輯，已出版完畢。平實導師著，每輯三百餘頁，售價300元。

超意境CD：以平實導師公案拈提書中超越意境之頌詞，加上曲風優美的旋律，錄成令人嚮往的超意境歌曲，其中包括正覺發願文及平實導師親自譜成的黃梅調歌曲一首。詞曲雋永，殊堪翫味，可供學禪者吟詠，有助於見道。內附設計精美的彩色小冊，解說每一首詞的背景本事。每片280元。【每購買公案拈提書籍一冊，即贈送一片。】

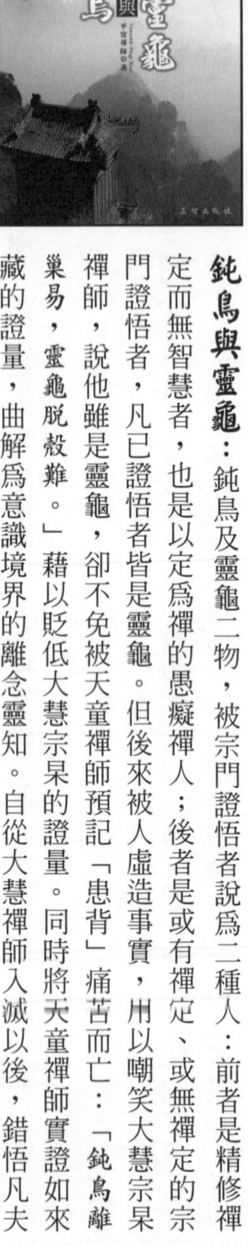

鈍鳥與靈龜：鈍鳥及靈龜二物，被宗門證悟者說爲二種人：前者是精修禪定而無智慧者，也是以定爲禪的愚癡禪人；後者是或有禪定、或無禪定的宗門證悟者，凡已證悟者皆是靈龜。但後來被人虛造事實，用以嘲笑大慧宗杲禪師，說他雖是靈龜，卻不免被天童禪師預記「患背」痛苦而亡：「**鈍鳥離巢易，靈龜脫殼難**。」藉以貶低大慧宗杲的證量。同時將天童禪師實證如來藏的證量，曲解爲意識境界的離念靈知。自從大慧禪師入滅以後，錯悟凡夫對他的不實毀謗就一直存在著，不曾止息，並且捏造的假事實也隨著年月的增加而越來越多，終至編成「鈍鳥與靈龜」的假公案、假故事。本書是考證大慧與天童之間的不朽情誼，顯現這件假公案的虛妄不實；更見大慧宗杲面對惡勢力時的正直不阿，亦顯示大慧對天童禪師的至情深義，將使後人對大慧宗杲的誣謗至此而止，不再有人誤犯毀謗賢聖的惡業。書中亦舉證宗門的所悟確以第八識如來藏爲標的，詳讀之後必可改正以前被錯悟大師誤導的參禪知見，日後必定有助於實證禪宗的開悟境界，得階大乘眞見道位中，即是實證般若之賢聖。全書459頁，售價350元。

我的菩提路第一輯：凡夫及二乘聖人不能實證的佛菩提證悟，末法時代的今天仍然有人能得實證，由正覺同修會釋悟圓、釋善藏法師等二十餘位實證如來藏者所寫的見道報告，已爲當代學人見證宗門正法之絲縷不絕，證明大乘義學的法脈仍然存在，爲末法時代求悟般若之學人照耀出光明的坦途。由二十餘位大乘見道者所繕，敘述各種不同的學法、見道因緣與過程，參禪求悟者必讀。全書三百餘頁，售價300元。

我的菩提路第二輯：由郭正益老師等人合著，書中詳述彼等諸人歷經各處道場學法，一一修學而加以檢擇之不同過程以後，因閱讀正覺同修會、正智出版社書籍而發起抉擇分，轉入正覺同修會中修學；乃至學法及見道之過程，都一一詳述之。其中張志成等人係由前現代禪轉進正覺同修會，張志成原爲現代禪副宗長，以前未閱本會書籍時，曾被人藉其名義著文評論平實導師（詳見《宗通與說通》辨正及《眼見佛性》書末附錄…等）；後因偶然接觸正覺同修會書籍，深覺以前聽人評論平實導師之語不實，於是投入極多時間閱讀本會書籍、深入思辨，詳細探索中觀與唯識之關聯與異同，認爲正覺之法義方是正法，深覺相應；亦解開多年來對佛法的迷雲，確定應依八識論正理修學方是正法。乃不顧面子，毅然前往正覺同修會面見平實導師懺悔，並正式學法求悟。今已與其同修王美伶（亦爲前現代禪傳法老師），同樣證悟如來藏而證得法界實相，生起實相般若眞智。此書中尚有七年來本會第一位眼見佛性者之見性報告一篇，一同供養大乘佛弟子。全書共四百頁，售價300元。

我的菩提路第三輯：由王美伶老師等人合著。自從正覺同修會成立以來，每年夏初、冬初都舉辦精進禪三共修，藉以助益會中同修們得以證悟明心發起般若實相智慧；凡已實證而被平實導師印證者，皆書具見道報告用以證明佛法之眞實可證而非玄學，證明佛法並非純屬思想、理論而無實質，是故每年都能有人證明正覺同修會的「實證佛教」主張並非虛語。特別是眼見佛性一法，自古以來中國禪宗祖師實證者極寡，較之明心開悟的證境更難令人信受；至2017年初，正覺同修會中的證悟明心者已近五百人，然而其中眼見佛性者至今唯十餘人爾，可謂難能可貴，是故明心後欲冀眼見佛性者實屬不易。黃正倖老師是懸絕七年無人見性後的第一人，她於2009年的見性報告刊於本書的第二輯中，爲大眾證明佛性確實可以眼見；其後七年之中求見性者都屬解悟佛性而無人眼見，幸而又經七年後的2016冬初，以及2017夏初的禪三，復有三人眼見佛性，希冀鼓舞四眾佛子求見佛性之大心，今則具載一則於書末，顯示求見佛性之事實經歷，供養現代佛教界欲得見性之四眾弟子。全書四百頁，售價300元，預定2017年6月30日發行。

我的菩提路第四輯：由陳晏平等人著。中國禪宗祖師往往有所謂「見性」之言，所言多屬看見如來藏具有能令人發起成佛之自性，並非《大般涅槃經》中 如來所說之眼見佛性。眼見佛性者，於親見佛性之時，即能於山河大地眼見自己佛性，亦能於他人身上眼見自己佛性及對方之佛性，如是境界無法爲尚未實證者解釋；勉強說之，縱使眞實明心證悟之人聞之，亦只能以自身明心之境界想像之，但不論如何想像多屬非量，能有正確之比量者亦是稀有，故說眼見佛性極爲困難。眼見佛性之人若所見極分明時，在所見佛性之境界下所眼見之山河大地、自己五蘊身心皆是虛幻，自有異於明心者之解脫功德受用，此後永不思證二乘涅槃，必定邁向成佛之道而進入第十住位中，已超第一阿僧祇劫三分有一，可謂之爲超劫精進也。今又有明心之後眼見佛性之人出於人間，將其明心及後來見性之報告，連同其餘證悟明心者之精彩報告一同收錄於此書中，供養眞求佛法實證之四眾佛子。全書380頁，售價300元，預定2018年6月30日發行。

維摩詰經講記：本經係 世尊在世時，由等覺菩薩維摩詰居士藉疾病而演說之大乘菩提無上妙義，所說函蓋甚廣，然極簡略，是故今時諸方大師與學人讀之悉皆錯解，何況能知其中隱含之深妙正義，是故普遍無法爲人解說；若強爲人說，則成依文解義而有諸多過失。今由平實導師公開宣講之後，詳實解釋其中密意，令維摩詰菩薩所說大乘不可思議解脫之深妙正法得以正確宣流於人間，利益當代學人及與諸方大師。書中詳實演述大乘佛法深妙不共二乘之智慧境界，顯示諸法之中絕待之實相境界，建立大乘菩薩妙道於永遠不敗不壞之地，以此成就護法偉功，欲冀永利娑婆人天。已經宣講圓滿整理成書流通，以利諸方大師及諸學人。全書共六輯，每輯三百餘頁，售價各250元。

真假外道：本書具體舉證佛門中的常見外道知見實例，並加以教證及理證上的辨正，幫助讀者輕鬆而快速的了知常見外道的錯誤知見，進而遠離佛門內外的常見外道知見，因此即能改正修學方向而快速實證佛法。游正光老師著。成本價200元。

勝鬘經講記：如來藏爲三乘菩提之所依，若離如來藏心體及其含藏之一切種子，即無三界有情及一切世間法，亦無二乘菩提緣起性空之出世間法；本經詳說無始無明、一念無明皆依如來藏而有之正理，藉著詳解煩惱障與所知障間之關係，令學人深入了知二乘菩提與佛菩提相異之妙理；聞後即可了知佛菩提之特勝處及三乘修道之方向與原理，邁向攝受正法而速成佛道的境界中。平實導師講述，共六輯，每輯三百餘頁，售價各250元。

楞嚴經講記：楞嚴經係密教部之重要經典，亦是顯教中普受重視之經典；經中宣說明心與見性之內涵極爲詳細，將一切法都會歸如來藏及佛性—妙眞如性；亦闡釋佛菩提道修學過程中之種種魔境，以及外道誤會涅槃之狀況，旁及三界世間之起源。然因言句深澀難解，法義亦復深妙寬廣，學人讀之普難通達，是故讀者大多誤會，不能如實理解佛所說之明心與見性內涵，亦因是故多有悟錯之人引爲開悟之證言，成就大妄語罪。今由平實導師詳細講解之後，整理成文，以易讀易懂之語體文刊行天下，以利學人。全書十五輯，全部出版完畢。每輯三百餘頁，售價每輯300元。

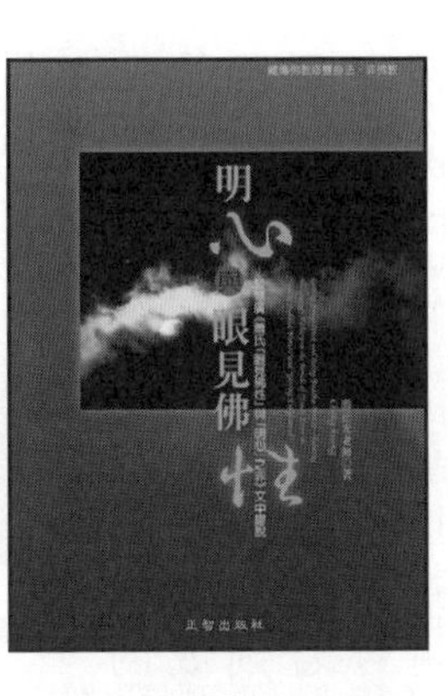

明心與眼見佛性：本書細述明心與眼見佛性之異同，同時顯示了中國禪宗破初參明心與重關眼見佛性二關之間的關聯；書中又藉法義辨正而旁述其他許多勝妙法義，讀後必能遠離佛門長久以來積非成是的錯誤知見，令讀者在佛法的實證上有極大助益。也藉慧廣法師的謬論來教導佛門學人回歸正知正見，遠離古今禪門錯悟者所墮的意識境界，非唯有助於斷我見，也對未來的開悟明心實證第八識如來藏有所助益，是故學禪者都應細讀之。游正光老師著　共448頁　售價300元。

菩薩底憂鬱CD將菩薩情懷及禪宗公案寫成新詞，並製作成超越意境的優美歌曲。1.主題曲〈菩薩底憂鬱〉，描述地後菩薩能離三界生死而迴向繼續生在人間，但因尚未斷盡習氣種子而有極深沈之憂鬱，非三賢位菩薩及二乘聖者所知，此憂鬱在七地滿心位方才斷盡；本曲之詞中所說義理極深，昔來所未曾見；此曲係以優美的情歌風格寫詞及作曲，聞者得以激發嚮往諸地菩薩境界之大心，詞、曲都非常優美，難得一見；其中勝妙義理之解說，已印在附贈之彩色小冊中。2.以各輯公案拈提中直示禪門入處之頌文，作成各種不同曲風之超意境歌曲，值得玩味、參究；聆聽公案拈提之優美歌曲時，請同時閱讀內附之印刷精美說明小冊，可以領會超越三界的證悟境界；未悟者可以因此引發求悟之意向及疑情，真發菩提心而邁向求悟之途，乃至因此真實悟入般若，成真菩薩。3.正覺總持咒新曲，總持佛法大意；總持咒之義理，已加以解說並印在隨附之小冊中。本CD共有十首歌曲，長達63分鐘，附贈二張購書優惠券。每片280元。

禪意無限CD平實導師以公案拈提書中偈頌寫成不同風格曲子，與他人所寫不同風格曲子共同錄製出版，幫助參禪人進入禪門超越意識之境界。盒中附贈彩色印製的精美解說小冊，以供聆聽時閱讀，令參禪人得以發起參禪之疑情，即有機會證悟本來面目，實證大乘菩提般若。本CD共有十首歌曲，長達69分鐘，每盒各附贈二張購書優惠券。每片280元。

金剛經宗通：三界唯心，萬法唯識，是成佛之修證內容，是諸地菩薩之所修；般若則是成佛之道（實證三界唯心、萬法唯識）的入門，若未證悟實相般若，即無成佛之可能，必將永在外門廣行菩薩六度，永在凡夫位中。然而實相般若的發起，全賴實證萬法的實相；若欲證知萬法的眞相，則必須探究萬法之所從來，則須實證自心如來—金剛心如來藏，然後現觀這個金剛心的金剛性、眞實性、如如性、清淨性、涅槃性、能生萬法的自性性、本住性，名爲證眞如；進而現觀三界六道唯是此金剛心所成，人間萬法須藉八識心王和合運作方能現起。如是實證《華嚴經》的「三界唯心、萬法唯識」以後，由此等現觀而發起實相般若智慧，繼續進修第十住位的如幻觀、第十行位的陽焰觀、第十迴向位的如夢觀，再生起增上意樂而勇發十無盡願，方能滿足三賢位的實證，轉入初地；自知成佛之道而無偏倚，從此按部就班、次第進修乃至成佛。第八識自心如來是般若智慧之所依，般若智慧的修證則要從實證金剛心自心如來開始；《金剛經》則是解說自心如來之經典，是一切三賢位菩薩所應進修之實相般若經典。這一套書，是將平實導師宣講的《金剛經宗通》內容，整理成文字而流通之；書中所說義理，迥異古今諸家依文解義之說，指出大乘見道方向與理路，有益於禪宗學人求開悟見道，及轉入內門廣修六度萬行。講述完畢後結集出版，總共9輯，每輯約三百餘頁，售價各250元。

空行母—性別、身分定位，以及藏傳佛教：本書作者爲蘇格蘭哲學家，因爲嚮往佛教深妙的哲學內涵，於是進入當年盛行於歐美的假藏傳佛教密宗，擔任卡盧仁波切的翻譯工作多年以後，被邀請成爲卡盧的空行母（又名佛母、明妃），開始了她在密宗裡的實修過程；後來發覺在密宗雙身法中的修行，其實無法使自己成佛，也發覺密宗對女性歧視而處處貶抑，並剝奪女性在雙身法中擔任一半角色時應有的身分定位。當她發覺自己只是雙身法中被喇嘛利用的工具，沒有獲得絲毫應有的尊重與基本定位時，發現了密宗的父權社會控制女性的本質；於是作者傷心地離開了卡盧仁波切與密宗，但是卻被恐嚇不許講出她在密宗裡的經歷，也不許她說出自己對密宗的教義與教制下對女性剝削的本質，否則將被咒殺死亡。後來她去加拿大定居，十餘年後方才擺脫這個恐嚇陰影，下定決心將親身經歷的實情及觀察到的事實寫下來並且出版，公諸於世。出版之後，她被流亡的達賴集團人士大力攻訐，誣指她爲精神狀態失常、說謊……等。但有智之士並未被達賴集團的政治操作及各國政府政治運作吹捧達賴的表相所欺，使她的書銷售無阻而又再版。正智出版社鑑於作者此書是親身經歷的事實，所說具有針對「藏傳佛教」而作學術研究的價值，也有使人認清假藏傳佛教剝削佛母、明妃的男性本位實質，因此洽請作者同意中譯而出版於華人地區。珍妮·坎貝爾女士著，呂艾倫 中譯，每冊250元。

霧峰無霧—給哥哥的信：本書作者藉兄弟之間信件往來論義，略述佛法大義；並以多篇短文辨義，舉出釋印順對佛法的無量誤解證據，並一一給予簡單而清晰的辨正，令人一讀即知。久讀、多讀之後即能認清楚釋印順的六識論見解，與眞實佛法之牴觸是多麼嚴重；於是在久讀、多讀之後，於不知不覺之間提升了對佛法的極深入理解，正知正見就在不知不覺間建立起來了。當三乘佛法的正知見建立起來之後，對於三乘菩提的見道條件便將隨之具足，於是聲聞解脫道的見道也就水到渠成；接著大乘見道的因緣也將次第成熟，未來自然也會有親見大乘菩提之道的因緣，悟入大乘實相般若也將自然成功，自能通達般若系列諸經而成實義菩薩。作者居住於南投縣霧峰鄉，自喻見道之後不復再見霧峰之霧，故鄉原野美景一一明見，於是立此書名爲《霧峰無霧》；讀者若欲撥霧見月，可以此書爲緣。游宗明 老師著 售價250元。

假藏傳佛教的神話—性、謊言、喇嘛教：本書編著者是由一首名叫「阿姊鼓」的歌曲爲緣起，展開了序幕，揭開假藏傳佛教—喇嘛教—的神祕面紗。其重點是蒐集、摘錄網路上質疑「喇嘛教」的帖子，以揭穿「假藏傳佛教的神話」爲主題，串聯成書，並附加彩色插圖以及說明，讓讀者們瞭解西藏密宗及相關人事如何被操作爲「神話」的過程，以及神話背後的眞相。作者：張正玄教授。售價200元。

達賴真面目—玩盡天下女人：假使您不想戴綠帽子，請記得詳細閱讀此書；假使您不想讓好朋友戴綠帽子，請您將此書介紹給您的好朋友。假使您想保護家中的女性，也想要保護好朋友的女眷，請記得將此書送給家中的女性和好友的女眷都來閱讀。本書爲印刷精美的大本彩色中英對照精裝本，爲您揭開達賴喇嘛的眞面目，內容精彩不容錯過，爲利益社會大眾，特別以優惠價格嘉惠所有讀者。編著者：白志偉等。大開版雪銅紙彩色精裝本。售價800元。

喇嘛性世界—揭開假藏傳佛教譚崔瑜伽的面紗：這個世界中的喇嘛，號稱來自世外桃源的香格里拉，穿著或紅或黃的喇嘛長袍，散布於我們的身邊傳教灌頂，吸引了無數的人嚮往學習；這些喇嘛虔誠地爲大眾祈福，手中拿著寶杵（金剛）與寶鈴（蓮花），口中唸著咒語：「唵．嘛呢．叭咪．吽……」，咒語的意思是說：「我至誠歸命金剛杵上的寶珠伸向蓮花寶穴之中」！「喇嘛性世界」是什麼樣的「世界」呢？本書將爲您呈現喇嘛世界的面貌。當您發現眞相以後，您將會唸：「噢！喇嘛．性．世界，譚崔性交嘛！」作者：張善思、呂艾倫。售價200元。

末代達賴——性交教主的悲歌：簡介從藏傳僞佛教（喇嘛教）的修行核心——性力派男女雙修，探討達賴喇嘛及藏傳僞佛教的修行內涵。書中引用外國知名學者著作、世界各地新聞報導，包含：歷代達賴喇嘛的祕史、達賴六世修雙身法的事蹟，以及《時輪續》中的性交灌頂儀式……等；達賴喇嘛書中開示的雙修法、達賴喇嘛的黑暗政治手段；達賴喇嘛所領導的寺院爆發喇嘛性侵兒童；新聞報導《西藏生死書》作者索甲仁波切性侵女信徒、澳洲喇嘛秋達公開道歉、美國最大假藏傳佛教組織領導人邱陽創巴仁波切的性氾濫；等等事件背後眞相的揭露。作者：張善思、呂艾倫、辛燕。售價250元。

第七意識與第八意識？——穿越時空「超意識」：「三界唯心，萬法唯識」是佛教中應該實證的聖教，也是《華嚴經》中明載而可以實證的法界實相。唯心者，三界一切境界、一切諸法唯是一心所成就，即是每一個有情的第八識如來藏，不是意識心。唯識者，即是人類各各都具足的八識心王——眼識、耳鼻舌身意識、意根、阿賴耶識，第八阿賴耶識又名如來藏，人類五陰相應的萬法，莫不由八識心王共同運作而成就，故說萬法唯識。依聖教量及現量、比量，都可以證明意識是二法因緣生，是由第八識藉意根與法塵二法爲因緣而出生，又是夜夜斷滅不存之生滅心，即無可能反過來出生第七識意根、第八識如來藏，當知不可能從生滅性的意識心中，細分出恆審思量的第七識意根，更無可能細分出恆而不審的第八識如來藏。本書是將演講內容整理成文字，細說如是內容，並已在〈正覺電子報〉連載完畢，今彙集成書以廣流通，欲幫助佛門有緣人斷除意識我見，跳脫於識陰之外而取證聲聞初果；嗣後修學禪宗時即得不墮外道神我之中，得以求證第八識金剛心而發起般若實智。平實導師 述，每冊300元。

黯淡的達賴—失去光彩的諾貝爾和平獎：本書舉出很多證據與論述，詳述達賴喇嘛不爲世人所知的一面，顯示達賴喇嘛並不是眞正的和平使者，而是假借諾貝爾和平獎的光環來欺騙世人；透過本書的說明與舉證，讀者可以更清楚的瞭解，達賴喇嘛是結合暴力、黑暗、淫欲於喇嘛教裡的集團首領，其政治行為與宗教主張，早已讓諾貝爾和平獎的光環染污了。　本書由財團法人正覺教育基金會寫作、編輯，由正覺出版社印行，每冊250元。

童女迦葉考—論呂凱文〈佛教輪迴思想的論述分析〉之謬：童女迦葉是佛世率領五百大比丘遊行於人間的歷史事實，是以童貞行而依止菩薩戒弘化於人間的大菩薩，不依別解脫戒（聲聞戒）來弘化於人間。這是大乘佛教與聲聞佛教同時存在於佛世的歷史明證，證明大乘佛教不是從聲聞法中分裂出來的部派佛教的產物，卻是聲聞佛教分裂出來的部派佛教聲聞凡夫僧所不樂見的史實；於是古今聲聞法中的凡夫都欲加以扭曲而作詭說，更是末法時代高聲大呼「大乘非佛說」的六識論聲聞凡夫極力想要扭曲的佛教史實之一，於是想方設法扭曲迦葉菩薩爲聲聞僧，以及扭曲迦葉童女爲比丘僧等荒謬不實之論著便陸續出現，古時聲聞僧寫作的《分別功德論》是最具體之事例，現代之代表作則是呂凱文先生的〈佛教輪迴思想的論述分析〉論文。鑑於如是假藉學術考證以籠罩大眾之不實謬論，未來仍將繼續造作及流竄於佛教界，繼續扼殺大乘佛教學人法身慧命，必須舉證辨正之，遂成此書。平實導師　著，每冊180元。

人間佛教—實證者必定不悖三乘菩提：「大乘非佛說」的講法似乎流傳已久，卻只是日本人企圖擺脫中國正統佛教的影響，而在明治維新時期才開始提出來的說法；台灣佛教、大陸佛教的淺學無智之人，由於未曾實證佛法而迷信日本人錯誤的學術考證，錯認為這些別有用心的日本佛學考證的講法為天竺佛教的眞實歷史；甚至還有更激進的反對佛教者提出「釋迦牟尼佛並非眞實存在，只是後人捏造的假歷史人物」，竟然也有少數人願意跟著「學術」的假光環而信受不疑，於是開始有一些佛教界人士造作了反對中國佛教而推崇南洋小乘佛教的行為，使佛教的信仰者難以檢擇，導致一般大陸人士開始轉入基督教的盲目迷信中。在這些佛教及外教人士之中，也就有一分人根據此邪說而大聲主張「大乘非佛說」的謬論，這些人以「人間佛教」的名義來抵制中國正統佛教，公然宣稱中國的大乘佛教是由聲聞部派佛教的凡夫僧所創造出來的。這樣的說法流傳於台灣及大陸佛教界凡夫僧之中已久，卻非眞正的佛教歷史中曾經發生過的事，只是繼承六識論的聲聞法中凡夫僧依自己的意識境界立場，純憑臆想而編造出來的妄想說法，卻已經影響許多無智之凡夫僧俗信受不移。本書則是從佛教的經藏法義實質及實證的現量內涵本質立論，證明大乘佛法本是佛說，是從《阿含正義》尚未說過的不同面向來討論「人間佛教」的議題，證明「大乘眞佛說」。閱讀本書可以斷除六識論邪見，迴入三乘菩提正道發起實證的因緣；也能斷除禪宗學人學禪時普遍存在之錯誤知見，對於建立參禪時的正知見有很深的著墨。平實導師 述，內文488頁，全書528頁，定價400元。

見性與看話頭：黃正倖老師的《見性與看話頭》於《正覺電子報》連載完畢，今集結出版。書中詳說禪宗看話頭的詳細方法，並細說看話頭與眼見佛性的關係，以及眼見佛性者求見佛性前必須具備的條件。本書是禪宗實修者追求明心開悟時參禪的方法書，也是求見佛性者作功夫時必讀的方法書，內容兼顧眼見佛性的理論與實修之方法，是依實修之體驗配合理論而詳述，條理分明而且極為詳實、周全、深入。本書內文375頁，全書416頁，售價300元。

中觀金鑑—詳述應成派中觀的起源與其破法本質：學佛人往往迷於中觀學派之不同學說，被應成派與自續派所迷惑；修學般若中觀二十年後自以爲實證般若中觀了，卻仍不曾入門，甫聞實證般若中觀者之所說，則茫無所知，迷惑不解；隨後信心盡失，不知如何實證佛法；凡此，皆因惑於這二派中觀學說所致。自續派中觀所說同於常見，以意識境界立爲第八識如來藏之境界，應成派所說則同於斷見，但又同立意識爲常住法，故亦具足斷常二見。今者孫正德老師有鑑於此，乃將起源於密宗的應成派中觀學說，追本溯源，詳考其來源之外，亦一一舉證其立論內容，詳加辨正，令密宗雙身法祖師以識陰境界而造之應成派中觀學說本質，詳細呈現於學人眼前，令其維護雙身法之目的無所遁形。若欲遠離密宗此二大派中觀謬說，欲於三乘菩提有所進道者，允宜具足閱讀並細加思惟，反覆讀之以後將可捨棄邪道返歸正道，則於般若之實證即有可能，證後自能現觀如來藏之中道境界而成就中觀。本書分上、中、下三冊，每冊250元，已全部出版完畢。

真心告訴您（一）—達賴喇嘛在幹什麼？這是一本報導篇章的選集，更是「破邪顯正」的暮鼓晨鐘。「破邪」是戳破假象，說明達賴喇嘛及其所率領的密宗四大派法王、喇嘛們，弘傳的佛法是仿冒的佛法；他們是假藏傳佛教，是坦特羅(譚崔性交)外道法和藏地崇奉鬼神的苯教混合成的「喇嘛教」，推廣的是以所謂「無上瑜伽」的男女雙身法冒充佛法的假佛教，詐財騙色誤導眾生，常常造成信徒家庭破碎、家中兒少失怙的嚴重後果。「顯正」是揭櫫眞相，指出眞正的藏傳佛教只有一個，就是覺囊巴，傳的是 釋迦牟尼佛演繹的第八識如來藏妙法，稱爲他空見大中觀。正覺教育基金會即以此古今輝映的如來藏正法正知見，在眞心新聞網中逐次報導出來，將箇中原委「眞心告訴您」，如今結集成書，與想要知道密宗眞相的您分享。售價250元。

實相經宗通：學佛之目的在於實證一切法界背後之實相，禪宗稱之為本來面目或本地風光，佛菩提道中稱之為實相法界；此實相法界即是金剛藏，又名佛法之祕密藏，即是能生有情五陰、十八界及宇宙萬有（山河大地、諸天、三惡道世間）的第八識如來藏，又名阿賴耶識心，即是禪宗祖師所說的眞如心，此心即是三界萬有背後的實相。證得此第八識心時，自能瞭解般若諸經中隱說的種種密意，即得發起實相般若——實相智慧。每見學佛人修學佛法二十年後仍對實相般若茫然無知，亦不知如何入門，茫無所趣；更因不知三乘菩提的互異互同，是故越是久學者對佛法越覺茫然，都肇因於尚未瞭解佛法的全貌，亦未瞭解佛法的修證內容即是第八識心所致。本書對於修學佛法者所應實證的實相境界提出明確解析，並提示趣入佛菩提道的入手處，有心親證實相般若的佛法實修者，宜詳讀之，於佛菩提道之實證即有下手處。平實導師述著，共八輯，全部出版完畢，每輯成本價250元。

法華經講義：此書為平實導師始從2009/7/21演述至2014/1/14之講經錄音整理所成。世尊一代時教，總分五時三教，即是華嚴時、聲聞緣覺教、般若教、種智唯識教、法華時；依此五時三教區分為藏、通、別、圓四教。本經是最後一時的圓教經典，圓滿收攝一切法教於本經中，是故最後的圓教聖訓中，特地指出無有三乘菩提，其實唯有一佛乘；皆因眾生愚迷故，方便區分為三乘菩提以助眾生證道。世尊於此經中特地說明如來示現於人間的唯一大事因緣，便是為有緣眾生「開、示、悟、入」諸佛的所知所見——第八識如來藏妙眞如心，並於諸品中隱說「妙法蓮花」如來藏心的密意。然因此經所說甚深難解，眞義隱晦，古來難得有人能窺堂奧；平實導師以知如是密意故，特為末法佛門四眾演述《妙法蓮華經》中各品蘊含之密意，使古來未曾被古德註解出來的「此經」密意，如實顯示於當代學人眼前。乃至〈藥王菩薩本事品〉、〈妙音菩薩品〉、〈觀世音菩薩普門品〉、〈普賢菩薩勸發品〉中的微細密意，亦皆一併詳述之，開前人所未曾言之密意，示前人所未見之妙法。最後乃至以〈法華大意〉而總其成，全經妙旨貫通始終，而依佛旨圓攝於一心如來藏妙心，厥為曠古未有之大說也。平實導師述　已於2015/5/31起出版第一輯，每兩個月出版一輯，共有25輯。每輯300元。

西藏「活佛轉世」制度—附佛、造神、世俗法：歷來關於喇嘛教活佛轉世的研究，多針對歷史及文化兩部分，於其所以成立的理論基礎，較少系統化的探討。尤其是此制度是否依據「佛法」而施設？是否合乎佛法眞實義？現有的文獻大多含糊其詞，或人云亦云，不曾有明確的闡釋與如實的見解。因此本文先從活佛轉世的由來，探索此制度的起源、背景與功能，並進而從活佛的尋訪與認證之過程，發掘活佛轉世的特徵，以確認「活佛轉世」在佛法中應具足何種果德。定價150元。

真心告訴您（二）—達賴喇嘛是佛教僧侶嗎？補祝達賴喇嘛八十大壽：這是一本針對當今達賴喇嘛所領導的喇嘛教，冒用佛教名相、於師徒間或師兄姊間，實修男女邪淫，而從佛法三乘菩提的現量與聖教量，揭發其謊言與邪術，證明達賴及其喇嘛教是仿冒佛教的外道，是「假藏傳佛教」。藏密四大派教義雖有「八識論」與「六識論」的表面差異，然其實修之內容，皆共許「無上瑜伽」四部灌頂爲究竟「成佛」之法門，也就是共以男女雙修之邪淫法爲「即身成佛」之密要，雖美其名曰「欲貪爲道」之「金剛乘」，並誇稱其成就超越於（應身佛）釋迦牟尼佛所傳之顯教般若乘之上；然詳考其理論，則或以意識離念時之粗細心爲第八識如來藏，或以中脈裡的明點爲第八識如來藏，或如宗喀巴與達賴堅決主張第六意識爲常恆不變之眞心者，分別墮於外道之常見與斷見中；全然違背　佛說能生五蘊之如來藏的實質。售價300元。

涅槃：眞正學佛之人，首要即是見道，由見道故方有涅槃之實證，證涅槃者方能出生死，但涅槃有四種：二乘聖者的有餘涅槃、無餘涅槃，以及大乘聖者的本來自性清淨涅槃、佛地的無住處涅槃。大乘聖者實證本來自性清淨涅槃，入地前再取證二乘涅槃，然後起惑潤生捨離二乘涅槃，繼續進修而在七地心前斷盡三界愛之習氣種子，依七地無生法忍之具足而證得念念入滅盡定；八地後進斷異熟生死，直至妙覺地下生人間成佛，具足四種涅槃，方是眞正成佛。此理古來少人言，以致誤會涅槃正理者比比皆是，今於此書中廣說四種涅槃、如何實證之理、實證前應有之條件，實屬本世紀佛教界極重要之著作，令人對涅槃有正確無訛之認識，然後可以依之實行而得實證。本書共有上下二冊，每冊各四百餘頁，對涅槃詳加解說，每冊各350元。預定2018/9出版上冊，2018/11出版下冊。

解深密經講記：本經係 世尊晚年第三轉法輪，宣說地上菩薩所應熏修之唯識正義經典，經中所說義理乃是大乘一切種智增上慧學，以阿陀那識—如來藏—阿賴耶識爲主體。禪宗之證悟者，若欲修證初地無生法忍乃至八地無生法忍者，必須修學《楞伽經、解深密經》所說之八識心王一切種智；此二經所說正法，方是眞正成佛之道；印順法師否定如來藏之後所說萬法緣起性空之法，是以誤會後之二乘解脫道取代大乘眞正成佛之道，亦已墮於斷滅見中，不可謂爲成佛之道也。平實導師曾於本會郭故理事長往生時，於喪宅中從初七至第十七，宣講圓滿，作爲郭老之往生佛事功德，迴向郭老早證八地、速返娑婆住持正法；茲爲今時後世學人故，將擇期重講《解深密經》，以淺顯之語句講畢後將會整理成文，用供證悟者進道；亦令諸方未悟者，據此經中佛語正義，修正邪見，依之速能入道。平實導師述著，全書輯數未定，每輯三百餘頁，將於未來重講完畢後逐輯出版。

修習止觀坐禪法要講記：修學四禪八定之人，往往錯會禪定之修學知見，欲以無止盡之坐禪而證禪定境界，卻不知修除性障之行門才是修證四禪八定不可或缺之要素，故智者大師云「性障初禪」；性障不除，初禪永不現前，云何修證二禪等？又：行者學定，若唯知數息，而不解六妙門之方便善巧者，欲求一心入定，未到地定極難可得，智者大師名之爲「事障未來」：障礙未到地定之修證。又禪定之修證，不可違背二乘菩提及第一義法，否則縱使具足四禪八定，亦不能實證涅槃而出三界。此諸知見，智者大師於《修習止觀坐禪法要》中皆有闡釋。作者平實導師以其第一義之見地及禪定之實證證量，曾加以詳細解析。將俟正覺寺竣工啓用後重講，不限制聽講者資格；講後將以語體文整理出版。欲修習世間定及增上定之學者，宜細讀之。平實導師述著。

阿含經講記——小乘解脫道之修證：數百年來，南傳佛法所說證果之不實，所說解脫道之虛妄，所弘解脫道法義之世俗化，皆已少人知之；從南洋傳入台灣與大陸之後，所說法義虛謬之事，亦復少人知之；今時台灣全島印順系統之法師居士，多不知南傳佛法數百年來所說解脫道之義理已然偏斜、已然世俗化、已非眞正之二乘解脫正道，猶極力推崇與弘揚。彼等南傳佛法近代所謂之證果者多非眞實證果者，譬如阿迦曼、葛印卡、帕奧禪師、一行禪師……等人，悉皆未斷我見故。近年更有台灣南部大願法師，高抬南傳佛法之二乘修證行門爲「捷徑究竟解脫之道」者，然而南傳佛法縱使眞修實證，得成阿羅漢，亦高唯是二乘菩提解脫之道，絕非究竟解脫，無餘涅槃中之實際尚未得證故，法界之實相尚未了知故，習氣種子待除故，一切種智未實證故，焉得謂爲「究竟解脫」？即使南傳佛法近代眞有實證之阿羅漢，尚且不及三賢位中之七住明心菩薩本來自性清淨涅槃智慧境界，則不能知此賢位菩薩所證之無餘涅槃實際，仍非大乘佛法中之見道者，何況普未實證聲聞果乃至未斷我見之人？謬充證果已屬逾越，更何況是誤會二乘菩提之後，以未斷我見之凡夫知見所說之二乘菩提解脫偏斜法道，焉可高抬爲「究竟解脫」？而且自稱「捷徑之道」？又妄言解脫之道即是成佛之道，完全否定般若實智、否定三乘菩提所依之如來藏心體，此理大大不通也！平實導師爲令修學二乘菩提欲證解脫果者，普得迴入二乘菩提正見、正道中，是故選錄四阿含諸經中，對於二乘解脫道法義有具足圓滿說明之經典，預定未來十年內將會加以詳細講解，令學佛人得以了知二乘解脫道之修證理路與行門，庶免被人誤導之後，未證言證，干犯道禁，成大妄語，欲升反墮。本書首重斷除我見，以助行者斷除我見而實證初果爲著眼之目標，若能根據此書內容，配合平實導師所著《識蘊眞義》《阿含正義》內涵而作實地觀行，實證初果非爲難事，行者可以藉此三書自行確認聲聞初果爲實際可得現觀成就之事。此書中除依二乘經典所說加以宣示外，亦依斷除我見等之證量，及大乘法中道種智之證量，對於意識心之體性加以細述，令諸二乘學人必定得斷我見、常見，免除三縛結之繫縛。次則宣示斷除我執之理，欲令升進而得薄貪瞋痴，乃至斷五下分結…等。平實導師述，共二冊，每冊三百餘頁。每輯300元。

＊喇嘛教修外道雙身法、墮識陰境界，非佛教＊

＊弘揚如來藏他空見的覺囊派才是眞正藏傳佛教＊

總經銷： 飛鴻 國際行銷股份有限公司
231 新北市新店市中正路 501 之 9 號 2 樓
Tel.02－82186688（五線代表號） Fax.02-82186458、82186459

零售：1.**全台連鎖經銷書局：**
三民書局、誠品書局、何嘉仁書店
敦煌書店、紀伊國屋、金石堂書局、建宏書局
諾貝爾圖書城、墊腳石圖書文化廣場

2.**台北市：**佛化人生 **大安區**羅斯福路 3 段 325 號 6 樓之 4 台電大樓對面
3.**新北市：**春大地書店 **蘆洲區**中正路 117 號
4.**桃園市：**御書堂 **龍潭區**中正路 123 號
5.**新竹市：**大學書局 **東區**建功路 10 號
6.**台中市：**瑞成書局 **東區**雙十路 1 段 4 之 33 號
佛教詠春書局 **南屯區**永春東路 884 號
文春書店 **霧峰區**中正路 1087 號
7.**彰化市：**心泉佛教文化中心 南瑤路 286 號
8.**高雄市：**政大書城 **苓雅區**光華路 148-83 號
明儀書局 **三民區**明福街 2 號\
青年書局 **苓雅區**青年一路 141 號
9.**宜蘭市：**金隆書局 中山路 3 段 43 號
10.**台東市：**東普佛教文物流通處 博愛路 282 號
11.**其餘鄉鎮市經銷書局：**請電詢總經銷**飛鴻**公司。
12.**大陸地區請洽：**
香港：樂文書店
旺角店 :香港九龍旺角西洋菜街 62 號 3 樓
電話 : (852) 2390 3723 email: luckwinbooks@gmail.com
銅鑼灣店 :香港銅鑼灣駱克道 506 號 2 樓
電話 : (852) 2881 1150 email: luckwinbs@gmail.com
廈門：廈門外圖臺灣書店有限公司
地址：廈門市思明區湖濱南路809 號 廈門外圖書城3 樓 郵編：361004
電話：0592-5061658（臺灣地區請撥打 86-592-5061658）
E-mail：JKB118＠188.COM
13.**美國：世界日報圖書部：**紐約圖書部 電話 7187468889#6262
洛杉磯圖書部 電話 3232616972#202
14.**國內外地區網路購書：**
正智出版社 書香園地 http://books.enlighten.org.tw/
（書籍簡介、經銷書局可直接聯結下列網路書局購書）
三民 網路書局 http://www.sanmin.com.tw
誠品 網路書局 http://www.eslitebooks.com

博客來 網路書局　http://www.books.com.tw
金石堂 網路書局　http://www.kingstone.com.tw
飛鴻 網路書局　http://fh6688.com.tw

附註：1.請儘量向各經銷書局購買：郵政劃撥需要八天才能寄到（本公司在您劃撥後第四天才能接到劃撥單，次日寄出後第二天您才能收到書籍，此六天中可能會遇到週休二日，是故共需八天才能收到書籍）若想要早日收到書籍者，請劃撥完畢後，將劃撥收據貼在紙上，旁邊寫上您的姓名、住址、郵區、電話、買書詳細內容，直接傳真到本公司 02-28344822，並來電 02-28316727、28327495 確認是否已收到您的傳眞，即可提前收到書籍。 2.因台灣每月皆有五十餘種宗教類書籍上架，書局書架空間有限，故唯有新書方有機會上架，通常每次只能有一本新書上架；本公司出版新書，大多上架不久便已售出，若書局未再叫貨補充者，書架上即無新書陳列，則請直接向書局櫃台訂購。 3.若書局不便代購時，可於晚上共修時間向正覺同修會各共修處請購（共修時間及地點，詳閱**共修現況表**。每年例行年假期間請勿前往請書，年假期間請見共修現況表）。 4.郵購：郵政劃撥帳號 19068241。 5.正覺同修會會員購書都以八折計價（戶籍台北市者爲一般會員，外縣市爲護持會員）都可獲得優待，欲一次購買全部書籍者，可以考慮入會，節省書費。入會費一千元（第一年初加入時才需要繳），年費二千元。**6.尚未出版之書籍，請勿預先郵寄書款與本公司，謝謝您！** 7.若欲一次購齊本公司書籍，或同時取得正覺同修會贈閱之全部書籍者，請於正覺同修會共修時間，親到各共修處請購及索取；**台北市讀者**請洽：103 台北市承德路三段 267 號 10 樓（捷運淡水線 圓山站旁）請書時間：週一至週五爲 18.00~21.00，第一、三、五週週六爲 10.00~21.00，雙週之週六爲 10.00~18.00 請購處專線電話：25957295-分機 14（於請書時間方有人接聽）。

敬告大陸讀者：

大陸讀者購書、索書捷徑（尚未在大陸出版的書籍，以下二個途徑都可以購得，電子書另包括結緣書籍）：

1.廈門外國圖書公司：廈門市思明區湖濱南路 809 號 廈門外圖書城 3F
郵編：361004 電話：0592-5061658 網址：http://www.xibc.com.cn/

2.電子書：正智出版社有限公司及正覺同修會在台灣印行的各種局版書、結緣書，已有『**正覺電子書**』陸續上線中，提供讀者於手機、平板電腦上購書、下載、閱讀正智出版社、正覺同修會及正覺教育基金會所出版之電子書，詳細訊息敬請參閱『正覺電子書』專頁：http://books.enlighten.org.tw/ebook

關於平實導師的書訊，請上網查閱：

成佛之道 http://www.a202.idv.tw

正智出版社 書香園地 http://books.enlighten.org.tw/

中國網採訪佛教正覺同修會、正覺教育基金會訊息：

http://big5.china.com.cn/gate/big5/fangtan.china.com.cn/2014-06/19/content_32714638.htm

http://pinpai.china.com.cn/

★ 正智出版社有限公司售書之稅後盈餘，全部捐助財團法人正覺寺籌備處、佛教正覺同修會、正覺教育基金會，供作弘法及購建道場之用；懇請諸方大德支持，功德無量。

★ 聲 明 ★

本社於 2015/01/01 開始調整本目錄中部分書籍之售價，以因應各項成本的持續增加。

* 喇嘛教修外道雙身法、墮識陰境界，非佛教 *

* 弘揚如來藏他空見的覺囊派才是真正藏傳佛教 *

換書及道歉公告

《法華經講義》第十三輯，因謄稿、印製等相關人員作業疏失，導致該書中的經文及內文用字將「**親近**」誤植成「清淨」。茲爲顧及讀者權益，自 2017/8/30 開始免費調換新書；敬請所有讀者將以前所購第十三輯初版首刷及二刷本，攜回或寄回本社免費換新，或請自行更正其中的錯誤之處；郵寄者之回郵由本社負擔，不需寄來郵票。同時對因此而造成讀者閱讀、以及換書的困擾及不便，在此向所有讀者致上最誠懇的歉意，祈請讀者大眾見諒！錯誤更正說明如下：

一、第 256 頁第 10 行~第 14 行：【就是先要具備「**法親近處**」、「**眾生親近處**」；法**親近**處就是在實相之法有所實證，如果在實相法上有所實證，他在二乘菩提中自然也能有所實證，以這個作爲第一個**親近**處——第一個基礎。然後還要有第二個基礎，就是瞭解應該如何善待眾生；對於眾生不要有排斥或者是貪取之心，平等觀待而攝受、親近一切有情。以這兩個**親近**處作爲基礎，來實行其他三個安樂行法。】。

二、第 268 頁第 13 行：【具足了那兩個「**親近處**」，使你能夠在末法時代，如實而圓滿的演述《法華經》時，那麼你作這個夢，它就是如理作意的，完全符合邏輯去完成這個過程，就表示你那個晚上，在那短短的一場夢中，已經度了不少眾生了。】

正智出版社有限公司 敬啓

國家圖書館出版品預行編目資料

勝鬘經講記／平實導師述.－ 初版.－ 臺北市：
正智，2009.03-
冊； 公分
ISBN 978-986-83908-8-1（第1輯：平裝）
ISBN 978-986-83908-9-8（第2輯：平裝）
ISBN 978-986-6431-00-5（第3輯：平裝）
ISBN 978-986-6431-01-2（第4輯：平裝）
ISBN 978-986-6431-02-9（第5輯：平裝）
ISBN 978-986-6431-03-6（第6輯：平裝）
1.方等部
221.32　　97021428

勝鬘經講記——第三輯

著 述 者：平實導師
音文轉換：劉惠莉
校　　對：章乃鈞 陳介源 蔡禮政 傅素嫻
出 版 者：正智出版社有限公司
電話：○二28327495　28316727
傳眞：○二28344822
111台北郵政73-151號信箱
郵政劃撥帳號：一九○六八二四一
正覺講堂：總機○二25957295（夜間）
總 經 銷：飛鴻國際行銷股份有限公司
231台北縣新店市中正路501-9號2樓
電話：○二82186688（五線代表號）
傳眞：○二82186458　82186459
初版首刷：二○○九年三月三十日　二千冊
初版四刷：二○一八年六月　二千冊
成 本 價：二五○元